Weinmarketing – Das Praxishandbuch

Alexander Schreck

Weinmarketing –
Das Praxishandbuch

Marketingpraxis und Anwendungen der neuen
Medien für Weinerzeuger und Weinhändler

VERLAG GEBRÜDER KORNMAYER

Verlag Gebrüder Kornmayer, Dreieich
ISBN 978-3-942051-47-7
www.kornmayer-verlag.de

Autor: Alexander Schreck
Redaktionelle Mitarbeit: Carsten M. Stammen
Foto/Grafik Umschlag: © kbuntu - Fotolia.com
Felipe Gabaldon – www.flickr.com/felipe_gabaldon
Fotos: © kbuntu - Fotolia.com, Victor van der Saar, A. Durst, A. Dörr
Satz/Layout: Evert Kornmayer
Lektorat: Angelika Radloff
Druck: leibi, Neu-Ulm

Deutsche Bibliothek – CIP-Einheitsaufnahme. Ein Titelsatz dieser Publikation ist bei der Deutschen Bibliothek (Frankfurt) erhältlich.

Medienpartner: Wein-Plus.eu
Das europäische Weinnetzwerk

Inhalt

Prolog

Ich freue mich, dass Sie sich für mein Buch „Weinmarketing – Das Praxishandbuch" entschieden haben.

In den letzten Jahren habe ich intensiv mit Winzern, Weinhändlern und Weindistributeuren gearbeitet und konnte Einblick in deren spezialisierte Arbeit gewinnen, die durch Professionalität, Fleiß und Liebe zu ihrem Produkt gekennzeichnet ist.

Dabei konnte ich jedoch des Öfteren feststellen, dass das Thema Marketing nicht dieselbe Zuwendung erfahren hat wie das Thema Wein. Das führte mich zu der Frage, warum das so ist und wie man das ändern kann – und letztendlich dann zu diesem Buch.

Meiner Ansicht nach liegt die stiefmütterliche Behandlung von Marketing an einer Unsicherheit, wie dieses Thema angegangen werden kann. Agenturen, spezialisierte Mitarbeiter und Seminare sind zu teuer, und es fehlt oft die Zeit dafür. Marketing-Fachliteratur ist zu kompliziert oder geht nicht auf die speziellen Anforderungen von Winzern und Weinhändlern ein.

Aufgrund dieser Erkenntnis ist dieses Buch entstanden. Es richtet sich nicht an Marketingprofis oder Insider, sondern an Winzer und Weinhändler, die ihr Marketing selbst in die Hand nehmen und dabei nicht auf Professionalität verzichten möchten.

Möglicherweise sind Ihnen einige Themen bereits vertraut und bekannt. In diesem Falle möchte ich Sie ermutigen, diese zu vertiefen und konsequent umzusetzen.

Mein Ziel ist es, Ihnen erfolgreiche Marketingstrategien und Instrumente des Weinmarketings so vorzustellen und zu erklären, dass sie auch sofort umgesetzt werden können.

Dabei möchte ich die Angst vor Unbekannten nehmen, indem ich zeige, wie einfach das Marketing in die tägliche Arbeit integriert werden kann. Möglicherweise ist es überraschend, dass professionelles Marketing nicht notwendigerweise viel Geld kosten muss und dass spezialisierte Hilfe ihren Preis wert sein kann. Viele Instrumente erfordern aber persönlichen Einsatz, Offenheit Neuem gegenüber und Kreativität. Dazu werde ich Sie anspornen.

Dies alles geschieht vor dem Hintergrund aktueller Entwicklungen wie z. B. der Wirtschaftskrise und des gesellschaftlichen Wandels sowie der digitalen Revolution. Allerdings kommt auch die Freude am Marketing nicht zu kurz. Denn Weinmarketing ist kein notwendiges Übel neben der eigentlichen Arbeit. Weinmarketing macht Spaß!

Damit dies auch gewährleistet ist, habe ich versucht, so einfach und praxisnah wie möglich zu schreiben und auf Marketingfachvokabular weitgehend zu verzichten. Außerdem habe ich einige Hilfsmittel aus dem Bereich der Neuro-Linguistischen-Programmierung (NLP) verwendet. Dieses Kommunikationskonzept bietet einige erfolgreiche Werkzeuge für die Umsetzung Ihrer Marketingmaßnahmen.

Jedes Kapitel ist sofort anwendbar. Ergänzt werden die einzelnen Kapitel durch Expertentipps und Interviews mit erfolgreichen Unternehmern und Fachspezialisten.
Dabei ist es nicht zwingend erforderlich, das Buch in der Reihenfolge der Kapitel zu lesen.

Bei nachhaltiger Umsetzung des Buches werden Sie folgende Ziele erreichen:

- Sie erhalten neue Kunden.
- Bisherige Kunden kaufen häufiger bei Ihnen.
- Ihre Kunden werden Sie weiterempfehlen.
- Sie machen mehr Umsatz und Gewinn.

Die folgende kurze Geschichte soll eine Einstimmung auf das Buch sein:
In einem schönen Weinbaugebiet leben und arbeiten in einer Straße vier fleißige Winzer. Jeder von ihnen ist redlich und gibt jeden Tag sein Bestes, um ein hervorragendes Produkt zu erschaffen. Damit auch möglichst viele davon erfahren, bringt der erste Winzer ein großes Schild am Tor zu seinem Weingut an, auf dem zu lesen ist: „Hier erhalten Sie den besten Wein aus unserem Ort." Als der zweite Winzer das Schild sieht, geht er sofort los und bringt ebenfalls ein Schild am Eingang zu seinem Betrieb an. Dort ist in großen Buchstaben zu lesen: „Bei uns gibt es den besten Wein im ganzen Land." Interessiert verfolgt der dritte Winzer das Geschehen und montiert seinerseits ein Schild mit der Aufschrift: „Wir haben den besten Wein der ganzen Welt." Wenig beeindruckt von alledem verkündet daraufhin der vierte Winzer bescheiden auf seinem Schild: „Bei uns im Weingut erhalten Sie den feinsten und besten Wein in dieser Straße."

(Frei übersetzt – Verfasser des Originals unbekannt)

Vorwort

von Utz Graafmann, Wein-Plus

„Weinmarketing – Das Praxishandbuch" ist das erste Buch seiner Art. Sie werden nirgendwo einen vergleichbaren Ratgeber finden, um Ihre Weine erfolgreich zu vermarkten.

Dieses Buch ist kein Sammelsurium von akademischen Theorien, sondern ein praktischer Leitfaden – wie schon der Untertitel sagt: „Marketingpraxis und Anwendungen der neuen Medien für Weinerzeuger und Weinhändler". Natürlich greift das Buch auch auf moderne wissenschaftliche Erkenntnisse zurück – aus Kommunikation und Psychologie, aus Betriebswirtschaft und Markenmanagement und aus dem Rechtswesen. Doch das ist nur der Unterbau, der überall dort auftaucht, wo es sinnvoll ist, und stets allgemeinverständlich erklärt wird.

„Weinmarketing – Das Praxishandbuch" ist von Praktikern für Praktiker gemacht: Fachleute, die sich mit den verschiedenen Möglichkeiten des Marketings bestens auskennen, brechen ihr Wissen ganz gezielt auf das Thema Wein herunter – und damit auf Ihr Tagesgeschäft. In den einzelnen Kapiteln, Interviews und Expertentipps erhalten Sie klare, im „echten Leben" erprobte Anleitungen für erfolgreiches Weinmarketing sowie wertvolle Hinweise, mit denen Sie Zeit und Geld sparen können. Viele dieser Erfolgsrezepte können Sie ganz einfach und ohne großen Aufwand selbst umsetzen, andere wollen gut durchdacht und vorbereitet sein, für einige empfiehlt sich die Unterstützung von professionellen Dienstleistern und Agenturen.

Ein wesentlicher Schwerpunkt in diesem Buch ist der Bereich Weinmarketing im Internet – über Ihre eigene Homepage, über Suchmaschinen und über soziale Medien. Denn immer mehr Menschen suchen im Internet nach Wein, informieren sich darüber und bestellen Wein online. Weinmarketing im Internet ist aber nicht das Gleiche wie Weinverkauf im Internet – es ist viel mehr als das. Denn das Weinmarketing im Internet fördert alle Ihre Vertriebskanäle: nicht nur den Onlineshop, sondern genauso das Ladengeschäft oder Ihren Auftritt bei Präsentationen und Messen.

Marketing bedeutet, dass Sie Ihrem Unternehmen und Ihren Produkten eine unverwechselbare Identität geben, dass Sie sich als kompetenter und aufgeschlossener Anbieter überzeugend darstellen und Aufmerksamkeit für Ihre Weine schaffen – kurz: dass Sie ein positives Image vermitteln, mit dem Sie wahrgenommen werden und im Gedächtnis bleiben, um Ihre bestehenden Kunden enger an sich zu binden und viele neue Kunden dazuzugewinnen. Wie das geht, zeigt Ihnen dieses Buch, in dem ich auch auf Veranstaltungen, Pressearbeit, Kundendatenverwaltung und Wettbewerbsrecht eingehe.

In diesem Sinne wünsche ich Ihnen viel Erfolg beim Lesen und Arbeiten mit diesem Weinmarketing-Buch, das Ihnen wirklich den Weg zum Kunden weist.

Utz Graafmann
Herausgeber und Geschäftsführer von Wein-Plus,
dem europäischen Weinnetzwerk

Wein-Plus GmbH
Wetterkreuz 19
91058 Erlangen
Deutschland
E-Mail: graafmann@wein-plus.eu
Internet: www.wein-plus.eu
Facebook: www.facebook.com/graafmann

1. Unternehmen und Produkt

„Ein Unternehmen ist kein Zustand, sondern ein Prozess."
Ludwig Bölkow

Zu diesem Ausspruch sehen wir uns zunächst ein Modell an, in dem verschiedene gedankliche Ebenen dargestellt sind (Abb. 1).

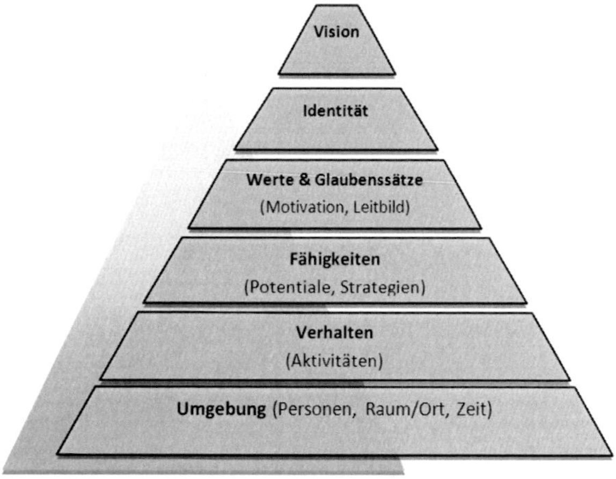

Abb. 1: Die Neurologischen Ebenen von Robert Dilts

Der Urheber geht davon aus, dass eine Veränderung einer Ebene meist auch die darunterliegenden Ebenen beeinflusst. Beispielsweise würde eine Veränderung unserer Fähigkeiten sehr wahrscheinlich auch eine Veränderung unseres Verhaltens nach sich ziehen. Besuchen wir z. B. einen Lehrgang über Büroorganisation (Ebene der Fähigkeiten), werden wir unser Büro danach anders organisieren. Auf die darüberliegenden Ebenen (Werte, Identität, Vision) hat eine Veränderung jedoch keinen Einfluss.

Weshalb ist das nun für uns interessant? Möchte man grundlegend auf ein Unternehmen Einfluss nehmen, muss man auf einer möglichst hohen Ebene ansetzen, denn dadurch werden meist alle darunterliegenden Ebenen auch beeinflusst. Die Ebene der Visionen scheint mir allerdings für dieses Buch zu abstrakt, weshalb die darauffolgende Ebene, die Identität, Gegenstand des folgenden Abschnitts ist.

1.1 Corporate Identity / Corporate Design

Haben Sie sich schon einmal gefragt: **Was macht mein Unternehmen aus?**

All das, was Ihr Unternehmen ausmacht, bezeichnet man als Corporate Identity. Übersetzt bedeutet das „Unternehmensidentität". Sie ist die Summe der Merkmale, durch die sich Ihr Unternehmen von anderen Unternehmen unterscheidet und abgrenzt. Die Corporate Identity unterteilt sich im Wesentlichen in drei Teilbereiche:

- **Corporate Design** – die visuelle Identität Ihres Unternehmens mit Logo, Farbgestaltung usw.
- **Corporate Communication** – die Unternehmenskommunikation; sie bezeichnet und betrifft z. B. die Bereiche interne und externe Kommunikation, Werbung, Public Relations und Verkaufsförderung und ist Ihr einheitlicher „roter Faden".
- **Corporate Behaviour** – das Verhalten Ihres Unternehmens gegenüber Kunden, Mitarbeitern Lieferanten und Öffentlichkeit, z. B. wie Ihr Unternehmen auf Beschwerden und Kritik reagiert.

In den letzten Jahren hatte ich das Vergnügen, etliche Winzer und Weinhändler kennen zu lernen. Allesamt hatten sie vorzügliche Produkte in ihrem Angebot. Beim Durchsehen ihrer Visitenkarten, Prospekte und Internetseiten hatte ich allerdings den Eindruck, dass diese nicht die gleiche Zuwendung wie der Wein erfahren hatten. Das ist schade, denn ich bin der Ansicht, eine Visitenkarte sollte von ebenso hoher Qualität sein wie der Wein, der verkauft werden soll. Aus diesem Grund vernachlässige ich hier die Themen Corporate Communication (ein Teil davon wird allerdings in Kapitel 11 „Public Relations" besprochen) sowie Corporate Behaviour und beschäftige mich mit dem Thema Corporate Design genauer.

Unter Corporate Design versteht man das gesamte Erscheinungsbild eines Unternehmens. Dazu gehören sowohl die Gestaltung der Kommunikationsmittel (Logo, Geschäftspapiere, Werbemittel, Internetauftritt usw.) als auch das Produktdesign (Flaschen, Etiketten, Verpackung usw.).

Ihr Corporate Design ist Ihr Aushängeschild und signalisiert nach außen, wofür Sie stehen und was von Ihnen erwartet werden kann. Dieser Prozess läuft bei Außenstehenden, z. B. Kunden, meist im Unterbewusstsein ab. Gleichzeitig ist

Ihr Corporate Design wichtig für die Abgrenzung gegenüber Mitbewerbern und für Ihren Wiedererkennungswert. Um eine Wirkung zu erzeugen, sollte es sich wie ein roter Faden durch alle Ihre Kommunikationsmittel ziehen, z. B.

- Visitenkarten
- Flyer und Prospekte
- Preislisten
- Ladendesign
- Flaschenetiketten
- Internetauftritt
- Social Media (z. B. Facebook, XING, ...)
- Briefe
- E-Mail-Vorlagen
- Angebote und Rechnungen
- Messeauftritte

Sicher verfügen Sie bereits über ein Corporate Design, denn Ihre Werbemittel, Internetseite, Flaschenetiketten usw. sind ja bereits irgendwie gestaltet. Ich möchte Sie aber dazu anregen, es dennoch kritisch zu überprüfen. Dazu sollten Sie sich folgende Fragen stellen:

- Ist mein Corporate Design professionell? Das heißt: Wurde es entweder von einem Grafiker entworfen, oder sieht es nur so aus, als ob es von einem Grafiker entworfen wurde?
- Habe ich mich bzw. mein Unternehmen weiterentwickelt seit der letzten Überarbeitung, und mein Corporate Design passt deshalb nicht mehr zu mir?
- Will ich mein Firmenlogo um einen Slogan (Wahlspruch) erweitern bzw. den bestehenden anpassen?

Bei der Ausgestaltung eines Corporate Designs sind die Farben sehr wichtig. Unterschiedliche Farben führen beim Betrachter zu unterschiedlichen Assoziationen (Verknüpfungen). So kann eine Farbe Emotionen hervorrufen, z. B. Stimmungen oder Erwartungen, oder den Betrachter an ein bestimmtes Ereignis oder eine Situation erinnern.

Einige mögliche Verknüpfungen mit Farben können sein:

- gelb: Optimismus, Lebensfreude, Heiterkeit, Freundlichkeit
- orange: Freude, Lebhaftigkeit, Spaß
- rot: Aktivität, Dynamik, Wärme, Leidenschaft, Energie, Liebe
- violett: Selbstbezogenheit, Eitelkeit
- blau: Treue, Vertrauen, Zuverlässigkeit, Kälte, Kühle
- grün: Meditation, Entspannung, Ruhe, Zuversicht, Natur
- braun: Sinnlichkeit, Bequemlichkeit, Schwere
- grau: Neutralität, Nüchternheit
- weiß: Licht, Sauberkeit, Unschuld,
- schwarz: Konservativität, Modernität, Sachlichkeit

Ein Corporate Design muss nicht immer komplett neu sein. Oft reicht auch eine Auffrischung aus. Allerdings ist mit einem neuen Corporate Design verbunden, dass Sie sich vorher Gedanken zu Ihrem Unternehmen machen, die dann in das Design einfließen. Bei diesem Prozess sollten Sie strukturiert vorgehen, wobei Ihnen das nächste Kapitel eine Hilfe sein kann.

Im Experteninterview in diesem Kapitel finden Sie noch weitere Anregungen zum Thema Corporate Design.

1.2 Unternehmensleitbild

Um sich systematisch darüber klar zu werden, was Ihr Unternehmen ist und was es sein soll, gibt es zahlreiche Hilfsmittel, wobei ich Ihnen hier das Unternehmensleitbild und die Zielfindung vorstelle.

Ein Unternehmensleitbild ist eine Aussage über Ihr Selbstverständnis und Ihre Grundprinzipien. Beschreiben Sie den Zielzustand, den Sie erreichen wollen. Das Leitbild soll motivierend für Sie und Ihre Mitarbeiter sein und Sie im täglichen Geschäft begleiten.

Das Erstellen des Leitbildes zwingt Sie, sich grundlegende Gedanken zu machen, was sonst in der Alltagshektik kaum möglich ist. Dabei werden Sie eine Menge über sich selbst und Ihr Unternehmen erfahren und lernen. Aber auch für

Mitarbeiter, Kunden und Lieferanten soll das Leitbild eine Information darüber sein, wofür Sie stehen und woran Sie glauben. Beziehen Sie von Anfang an auch Ihre Mitarbeiter mit in die Entstehung ein. Dadurch erreichen Sie, dass auch diese hinter dem Leitbild stehen und es leben.

Bei der Erstellung des Leitbildes suchen wir nach den Werten, Visionen und der Identität. Dafür können Sie sich folgende Fragen stellen:

- Was tun wir?
- Was können wir besonders gut?
- Wie wollen wir in Zukunft arbeiten?
- Was verstehen wir unter Qualität?
- Wie sieht der ideale Beschäftigte aus?
- Wie gehen wir miteinander um?
- Welchen Führungsstil streben wir an?
- Wie sehen wir unsere Kunden?
- Wie interagieren wir mit Kunden?
- Welches monetäre Ziel haben wir?
- Wie sichern wir die finanziellen Mittel?
- Welches Bild wollen wir in der Öffentlichkeit darstellen?
- Wie interagieren und kommunizieren wir nach außen?
- Wie können wir Ressourcen schonend und nachhaltig nutzen?
- Wie sichern wir den Einklang mit der Natur?

Bitte nehmen Sie sich Zeit für diese Fragen. Erarbeiten Sie diese mit Ihren Mitarbeitern oder Ihrer Familie gemeinsam und notieren Sie Ihr Leitbild schriftlich. Das schriftliche Festhalten ist unbedingt notwendig, da es bei einer rein gedanklichen Überlegung oder einer mündlichen Aussprache nicht die gleiche Verbindlichkeit erlangen würde.

Ich selbst habe mich einmal in die Lage eines Winzers versetzt und ein Leitbild entworfen, das ich Ihnen hier präsentiere. Bitte betrachten Sie es lediglich als Beispiel und nicht als Vorgabe. Ihr eigenes Leitbild kann sich natürlich von meinem Entwurf wesentlich unterscheiden.

Wein ist Lebensqualität!

Mit den besten Rohstoffen, handwerklicher Erfahrung und jahrelanger Tradition wollen wir höchste Produktionsqualität erreichen.

Wir wollen uns stetig verbessern und unsere Produktionsverfahren optimieren. Dabei definieren wir Innovation nicht als Gefahr, sondern als Chance auf der Suche nach höchsten Geschmackserlebnissen. In der Weinwirtschaft steht unser Unternehmen für hohe Produktqualität und Know-How.

Unsere Produkte stehen für vollen und reinen Geschmack der jeweiligen Rebsorten. Wir achten und schätzen unsere Ressourcen und stellen die Qualität vor den Ertrag. Ökologie ist dabei kein Hindernis für unternehmerischen Erfolg. Unsere Kunden kennen und schätzen diese Balance.

Unsere Mitarbeiter sind der Garant für den Erfolg des Unternehmens. Dabei trägt jeder Einzelne entscheidend zur Qualität des Weins bei. Wir wertschätzen unsere Mitarbeiter als Menschen und nicht nur als Angestellte. Unsere Mitarbeiter schätzen ihre Arbeit und sehen sich als wichtiger Bestandteil unseres Unternehmens, das ohne sie nicht funktionieren würde.

Unsere Kommunikation ist offen und kollegial. Fehler sind das Ergebnis von Arbeit und die Grundlage für Wachstum und Lernen. Unser Team steht zusammen, unabhängig von Hierarchien oder Aufgabenstellung.

Wir sind unseren Mitarbeitern gegenüber fair und ehrlich. Entscheidungen treffen wir weitsichtig und behalten dabei unser Leitbild im Auge. Unsere Mitarbeiter werden in diesen Prozess eingebunden, damit alle Zusammenhänge transparent und nachvollziehbar sind.

Wir wollen uns verbessern, jeden Tag. Diesen Verbesserungsprozess erreichen wir durch Wissens- und Erfahrungsaustausch. Feedback ist keine Kritik, sondern die Möglichkeit, uns zu entwickeln.

Das Geschmackserlebnis unserer Kunden ist unser Erfolg. Wir behandeln alle Kunden gleich. Jeder hat das gleiche Recht auf beste Beratung, Service und Freundlichkeit. Die Zufriedenheit unserer Kunden sichert den Fortbestand unseres Unternehmens und damit auch der Arbeitsplätze.

Wir beobachten den Weinmarkt intensiv. Neue Trends werten wir nicht ab, sondern durchdenken sie und prüfen, ob wir sie für unser eigenes Unterneh-

men nutzen können. Wir wollen wachsen und unsere Umsätze mit bestehenden und neuen Produkten erhöhen.

Wir verpflichten uns, mit Energie, Rohstoffen und anderen Ressourcen so sparsam wie möglich umzugehen und auf den unnötigen Einsatz von Chemie zu verzichten, wo immer dies möglich ist. Wir haben Respekt vor der Natur und der Umwelt. Dies bestimmt und beeinflusst unser Handeln und unsere Entscheidungen.

1.3 Unternehmensziele

Ein Aspekt des Unternehmensleitbildes sind Ihre Ziele. Ziele sind wichtig, da wir an ihnen stets unser Handeln ausrichten können. Bei jeder Entscheidung, sei sie auch noch so klein, können wir Ziele, die wir vorher festgelegt haben, als Richtschnur heranziehen. Ziele kann man grob in ökonomische und psychologische unterteilen.

Die ökonomischen Ziele, auch quantitative Ziele genannt, können direkt anhand von Zahlen gemessen werden. Ökonomische Ziele können für Sie sein:

- Umsatz
- Gewinn
- Wachstum
- Marktanteil
- Kosten

Die psychologischen Ziele lassen sich nur über Umwege in Zahlen ausdrücken, weshalb man auch von qualitativen Zielen spricht.

- Psychologische Ziele können sein:
- Bekanntheit
- Image
- Reputation
- Vertrauen
- Produktqualität

- Kundenzufriedenheit
- Kundenbindung

Sowohl die quantitativen als auch die qualitativen Ziele sollten sich im Leitbild niederschlagen. Aber nicht nur für die Entwicklung eines Leitbildes sind sie praktisch, sondern auch für eine Art Bestandsaufnahme. Vergleichen Sie dazu die formulierten Ziele, also den Soll-Zustand, mit dem jetzigen Zustand, dem Ist-Zustand. An der Differenz zwischen diesen beiden Zuständen sehen Sie, wie groß der Bedarf an Veränderung in Ihrem Unternehmen ist. Bitte fixieren Sie Ihre Ziele und die Bestandsaufnahme schriftlich, denn auch hier wäre eine reine Überlegung zu unverbindlich und nicht nachvollziehbar.

Für die Formulierung der quantitativen Ziele gebe ich Ihnen eine sehr nützliche Hilfe aus dem Bereich NLP an die Hand: die SMART-Ziele. SMART steht für **s**pezifisch, **m**essbar, **a**kzeptiert, **r**ealistisch und **t**erminiert. Wenn Sie alle Ziele so formulieren, dass sie diese Kriterien erfüllen, werden Sie Ihre Ziele wesentlich wahrscheinlicher und auch reibungsloser erreichen. SMART heißt im Detail:

- **S – Spezifisch** bedeutet, dass Sie genau formulieren und definieren, um welchen Parameter es im Einzelnen geht.
- **M – Messbar** bedeutet, dass Sie die Zielgröße in Zahlen ausdrücken können. Nur bei messbaren Zielen lässt sich der Grad der Zielerreichung genau bestimmen.
- **A – Akzeptiert** bedeutet, dass das Ziel nicht nur von Ihnen, sondern von allen, die an der Erreichung des Ziels beteiligt sind, akzeptiert wird. Dazu formulieren Sie Ihre Ziele am besten mit Ihren Mitarbeitern gemeinsam.
- **R – Realistisch** bedeutet, dass das Ziel auch erreichbar ist, denn unerreichbar hohe Ziele demotivieren. Allerdings gilt das auch für zu niedrig gesetzte Ziele.
- **T – Terminiert** bedeutet, dass ein Enddatum festgelegt wird, an dem das Ziel erreicht sein soll. Sie können sich auch Zwischenziele stecken, damit der Weg zum eigentlichen Ziel geordnet und übersichtlich erscheint.

Nehmen wir beispielsweise das Ziel „Umsatz". Dieses Ziel ist sehr spezifisch, da Umsatz genau definiert ist, nämlich der Erlös aus dem Verkauf oder der Vermietung von Waren oder Dienstleistungen. Messbar ist der Umsatz auch leicht, denn das geschieht ja im Rahmen Ihrer Buchführung ohnehin. Wenn Sie auf einer Mitarbeiterversammlung Ihren Mitarbeitern erläutern, warum der Umsatz ein bestimmtes Niveau erreichen soll, und das vernünftig begründen, dürfte auch das Merkmal Akzeptanz erfüllt sein. Falls Sie das Umsatzziel so gewählt haben, dass es nicht wesentlich über Ihren bisherigen Steigerungen bzw. nicht wesentlich über dem Marktdurchschnitt liegt, aber trotzdem anspruchsvoll ist, kann man es als realistisch bezeichnen. Legen Sie nun noch einen Zeitpunkt fest, an dem Ihr Umsatzziel erreicht sein soll, haben Sie alle Kriterien für ein SMART-Ziel erfüllt.

Von Mitteln, mit denen Sie ihre Ziele erreichen können, handelt ab dem folgenden Kapitel das gesamte restliche Buch, nämlich den Marketinginstrumenten. Um Produkte zu vermarkten, ist jedoch vorher eine genaue Kenntnis über eben diese erforderlich. Wie Sie Ihre Produkte unter wirtschaftlichen Gesichtspunkten beurteilen können, sehen wir uns nun an.

1.4 Produktsortiment

Wahrscheinlich haben Sie schon etliche Weine in Ihrem Sortiment. Ein breites Sortiment entsteht meist dadurch, dass man seine Gedanken darauf richtet, was man noch zusätzlich anbieten könnte. Im Laufe der Zeit kann sich so eine gewisse Unübersichtlichkeit breit machen. Um die Übersichtlichkeit wieder herzustellen, schlage ich vor, dass Sie Ihre Weine nach einem Schema klassifizieren, welches in der Managementlehre als BCG-Matrix bekannt ist (benannt nach dem Erfinder, der Boston Consulting Group). Dabei werden die Produkte, in diesem Fall Weine, nach ihrem jeweiligen Umsatz und ihrem Umsatzwachstum beurteilt. Links stehen die Produkte mit niedrigem Umsatz, rechts diejenigen mit hohem Umsatz. In die unteren beiden Kategorien kommen die Produkte mit geringem Wachstum, in die oberen diejenigen mit hohem Wachstum. In Abbildung 2 ist ein solches Schema dargestellt.

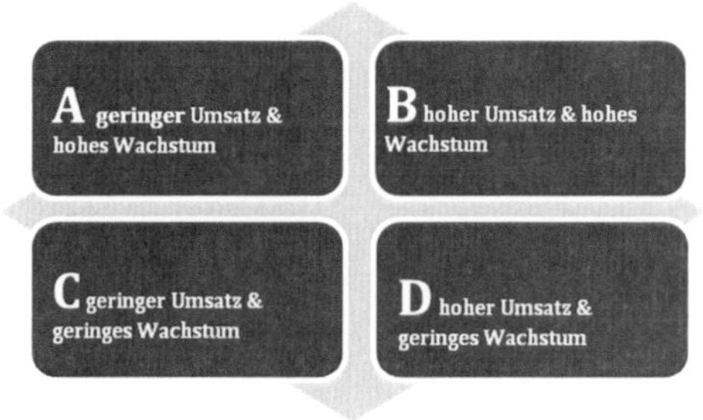

Abb. 2: Produktsortiment nach Umsatz und Wachstum

Entwerfen wir dazu ein Beispiel: In Abbildung 3 sind vier Weine aufgelistet mit den jeweiligen Angaben zu Umsatz und Umsatzwachstum.

Produkt	Umsatz	Umsatzwachstum	Kategorie
Wein 1	100	-3	D
Wein 2	70	18	B
Wein 3	35	7	C
Wein 4	20	25	A

Abb. 3: Tabelle Umsatz und Wachstum

Der Wein 2 in der Kategorie B ist Ihr Star im Sortiment. In diesen Wein sollten Sie weiter investieren. Weine aus der Kategorie D bringen Ihnen ebenfalls hohe Umsätze, allerdings geringes oder – wie in unserem Beispiel – sogar negatives Wachstum. Hier sollten Investitionen genau abgewägt werden. Bei Weinen der Kategorie A handelt es sich um eventuelle Aufsteiger in Ihrem Sortiment, die mit viel Investition bald in Kategorie B sein könnten. Allerdings erwirtschaften sie nicht selbst die Kosten einer Investition, sondern die Investition muss von den Kategorien B und D getragen werden. In Kategorie C sind Ihre Auslaufmodelle. Diese Weine sollten Sie spätestens dann aufgeben, wenn sie keinen Beitrag zu Ihrem Gewinn mehr liefern.

In dieses Schema können Sie nicht nur einzelne Weine einordnen, sondern auch Gruppen von Weinen wie z. B. alle Weine einer bestimmten Ausbauart oder einer bestimmten Qualitätsstufe.

Zwei Aspekte kommen bei dieser Darstellung Ihres Sortiments zu kurz. Zum einen bedeutet ein hoher Umsatz mit einem Produkt nicht, dass es auch rentabel ist, d. h., dass mit jeder Flasche auch der Gewinn steigt. Die Rentabilität ist nicht gegeben, wenn die Herstellung des betreffenden Weins zu hohe Kosten verursacht. Zum anderen betrachtet diese Matrix nur bestehende Produkte. Eine Strategie könnte nämlich auch sein, neue Produkte einzuführen.

1.5 Marken

Im Zusammenhang mit Ihren Produkten stellt sich auch die Frage, welche Marken diese bekommen. Eine Marke ist eine Markierung Ihres Weins, die für ein Bündel von Eigenschaften steht. Diese Eigenschaften wie z. B. besonders hohe Qualität, handwerkliche Produktion usw. sollten für den Kunden klar mit der Marke verknüpft sein. Eine Marke definiert sich nicht über den Namen oder die grafische Ausgestaltung, sondern über die konkreten damit verbundenen Eigenschaften. Damit haben Sie die Möglichkeit, Ihren Wein von anderen Weinen abzugrenzen und hervorzuheben, auch wenn er in seinen sonstigen Eigenschaften (Rebsorte, Ausbauart usw.) anderen sehr ähnlich ist. Für den Kunden hat eine Marke somit eine Orientierungsfunktion bei seiner Kaufentscheidung.

Bei der Entwicklung einer Markenstrategie sind zwei verschiedene Ansatzpunkte möglich. Zum einen kann der Fokus auf Ihren Produkten liegen. Hier werden viele eigenständige Produktmarken gebildet. Beispielsweise verfolgt das Unternehmen Procter & Gamble diese sogenannte Einzelmarkenstrategie und führt Marken wie Ariel, Meister Proper, Wella, Pringles und viele mehr. Im Gegensatz dazu kann man aber auch eine Familienmarkenstrategie wählen, bei der der Fokus auf dem Unternehmen liegt. Hier ist das Unternehmen Nivea ein gutes Beispiel, das ausgehend von seiner Unternehmensmarke Nivea gleichartige Produkte wie z. B. Nivea Sun, Nivea Men, Nivea Baby usw. zusammenfasst.

Dazwischen gibt es auch Mischformen, wie folgendes Beispiel zeigt:

Abb. 4: Links die Standardlinie, rechts der Golfwein®
(mit freundlicher Genehmigung von Weingut Johannes Deppisch, 2012)

In Abbildung 4 sehen Sie zwei Weinlinien des Weinguts Johannes Deppisch. Links ist die Standardlinie abgebildet, deren Markierung den Fokus auf dem Weingut selbst hat. Aus dieser Reihe gibt es gleichartig aufgebaute Produkte, die sich in der Rebsorte und Qualitätsstufe unterscheiden, aber die gleiche Marke tragen. Rechts sehen Sie ebenfalls einen Wein von Johannes Deppisch. Dieser ist aus der Standardlinie ausgegliedert und wird als eigene Produktmarke positioniert, nämlich als Golfwein®. Durch eine solche Ausgliederung kann ein Wein eine deutlichere Absetzung gegenüber Konkurrenzprodukten und auch gegenüber den anderen eigenen Produkten erlangen. Neue Käufer können so angesprochen und Preisaufschläge gerechtfertigt werden.

Eine Markenstrategie in Eigenregie zu entwickeln ist möglich, allerdings zählt das zu den schwierigeren Aufgaben der Vermarktung. Deshalb bieten Kommunikationsagenturen die Markenentwicklung als Dienstleistung an.

Eine Kommunikationsagentur, die auf den Weinbereich spezialisiert ist, ist die Agentur medienagenten. Der Geschäftsführer von medienagenten, Christoph Ziegler, erklärt im Experteninterview seine Herangehensweise an Markenstrategie und Corporate Identity.

1.5.1 Experteninterview: Christoph Ziegler

Christoph Ziegler
Kurgartenstraße 10
D-67098 Bad Dürkheim
E-Mail: info@medienagenten.de
Internet: www.medienagenten.de

Christoph Ziegler ist Geschäftsführer der Agentur medienagenten mit Sitz in Bad Dürkheim. Die Agentur ist spezialisiert auf Marken- und Kommunikationsstrategien für Weingüter. Im Fokus ihrer Arbeit steht die authentische, charaktervolle Darstellung des Herstellers. Ziegler und sein Team haben bereits mit sechzig Winzern einen Relaunch (Neubeginn) des Kommunikations- und Markenkonzepts vollzogen und damit große Erfolge erzielt.

Für den Relaunch des Weinguts von Othegraven an der Saar wurde medienagenten mit dem red-dot design-award 2011 ausgezeichnet.

Herr Ziegler, wie gehen Sie eine Beratung für einen Kunden an? Welche Fragen müssen geklärt werden?

Indem im Vorfeld durch einen Workshop die Werte, Alleinstellungsmerkmale und Besonderheiten des Betriebs analysiert und herausgearbeitet werden. Die Fokusthemen und Vertriebskanäle müssen klar definiert sein.

Im Idealfall lässt sich zwischen den Fokusthemen ein roter Faden spinnen. Am besten funktionieren schlüssige Inhalte zu den Themenfeldern Person, Arbeitsweise und Weinstil. Diese gilt es crossmedial zu kommunizieren – mit möglichst markanten, eigenständigen Fotos und Texten.

Was kann ein Winzer selbst tun, wenn er seine Kommunikations- und Markenstrategie neu aufsetzen möchte?

Vor allen Dingen sich und seine Arbeitsweise hinterfragen sowie sich seiner Fokusthemen bewusst werden. Eigene Stärken und Schwächen erkennen – am besten im Austausch mit seinen Kollegen.

Welchen Vorteil hat ein Winzer, wenn er diese Aufgabe an Sie übergibt? Wie ist Ihre Herangehensweise?

Wir verschaffen ihm einen Rundumüberblick über seinen Betrieb und gewährleisten eine ganzheitliche und nachhaltige Betreuung. Nach einem ersten Treffen mit einem ausführlichen Workshop verfassen wir ein umfangreiches Ideenpapier, in dem die Fokusthemen manifestiert und erste Lösungen definiert werden.

Sie haben für den Relaunch des Weinguts von Günther Jauch, Weingut von Othegraven, 2011 eine renommierte Auszeichnung erhalten. Welche Ausgangbasis haben Sie dort vorgefunden, und wie wurde der Neubeginn vollzogen?

Ein Satz, den ich immer wieder gerne sage und stets wie ein Mantra wiederhole, ist: Ein schönes Etikett bekommt ein Weingut bei jedem begabten Grafiker, eines, das zu dem Weingut, dem Weinstil und den Personen nachhaltig passt, kann nur eine Agentur entwerfen, die sich intensivst mit dem Weingut befasst. Man muss die Menschen wirklich kennenlernen und verstehen.

Bei von Othegraven wurden eben auch im Vorfeld die Fokusthemen recherchiert. Diese sind sehr plakativ in der Anfangsanimation der Website zu sehen. Die Kommunikation dreht sich inhaltlich um die Themenfelder Riesling, Steillage, Handarbeit und Reifezeit. Genau diese Themen wurden dann später mittels einer Text-/Bildstrecke dargestellt.

Das bedeutet, dass man erst nach der Analyse- und Konzeptionsphase die Medien produzieren kann. Wir sind als Agentur bei allen Prozessen dabei. Mit am wichtigsten ist natürlich das Fotoshooting.

Grafisch wurde uns schnell klar, dass wir bei von Othegraven keinen klassischen, rein grafischen Relaunch umsetzen, sondern eine ganz neue visuelle Marke gestalten, und zwar mit hohem Wiedererkennungswert und starker Fernwirkung. Denn die bisherige Ausstattung war beliebig und somit austauschbar.

Abb. 5: Flaschenausstattung Weingut von Othegraven (Foto: A. Durst).

Für das Weingut A. Diehl haben Sie ebenfalls einen Relaunch vollzogen. Welche Erfahrungen haben Sie dort gemacht?

Für das Weingut A. Diehl haben wir eine besonders gelungene inhaltliche und grafische Fokusierung der Leitthemen erreicht. Sortentypische Weine werden mit dem Aufdruck „eins zu eins" versehen, d. h. der Wein schmeckt also eins zu eins nach Riesling – nach sonst nichts anderem, pur und unverfälscht. Genauso geradlinig und minimalistisch ist die Gesamtgestaltung umgesetzt worden. Die Etiketten, die Website, die Broschüre und die Hofschilder sind sehr reduziert. Der Kreis schließt sich bei den Charaktereigenschaften der Personen, denn das Weingut Diehl wird eben sehr strukturiert, geradlinig und professionell geführt.

Übrigens: Das Etikett ist das wichtigste Medium eines Weinguts. Es wird in der höchsten Auflage gedruckt und ist auf den Flaschen wie mit Satelliten als Botschafter des Betriebs in der ganzen Welt unterwegs. Wird das Etikett erneuert, entsteht in der Regel ein neues Corporate Design – alle anderen Medien müssen dann folgen: Website, Kartons, Preislisten, Broschüren usw. Nur dann ist ein crossmedial einheitlicher Auftritt gewährleistet, und die Marke kann stringent beworben werden.

Abb. 6: Flaschenausstattung Weingut A. Diehl (Foto: A. Durst).

Möglicherweise entsteht nun der Eindruck, dass Ihre Dienstleistungen nur prominenten Winzern vorbehalten wären. Können Sie diesen Eindruck widerlegen? Welches Budget ist für einen Relaunch sinnvoll?

Sicher können wir auch für kleine Budgets sehr gute Leistungen bringen. Wichtig ist, dass es vorher klare Absprachen gibt. Wir realisieren immer mal wieder Studentenprojekte und Diplomarbeiten bei uns im Haus. Das ist immer eine gute Chance, eine wirklich außergewöhnliche Arbeit zu bekommen. Allerdings brauchen wir dann auch die Offenheit und das Vertrauen des Kunden. Die Budgets gehen von ... bis – das ist wie beim Autokauf.

Herr Ziegler, vielen Dank für das Gespräch.

1.5.2 Experteninterview: Günther Jauch

Günther Jauch
Weingut von Othegraven
Weinstraße 1
D-54441 Kanzem/Saar
E-Mail: info@von-othegraven.de
Internet: www.von-othegraven.de

(Foto: A. Durst)

Günther Jauch ist TV-Moderator, Journalist und Winzer. 2010 kaufte er das Weingut von Othegraven im rheinland-pfälzischen Kanzem an der Saar, dessen Tradition bis ins 16. Jahrhundert zurückreicht. Das Weingut wird von unabhängigen Experten als Spitzenweingut geschätzt. Kurz nach dem Erwerb beauftragte Herr Jauch die Agentur medienagenten mit einer kompletten Überarbeitung des Kommunikationskonzepts.

Herr Jauch, wie kam es zu der Überlegung, den Außenauftritt umfangreich überarbeiten zu lassen?

Das Weingut hatte einen guten und traditionellen Auftritt. Aber wir wollten eben auch optisch mit unserer Ausstattung deutlich machen, dass sich bei von Othegraven etwas geändert hat. Das ist uns zum Glück so gut gelungen, dass wir auf Anhieb diesen wirklich renommierten Design-Preis gewonnen haben. Wir haben uns bei der Entwicklung von der Frage leiten lassen, welche Optik einerseits klar und einfach, andererseits modern und doch nicht einfach nur „zeitgeistig" sein würde. Wir haben versucht uns vorzustellen, ob uns das neue Design auch in zehn Jahren noch gefallen könnte. Erst als wir uns da ziemlich sicher waren, haben wir es so beschlossen.

Können Sie aus heutiger Sicht Ihren Winzerkollegen oder auch Weinhändlern mögliche Bedenken nehmen und einen derartigen Schritt empfehlen?

Das lässt sich sicher nicht verallgemeinern. Jeder Winzer muss wissen, welche Kundschaft er im Auge hat und ob ein sogenannter Relaunch sinnvoll ist. Ich halte nichts davon, sich von Traditionen einfach zu verabschieden. Auch deshalb heißt das Weingut jetzt nicht „Jauch", sondern trägt weiter den Namen „von Othegraven". Das mag vom Marketing her vielleicht nicht die profitabelste Entscheidung sein, aber die mehrhundertjährige Geschichte gerade eines Weinguts sollte man niemals ohne Not über Bord werfen. Insofern glauben wir, für von Othegraven einen guten Mittelweg gefunden zu haben. Er beschreibt aber sicher eher eine Evolution als eine Revolution des Markenauftritts.

Herr Jauch, vielen Dank für das Gespräch.

1.5.3 Experteninterview: Andreas Barth

Andreas Barth
Weingut Lubentiushof
Kehrstraße 16
D-56332 Niederfell / Mosel
info@lubentiushof.de
www.lubentiushof.de

Foto: Victor van der Saar

Andreas Barth ist renommierter Winzer und Inhaber des Weinguts Lubentiushof. 2012 wurde er zum „Winzer des Jahres 2012" gekürt. Darüber hinaus ist er Geschäftsführer und Kellermeister im Weingut von Othegraven und zusammen mit Günther Jauch für das strategische Marketing dort zuständig.

Herr Barth, welche Erfahrungen haben Sie mit dem Relaunch des Weinguts von Othegraven gemacht, die auch für andere Winzer interessant sein könnten?

Ein Relaunch ist für mich immer ein sichtbarer Beweis dafür, dass wir großes Vertrauen in die Zukunft haben. Er ist ein Neubeginn im Rahmen eines Kontinuums. Ich habe es so empfunden, dass dadurch bei allen Beteiligten viel Energie freigesetzt wurde.

Was hat sich seit der Neugestaltung im Weingut getan? Wie haben Ihre Kunden reagiert?

Die Reaktionen waren von Anfang an sehr positiv. Natürlich gibt es Kunden, die dem alten, liebgewonnenen Etikett nachtrauern. Aber ich habe den Eindruck, dass inzwischen doch alle damit zufrieden sind, denn auch die neue Ausstattung repräsentiert ja unseren Qualitätsanspruch.

Würden Sie den Schritt Kollegen empfehlen, und worauf sollten diese achten?

Ja, ich kann meinen Winzerkollegen ein Relaunchen immer dann empfehlen, wenn sie sich – beispielsweise nach einem Generationenwechsel – nicht mit dem bestehenden Design identifizieren können. Allerdings sollten sie das „Alte" wirklich sorgfältig prüfen, denn ein Relaunch baut ja immer darauf auf, er ist nie wirklich radikal. Er dient auch dazu, eine größere optische Prägnanz und Wiedererkennung zu erreichen. Allerdings sollte man sehr darauf achten, dass man sich mit der neuen Ausstattung wirklich identifizieren kann und sie zu den Menschen passt, die hinter dem Produkt stehen. Nur so ist ein Relaunch sinnvoll und erfolgversprechend.

Herr Barth, vielen Dank für das Gespräch.

1.6 Expertentipp von Utz Graafmann, Wein-Plus

In diesem Kapitel geht es letztendlich darum, Vorstellungsbilder (Image) über Ihre Weine, Weinlinien, Ihren Betrieb und in vielen Fällen auch über die Winzerpersönlichkeit in den Köpfen von potenziellen Kunden, Multiplikatoren und Mitarbeitern zu erzeugen. Dabei empfehle ich Ihnen, erst das vorhandene Vorstellungsbild durch Umfragen und Gespräche sehr gründlich und ehrlich zu identifizieren und dieses dann durch geeignetes Corporate Design, Leitbilder, Unternehmensziele und eine Anpassung im Sortiment positiv zu ergänzen bzw. negative Bilder zu korrigieren.

2. Weinmarketing im Internet

Der Computer wird von Privatleuten in heutiger Form seit dreißig Jahren, das Internet erst seit zwanzig Jahren verwendet, und doch hat sich in dieser relativ kurzen Zeitspanne unser Leben radikal verändert. Das Internet macht es möglich, innerhalb von Sekunden Preise und Eigenschaften von Gütern miteinander zu vergleichen, Empfehlungen oder Bewertungen für Produkte abzugeben und Waren sofort zu kaufen.

Dazu sind die Transportwege schneller und billiger geworden. Der Güterstrom aus dem Ausland, der uns mit Waren aller Art versorgt, erfolgt heute bereits aus mehr als hundert Ländern. Kein anderes Land importiert dabei mehr Weine aus anderen Ländern als Deutschland. Dabei treffen Angebot und Nachfrage nicht mehr auf lokalen Märkten aufeinander wie noch vor einigen Jahren. Der Fernseher z. B. wird immer seltener beim lokalen Händler erworben, sondern mit Hilfe von Bewertungsportalen und Preissuchmaschinen im Internet.

Eine weitere Entwicklung ist, dass sich die Menschen in Gruppen zusammenschließen, um Kontakte zu knüpfen oder zu pflegen, sich mitzuteilen, Erfahrungen auszutauschen, aber auch über Unternehmen und Produkte zu sprechen – positiv wie negativ. Immer mehr Menschen organisieren und vernetzen sich dabei online in sogenannten sozialen Netzwerken.

Facebook, Twitter, XING und andere Netzwerke und Medien sind fester Bestandteil des täglichen Lebens vieler Menschen geworden. Weltweit ist in dem größten sozialen Netzwerk Facebook inzwischen rund eine Milliarde Mitglieder registriert, davon laut der Auswertung von allFacebook.de im April 2012 knapp 23,2 Millionen allein in Deutschland. Es sind nicht nur Teenager, die in den sozialen Netzwerken agieren, sondern alle Altersgruppen. Das US-Marktforschungs-Institut ComScore fand heraus, dass bereits über fünfzig Prozent aller US-Nutzer 35 Jahre oder älter sind. Facebook ist somit ein Kanal, den wir in unserer Strategie berücksichtigen sollten, ja sogar müssen.

Einige Gründe, warum Sie eine Social-Media-Strategie brauchen und in den Netzwerken aktiv sein sollten, will ich bereits jetzt erläutern: Die Menschen stumpfen gegenüber klassischen Werbeformen zunehmend ab. Der Grund dafür ist eine Informationsüberlastung, die aus der Werbung in klassischen Medien wie Zeitungen, Zeitschriften, Magazinen, Rundfunk und Fernsehen resultiert.

Dazu kommt, dass immer mehr Menschen sich online Informationen besorgen, nach Produkten suchen und diese kaufen, Musik und Videos konsumieren und Zeit in sozialen Netzwerken verbringen. Dies hat zur Folge, dass die klassischen Informationsmedien wie Zeitungen oder Zeitschriften an Bedeutung verlieren, während die sozialen Netzwerke an Bedeutung gewinnen. Nicht nur die absoluten Nutzerzahlen beeindrucken, auch deren Wachstum. Laut einer Studie von ComScore ist Facebook, gemessen an den Unique Visitors (tatsächliche, einzelne Nutzer), in Europa um achtunddreißig Prozent innerhalb eines Jahres gewachsen.

Die klassischen Offline-Medien wie Zeitungsanzeigen werden deshalb nicht aus unserem Marketingmix verschwinden, aber in der Gewichtung sicher verlieren. Die Offline-Medien werden immer häufiger als Trägermedium genutzt, die den Leser auf ein Online-Angebot, z. B. Ihre Website, lotsen sollen.

Diese Entwicklung lässt sich auch im „OVK Online Report 2011" ablesen, wonach im Zeitvergleich des Bruttowerbeaufkommens die Medien Zeitung, Fach- und Publikumszeitschriften, Radio- und Plakatwerbung rückläufig sind und das Internet kontinuierlich zunimmt. Als Folge steigen die Bruttowerbeinvestitionen in der klassischen Online-Werbung.

Für unsere Strategie bedeutet dies eine Fokussierung auf das Onlinemarketing. Im Zentrum des Onlinemarketings steht Ihre Website. Wie wirkungsvoll diese ist, hängt allerdings stark davon ab, wie viele potenzielle und bestehende Kunden sie besuchen.

Ziel des Online-Marketings ist es, einen ständigen Besucherstrom herzustellen. Hierfür sind Suchmaschinen und soziale Netzwerke die Hauptinstrumente.

Der Social-Media-Consultant Richard Büttner spricht hier von den zwei Säulen des Internet-Verkehrs: Suchmaschinen und Social Media mit dem finalen Ziel, relevante Besucher auf Ihre Website zu bringen.

2.1 Internet und Suchmaschinen

Bevor wir uns jedoch näher mit dem Weinmarketing im Internet beschäftigen, möchte ich Ihnen die Funktionsweise des Internets und der Suchmaschinen kurz erklären.

Die Inhalte des Internets, die Sie auf Ihrem Monitor sehen, sind Dateien mit Informationen wie z. B. Text, Bildern, Videos usw., die auf Computern auf der ganzen Welt gespeichert sind. Wir können mit unserem Computer über das Telefonnetz oder eine mobile Verbindung auf diese anderen Computer zugreifen und die darauf gespeicherten Daten ansehen oder auch Teile davon herunterladen (z. B. eine Musikdatei auf dem eigenen Computer speichern).

Suchmaschinen wie z. B. die GOOGLE-Suche fungieren dabei als eine Art Bibliothekar. Sie geben z. B. den Auftrag „Suche nach Rotwein", und der Bibliothekar, z. B. die GOOGLE-Suchmaschine, sucht alle relevanten Dokumente zu diesem Thema und bietet Ihnen diese als Suchergebnisse an.

Die Reihenfolge, in der die Suchergebnisse präsentiert werden, hängt von gewissen Vorlieben und Anforderungen des Bibliothekars ab. Zudem bietet der Bibliothekar aber auch noch andere Dokumente an und berechnet dafür Geld vom Anbieter des Dokuments.

Auf Ihrem Computer sieht das Ergebnis einer Suche dann so oder ähnlich aus, je nachdem, welche Suchmaschine und welches Programm zum Anzeigen von Internetseiten Sie verwenden.

Das Ergebnis der angebotenen Dokumente bzw. Seiten unterteilt sich in die bezahlten Einträge und diejenigen Ergebnisse, die der Bibliothekar für besonders relevant für Sie hält. Diese nennt man organische Suchergebnisse.

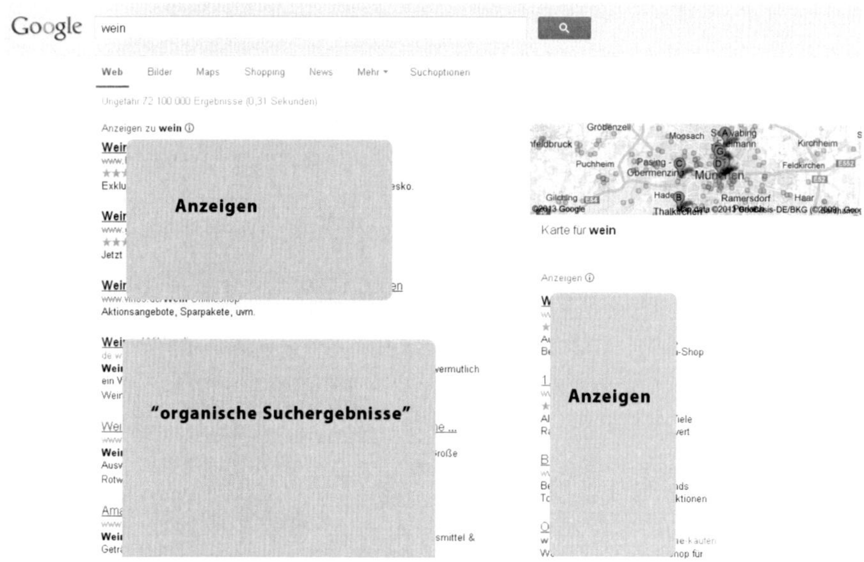

Abb. 8: Suchergebnisse der GOOGLE-Websuche

Die bezahlten Einträge finden Sie oben unter dem Suchfeld (farblich in Sandfarben unterlegt) sowie rechts in der Spalte neben den organischen Suchergebnissen. Diese Einblendungen sind durch die Bezeichnung „Anzeige" als Werbung gekennzeichnet.

Wie Sie dort selbst eine Anzeige schalten und was Sie dabei beachten sollten, erfahren Sie im Kapitel zum GOOGLE ADWORDS-Werbeprogramm.

Ideal wäre natürlich, wenn Ihre Website bei Eingabe eines für Sie relevanten Suchbegriffs wie z. B. „Grauburgunder" möglichst weit vorne in den organischen Suchergebnissen angezeigt werden würde. Was Sie dafür tun müssen, damit Suchmaschinen wie die GOOGLE-Websuche Ihre Seite bei einer bestimmten Suchanfrage weit vorne anzeigen, erfahren Sie am Ende dieses Kapitels.

Eine Suchabfrage 2012 in der GOOGLE-Suchmaschine ergab zum Suchbegriff „Grauburgunder" mehr als 3,7 Millionen organische Treffer und Werbeeinträge. Sie sehen, die Mitbewerberdichte ist hoch! Aber wenn Sie sich professionell positionieren und Ihre Website optimieren, können Sie mit einem stetigen Besucherstrom rechnen.

2.2 Ihre Website

Vor wenigen Jahren sah man die Website noch als eine Art Prospektersatz. Ein Kunde wollte sich über das Unternehmen informieren und eine Preisliste erhalten. Anstatt diese kostenintensiv und mit einiger Zeitverzögerung per Post zuzuschicken, hatte man nun die Möglichkeit, auf die Website zu verweisen, auf der alle relevanten Informationen zum Unternehmen, zu Dienstleistungen oder Produkten sowie gegebenenfalls Preislisten zu finden waren. Zudem ist eine Website ohne großen Aufwand aktuell zu halten, und bei Änderungen im Sortiment oder bei den Preisen können diese in Echtzeit angepasst werden, ohne dass alte Prospekte und Preislisten vernichtet und neue erstellt werden müssen.

Heute ist eine Website mehr als ein Prospektersatz. Der Kunde erwartet neben allen Informationen zum Unternehmen, zum Sortiment, zu Dienstleistungen und Kontaktmöglichkeiten auch eine Art Kommunikationsplattform mit dem Unternehmen.

Meine persönliche Erfahrung zu Art und Qualität von Websites von Winzern und Weinhändlern ist unterschiedlich ausgefallen. Auffällig ist jedoch, dass entweder ein sehr guter oder ein eher schlechter Onlineauftritt angeboten wird. Websites, die dazwischenliegen, gibt es selten.

Ich bitte Sie deshalb, Ihre Onlinepräsenz zu überprüfen und sicherzustellen, dass Ihr Corporate Design, also z. B. Ihr Logo, Ihre Farben und Ihre Schriftart, sich in gleicher Art und Qualität widerspiegelt, wie es auf Ihren Drucksachen der Fall ist.

Achten Sie auch darauf, dass Ihre Website technisch von guter Qualität ist. Einige Kunden werden von der Qualität Ihrer Seite auf die Qualität Ihrer Produkte schließen.

Ich empfehle Ihnen, für die Erstellung Ihrer Website einen Plan aufzustellen. Folgende Fragen sollte dieser beantworten:

- Muss ich einen professionellen Dienstleister beauftragen, oder kann und will ich die Erstellung mit Hilfe von Software (vorgestellt im folgenden Kapitel) selbst übernehmen?
- Für wen ist die Website bestimmt? Richtet sie sich an Fachbesucher (Business-to-Business) oder an Endverbraucher?

- Welches Ziel verfolge ich mit dem Auftritt? (Imagebildung, Information, Verkauf, reine Kontaktmöglichkeit usw.)
- Möchte ich einen Onlineshop integrieren?
- Kann der Besucher innerhalb kurzer Zeit erkennen, wer ich bin, was er von mir erwarten kann, welchen Nutzen er von mir hat, in welchem Preisgefüge ich anbiete und wie und wo er mich erreichen kann?
- Wie will ich mich persönlich und mein Unternehmen präsentieren?
- Ist mein Erscheinungsbild gemäß meiner Corporate Identity einheitlich?
- Spiegelt sich auf meiner Seite all das wieder, was ich in meinem Leitbild niedergeschrieben habe?
- Sind alle rechtlichen Anforderungen eingehalten? Dies sind neben der Verpflichtung zu einem umfangreichen Impressum auch Fragen des Urheber- und E-Commerce-Rechts (Näheres erfahren Sie im Kapital 10 „Weinmarketing und Recht").
- Ist die Navigation auf der Seite übersichtlich und besucherfreundlich? Anders gesagt: Findet sich der Besucher leicht zurecht?
- Sind alle Links und Funktionen aktiv und korrekt?
- Sind die Bilder oder Videos professionell? Habe ich die Erlaubnis, diese benutzen zu dürfen, ist deren technische Qualität hoch genug, z. B. ausreichende Auflösung?
- Habe ich Rechtschreib- und Grammatikfehler durch mehrfaches Korrekturlesen von Außenstehenden weitgehend vermieden?
- Sind alle Inhalte und Termine aktuell? Veraltete Inhalte wirken unprofessionell.

Sollten Sie die erste Frage dahingehend entschieden haben, dass Sie Ihren Onlineauftritt selbst erstellen wollen, dann wird der nächste Abschnitt für Sie interessant sein.

2.3 Websites erstellen (lassen)

Die einfachste und professionellste Art, an eine Website zu kommen, ist natürlich, einen Webdesigner bzw. eine Werbeagentur zu beauftragen. Dies ist jedoch meist mit einigem finanziellen Aufwand verbunden.

Die Anbieter kennen im Wesentlichen zwei Modelle: Zum einen wird das Webprojekt gegen Einmalbezahlung entwickelt, erstellt und im Internet bereitgestellt. Es entstehen Ihnen nur noch Kosten für den Speicherplatz Ihrer Seite (Webhosting) sowie Entgelte für die Pflege, wie z. B. Änderungen am Inhalt, Pflege des Sortiments usw.

Alternativ können Sie diese Leistung auch gegen eine monatliche Gebühr erhalten. Sie mieten damit eine professionelle Website, die stets vom Anbieter technisch auf den neuesten Stand gebracht wird.

Meistens ist bereits ein Paket an Leistungen damit verbunden, z. B. Änderungen am Inhalt, Sortiment usw. Ein gutes Mietangebot hat Wein-Plus mit seinem Produkt „Internetpräsenz mit Shop für Weinanbieter". Im Kapitel „Wein-Plus – das europäische Weinnetzwerk" erfahren Sie mehr dazu.

Sollten Ihnen die Angebote professioneller Anbieter einen zu hohen finanziellen Aufwand abverlangen, können Sie die Erstellung einer Website auch selbst angehen. Zeit und die Bereitschaft, Neues zu lernen, sind dafür allerdings Voraussetzung.

Es gibt mittlerweile einige sehr gute Softwareangebote und Online-Baukästen, die es dem Laien erlauben, eine technisch einwandfreie und optisch gute Website zu erstellen.

Einige einfache Angebote sind:

- 1 & 1 Homepage-Baukasten (Online-Baukasten)
- STRATO Baukosten Homepage (Online-Baukasten)
- MAGIX Web Designer (Software)
- Data Becker Web2Date (Software)

Mein persönlicher Tipp jedoch ist der Einsatz eines sogenannten Blogsystems.

2.3.1 Blogsysteme

Ein Blog ist eine Art Tagebuch im Internet (daher auch die Bezeichnung Blog, die von „weblog" abgeleitet wird), welches auf einer Website geführt wird. Hier werden Artikel geschrieben und dann z. B. chronologisch dargestellt. Der Hauptvorteil eines Blogs ist, dass Sie Ihren Kunden damit eine echte Zwei-Wege-Kommunikation bieten. Das heißt, Sie geben nicht nur Informationen auf der Website bekannt, die von Ihren Besuchern gelesen werden, sondern haben auch die Chance, über Kommentare, Fragen, Lob oder Kritik in direkten Kundenkontakt zu gelangen. Selbstverständlich erscheinen auf Ihrer Website nur diejenigen Besucherkommentare, die Sie freigegeben haben.

Ein Blogsystem wiederum ist eine Software, mit der ein solches Blog mit einer zugehörigen Website erstellt werden kann. Bei heutigen Blogsystemen spielt allerdings nicht nur das Blog selbst, sondern auch die zugrundeliegende Website eine große Rolle. Das bedeutet, dass mit einem solchen System ansprechende Websites erstellt werden können, in die eine Blogfunktion integriert ist. Ein weiterer Vorteil ist, dass Sie ein Blogsystem mit geringem Aufwand und ohne Programmierkenntnisse selbst pflegen können.

Zahlreiche Blogsysteme gibt es als frei verfügbare Software, also kostenlos. Ich selbst habe mit WordPress gute Erfahrungen gemacht und möchte auch Ihnen diese Software empfehlen.

2.3.2 WordPress

WordPress ist eine kostenfreie (OpenSource-)Software, die Sie unter http://wpde.org/ herunterladen können. Dort finden Sie auch Ressourcen, die Ihnen beim Aufsetzen von Wordpress weiterhelfen, z. B. ein Forum, in dem Sie Fragen stellen können, und eine FAQ-Seite. Aber auch an anderen Stellen im Internet finden Sie hilfreiche Anleitungen, Gestaltungsvorlagen (Themes) und Tipps. Einmal installiert, kann das System von jedem Rechner mit Internetzugang aus gepflegt und verwaltet werden.

Wordpress unterscheidet zwischen statischen und dynamischen Inhalten. Die statischen Inhalte ergeben die klassische Website, also das Gerüst wie z. B. „Über uns", „Kontakt" und „Impressum". Die dynamischen Inhalte bestehen aus von Ihnen oder von Besuchern geschriebenen Beiträgen. Sie selbst können so beispielsweise Neuigkeiten im Sortiment oder Informationen zum aktuellen Jahrgang kommunizieren. Damit die Beiträge leicht gefunden werden und der

Nutzer die Übersicht behält, werden Kategorien gebildet, denen die Beiträge zugeordnet werden. So sind z. B. die Kategorien „Jahrgang 2012" oder „Sonderangebote" denkbar. Website-Besucher können Kommentare dazu abgeben oder Fragen stellen, die nach Sichtung von Ihnen freigegeben werden – oder auch nicht. Zudem können Sie eine Schnittstelle zwischen WordPress und diversen Portalen aus dem Bereich der sozialen Medien einrichten. Nach einer Verknüpfung und Freigabe wird dann jeder Beitrag Ihrer Website automatisch auch z. B. auf Facebook oder Twitter veröffentlicht. Die dynamischen Inhalte sind allerdings keine Pflicht, denn auch ohne sie können Sie mit den rein statischen Elementen eine ansprechende Website erstellen. Dabei können verschiedene Personen wie z. B. Mitarbeiter Ihres Betriebs über verschiedene Benutzerkonten an der Seite arbeiten. Sehr praktisch ist auch, dass WordPress sogenannte Plug-Ins unterstützt. Das sind kleine, meist kostenlose Zusatzprogramme, die jeweils eine spezielle Funktion haben, z. B. Kalender, Zahlungsschnittstellen, Kontaktformulare, Analyse der Besucheraktivitäten und vieles mehr. Mit Hilfe dieser Plug-Ins können Sie den Funktionsumfang Ihrer Seite deutlich erhöhen.

Weitere Informationen und nützliche Tools finden Sie auf folgenden Seiten:

- WordPress Deutschland: http://de.wordpress.org/
- WordPress-Download, deutsch: http://wpde.org/download/
- WordPress als Magazin: http://www.wordpress-magazin.de/
- WordPress-Themenverzeichnis: http://themes.wpde.org/
- Deutschsprachige und kostenlose Wordpress-Gestaltungsvorlagen (Themes): http://www.deutsche-wordpress-themes.com/

Eine Videoanleitung, wie Sie WordPress installieren, Bücherempfehlungen und erste Schritte in WordPress finden Sie auf der Website zum Buch: www.weinmarketing.org/wordpress.

2.3.3 Experteninterview: Karl-Heinz Wenzlaff

Karl-Heinz Wenzlaff
Wenzlaff Weblog Consulting
Börnicker Chaussee 1 – Büroturm
D-16321 Bernau bei Berlin
E-Mail: mail@blogtrainer.de

Der Diplom-Mathematiker Karl-Heinz Wenzlaff ist „Blogtrainer". Als Trainer und Unternehmensberater ist er auf Social Media, Facebook-Marketing, Corporate Blogs und WordPress-Publishing spezialisiert.

Er lebt und arbeitet in Bernau bei Berlin. Seine Seminare in Berlin, Düsseldorf, Frankfurt am Main, Hamburg, Hannover, Köln, Leipzig, München, Nürnberg und Stuttgart sind regelmäßig ausgebucht, da er einer der bekanntesten Experten für WordPress im deutschsprachigen Raum ist.

Herr Wenzlaff, WordPress ist kein System mehr, das nur Internet-Nerds für ihr Blog verwenden. Ist WordPress ein geeignetes System für Winzer oder Weinhändler?

Fünfundfünfzig Prozent aller neuen Websites mit CMS wurden 2011 mit WordPress erstellt. Das System ist robust, flexibel und kostenlos – auch für kommerzielle Anwendungen. Ein Vorteil ist, dass WordPress als Blogsystem und somit als Social-Media-Urgestein entstanden ist. Das erleichtert heute das Zusammenspiel mit anderen Social Media wie Facebook und Twitter sehr. Der wichtige Unterschied zu anderen sozialen Medien: WordPress läuft auf der eigenen Internet-Domain des Winzers oder Weinhändlers. Es bringt Besucher von Social-Media-Seiten auf die eigene Homepage und in den dort integrierten Onlineshop. So werden WordPress-Leser schnell zu Onlinekäufern und Stammkunden, wenn man alles richtig macht.

Die meisten der Leser verfügen bereits über einen Onlineauftritt. Welche Empfehlungen können Sie dem Winzer oder Händler für die Umsetzung seines Onlineangebots über WordPress geben?

Es gibt zwei verschiedene Szenarien: Wenn man eine vorhandene Website zunächst nicht verändern will, so kann man WordPress einfach auf einer Unterseite, z. B. als „News", einrichten und regelmäßig Interessantes aus dem eigenen Weinberg oder Geschäft schreiben und von den Lesern kommentieren lassen. Man gewinnt durch diese lebendige Kommunikation neue Interessenten und erreicht gleichzeitig durch frische Inhalte bessere Suchmaschinenpositionen. Die grafische Anpassung von WordPress an eine vorhandene Website machen gute Webdesigner in wenigen Arbeitsstunden.

Das andere Szenario: Wenn Sie ohnehin einen Relaunch Ihrer Website planen, so machen Sie es komplett mit WordPress. Verzichten Sie auf komplizierte Systeme wie Typo3, die Sie unnötig in die Abhängigkeit von Agenturen treiben.

Welche zehn Plug-Ins dürfen in keinem WordPress-System des Winzers oder Händlers fehlen?

Es gibt bei WordPress fast 20.000 Plug-Ins, und das ist für Anfänger manchmal verwirrend. Auf jeden Fall benötigt man für die Suchmaschinenoptimierung ein gutes Plug-In wie „wpSEO" und natürlich „GOOGLE XML Sitemap". „Anti Spam Bee" ist ein besserer Spamschutz als das mitgelieferte „Akismet" und entspricht vor allem den deutschen Datenschutzerfordernissen. Um die neuesten Kommentare interessant darzustellen, benutze ich „Get Recent Comments". Mit „WP Events" und „WP Polls" kann man Veranstaltungen auf der Homepage präsentieren und Onlineumfragen durchführen. Um jeden neuen Artikel an Newsletter-Abonnenten zu verschicken, nutze ich gern das GOOGLE-Feedburner-Plug-In. Und dann benötigt man einige Plug-Ins, um die eigenen Beiträge auf Social Media empfehlen zu lassen: Das sind aktuell Plug-Ins für Facebook, Twitter, GOOGLE+ und Pinterest. Will man seinen Lesern auch optisch etwas bieten, lohnt sich auch ein Fotogalerie-Plug-In wie „NextGen Gallery". Fast alle Plug-Ins sind bei WordPress kostenlos. Nur wenige wie „wpSEO" kosten einmalig ein paar Euro, aber das lohnt sich.

Was sind Ihre WordPress-Tipps und -Tricks, die dem Winzer oder Händler weiterhelfen?

Bauen Sie sich Ihre eigene Gemeinschaft von Lesern und Fans rund um Ihre WordPress-Website auf. Das geht meistens schneller als auf Facebook und anderen „fremden" Plattformen. Stellen Sie Fragen, provozieren oder verblüffen Sie auch einmal Ihre Leser, um die Diskussion in Gang zu bringen. Fordern Sie Ihre Leser immer wieder zu Aktionen heraus, verlangen Sie nach Meinungen und Kommentaren. Und wenn jemand erstmals kommentiert hat, so bedanken Sie sich öffentlich und zusätzlich mit einer persönlichen E-Mail. Schließlich kennen Sie als WordPress-Nutzer die E-Mail-Adresse des Kommentators. Oft sind die aktivsten Leser und Kommentatoren später die besten Empfehlenden, gewissermaßen „Markenbotschafter" und Stammkunden Ihres Weinguts und Ihres Weins.

Sie bieten auf Ihrer Website www.Blogtrainer.de Seminare zum Thema WordPress in nahezu allen großen deutschen Städten an. Was erwartet den Winzer oder Händler dort? Was kann er lernen, und welche Investition muss er leisten?

Meine WordPress-Seminare haben maximal sechs Teilnehmer. Das ist wichtig, damit keine Frage unbeantwortet bleibt. Wir gehen bewusst nicht in Hotels, sondern in eine angenehme Lernumgebung in Computer-Trainingszentren, z. B. in Berlin am Potsdamer Platz, in Stuttgart am Schlossplatz, in Hamburg in der neuen Hafen-City oder in Köln in der Altstadt.

Alles passiert direkt am Rechner: Am ersten Tag richten wir WordPress optimal für die geschäftliche Nutzung ein und lernen, wie man wirkungsvolle Texte schreibt, Bilder in Szene setzt und auch mit Videos arbeitet. Der zweite Tag gehört den wichtigen Plug-Ins, wobei Suchmaschinen-Optimierung und Besucherlenkung sowie natürlich die Steigerung der Bekanntheit der eigenen Website im Vordergrund stehen.

Das zweitägige Seminar kostet einschließlich Seminarunterlagen, Computernutzung und Verpflegung rund 700 Euro netto, hat aber schon vielen Teilnehmern in den folgenden Wochen ein Vielfaches an Agenturkosten und Online-Werbekosten erspart. Auf jeden Fall bringt Ihnen dieser „echte" WordPress-Workshop mehr nachhaltiges Fachwissen als viele „kostenlose" Webinare, die meistens nur Werbeveranstaltungen für digitale Infoprodukte, die „Lamadecken" des 21. Jahrhunderts, sind.

Herr Wenzlaff, vielen Dank für das Gespräch.

Egal, wie Sie nun Ihre Website erstellen – wichtig ist, dass sie gefunden wird. Wie das passiert und was Sie dazu beitragen können, lesen Sie im folgenden Abschnitt.

2.4 Suchmaschinenoptimierung (SEO)

Websites können im Wesentlichen über drei Kanäle erreicht werden. Die einfachste Möglichkeit ist, dass die Seite direkt angesteuert wird, also durch Eingabe der Adresse (URL) in den Browser. Das setzt jedoch voraus, dass die Website und deren Adresse bekannt sind. Die zweite Möglichkeit ist, dass der Besucher über einen Link (z. B. auf Facebook) auf Ihre Seite kommt. Die dritte Möglichkeit besteht darin, dass jemand mit einer Suchmaschine nach Ihnen oder einem Ihnen nahestehenden Begriff, z. B. „Grauburgunder", sucht und dann von der Suchmaschine Ihre Website vorgeschlagen bekommt. Diese Möglichkeit ist sehr wichtig, da viele Menschen mit Kaufabsichten im Internet suchen. Sehen wir uns deshalb erst einmal an, welche Suchmaschinen es gibt.

Vor einigen Jahren waren es noch hunderte, inzwischen gibt es nur noch eine kleine Zahl relevanter Suchmaschinen. Marktführer bei Suchanfragen über das Internet ist die GOOGLE-Websuche. Die Suchmaschinenoptimierer von SEO-united.de veröffentlichen regelmäßig die Liste der zehn am meisten genutzten Suchmaschinen in Deutschland.

Suchmaschinen	Verbreitung in Prozent
1. GOOGLE-Websuche	83.9 % (+0.3)
2. Bing	3.3 % (+0.1)
3. Yahoo	3.1 % (-0.1)
4. Web.de	1.4 % (+/-0)
5. Ask.com	1.0 % (-0.1)
6. AOL Suche	0.7 % (+/-0)
7. gmx.net	0.5 % (+/-0)
8. Search.com	0.3 % (+/-0)
9. MSN Live Search	0.2 % (+/-0)

Quelle: www.seo-united.de/suchmaschinen.html, Stand März 2012

2.4.1 Die GOOGLE-Websuche

Die Verbreitung der GOOGLE-Suchmaschine ist inzwischen so weit vorangeschritten, dass das Verb „googeln" (sprich: „guhgeln") seit 2004 im Duden als Synonym für Suche im Internet gefunden werden kann. Auch andere Quellen wie das Webbarometer des Anbieters webhits.de bestätigen mit ihren Messungen die Dominanz der GOOGLE-Websuche im Suchmaschinenmarkt:

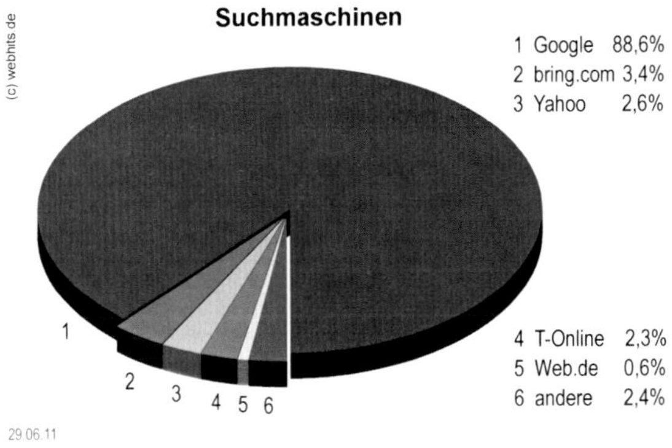

Abb. 9: Marktanteil Suchmaschinen der User von webhits.de

Für uns ist deshalb ausschließlich die GOOGLE-Suchmaschine von Interesse. Genauer gesagt: Es ist wichtig, an welcher Position in der organischen Ergebnisliste Ihre Website angezeigt wird. Je weiter vorne in den Suchergebnissen, desto wahrscheinlicher ist es, vom Sucher auch wahrgenommen und angeklickt zu werden. Bei der Erstellung der Website kann man bereits versuchen, auf diese Positionierung Einfluss zu nehmen. Das bezeichnet man als Suchmaschinenoptimierung oder auf Englisch als Search Engine Optimization (SEO).

Neben den Suchmaschinenanbietern gibt es noch sogenannte Verzeichnisdienste, die wie eine Art Branchenbuch funktionieren. Das vielleicht wichtigste Verzeichnis ist „The Open Directory" (DOMZ.org). Hier sollten Sie Ihre Website in jedem Fall anmelden. Die deutschsprachige Seite finden Sie unter www.dmoz.org/World/Deutsch/.

Die GOOGLE-Websuche sortiert die Suchergebnisse nach der von ihr berechneten Relevanz der jeweiligen Seite in Bezug auf den Suchbegriff. Wie diese Berechnung genau funktioniert, ist komplex und zum Teil geheim. Außerdem arbeitet die GOOGLE-Suchmaschine täglich an der Weiterentwicklung des Sortieralgorithmus. Nach Angaben des Unternehmens werden jährlich mehr als 500 Änderungen vorgenommen, die die Sortierung der Suchergebnisse beeinflussen. Findige Webmaster und Suchmaschinenagenturen versuchen deshalb, ihre Seiten laufend zu optimieren, damit sie eine möglichst hohe Platzierung erreichen. Oft geht diese Optimierung allerdings zu Lasten des Inhalts der Seite. Die GOOGLE-Suche will deshalb überoptimierte Seiten ausfindig machen und deren Gewichtung herunterstufen. Im sogenannten Panda-Update von 2011, das überoptimierte oder Spamseiten identifiziert und herabstuft, hat die GOOGLE-Suchmaschine dem Rechnung getragen.

Bis die GOOGLE-Websuche eine Seite als überoptimiert einstuft, muss jedoch viel geschehen. Die meisten Seiten nutzen bislang nicht ihr Potenzial und können somit von der GOOGLE-Suchmaschine nicht entsprechend positiv berücksichtigt und prominent positioniert werden.

Die wichtigsten, grundlegenden Methoden und Tricks zur Optimierung Ihrer Website habe ich im Folgenden zusammengefasst:

- Verwenden Sie einen geeigneten Titel (Title Tag). Dieser Text des Titels wird in den meisten Suchmaschinen als Link zur Website angezeigt. Ihnen stehen rund sechzig Zeichen zur Verfügung (ca. fünf bis zehn Wörter). Der Text sollte geeignete Stichwörter (Keywords) enthalten, die mit dem Inhalt der Seite in Zusammenhang stehen, also z. B. „Weinhändler München" oder „Grauburgunder".
- Genauso wichtig ist die Beschreibung (Description). Als Ergebnis in den Suchmaschinen wird diese als Beschreibung Ihrer Seiteninhalte ausgegeben. Wählen Sie eine gut überlegte, aussagekräftige Beschrei-

bung, denn diese entscheidet darüber, ob der Suchende Ihre Seite besucht oder nicht. Sie sollten auch hier passende Keywords platzieren. Für die Beschreibung stehen Ihnen etwa zweihundert Zeichen zur Verfügung.

- Sorgen Sie dafür, dass möglichst viele andere Websites auf Ihre Seite per Link verweisen. Je renommierter diese Seiten sind, desto besser für Sie: Suchmaschinen gehen davon aus, dass Sie ebenfalls relevant sind, wenn eine renommierte Seite per Link auf Sie verweist. Somit profitieren Sie von der Stärke der anderen Seite. Bitten Sie deshalb aktiv Partner wie Lieferanten, Kunden oder Einkäufer darum, einen Link auf Ihre Website zu setzen, und bieten Sie ebenfalls eine Verlinkung von Ihrer Seite an.
- Melden Sie Ihre Website in den Verzeichnisdiensten an, und legen Sie besonderen Wert auf www.domz.org.
- Ein Eintrag bei Yahoo.de und Web.de ist kostenpflichtig, kann aber durchaus lohnenswert sein.
- Nutzen Sie mindestens den Basiseintrag bei allesklar.com. Dieser Dienst listet Sie auch bei weiteren Suchmaschinen und Portalen. Ein kostenpflichtiger Eintrag beschleunigt die Freischaltung und ist mit weiteren Optionen ausgestattet.
- Ein absolut empfehlenswerter Dienst ist der Internet Business Promoter (IBP). Diese Software meldet Ihre Seite nicht nur automatisch bei vielen Suchmaschinen an, sondern analysiert Ihre Website unter dem Gesichtspunkt der Suchmaschinenoptimierung (SEO). Informationen finden Sie dazu unter www.axandra.com.
- Achten Sie darauf, dass Ihre Keywords (gemäß Ihrer individuellen Kampagne) prominent auf der Website erscheinen, z. B. in Überschriften (im HTML-Code H1 und H2) und in den Navigationspunkten. Positiv für die Relevanz der Keywords ist möglicherweise auch die Gestaltung, z. B. als Fettschrift. So kann die Suchmaschine unter Umständen besser erkennen, was inhaltlich in der Website steckt.
- Je häufiger Ihre Keywords in den Texten auf Ihrer Seite erscheint, als desto relevanter wird sie angesehen. Aber übertreiben Sie es nicht. Eine Keyworddichte von fünf Prozent sollte angestrebt, aber nicht überschritten werden (je hundert Wörter im Text höchstens fünfmal Ihre Keywords).

Achtung: Überschriften, Navigationselemente und ähnliche Textbausteine zählen ebenfalls dazu.

- Suchmaschinen lieben Content (Texte auf Ihrer Website). Schreiben Sie deshalb z. B. in Ihrem Blog oder auf Ihrer Website regelmäßig kurze Nachrichten zu aktuellen Ereignissen in Ihrem Unternehmen (dies werden wir später auch noch an anderer Stelle benötigen).
- Vermeiden Sie sogenannten Double Content. Ein Text, der bereits hunderte Male auf Websites im Netz zu finden ist, ist nicht interessant. Die GOOGLE-Suchmaschine „bestraft" dies im schlimmsten Fall mit schlechteren Platzierungen oder sogar mit der Streichung aus dem Index.
- Sichern Sie sich für einzelne Projekte, Marken oder Produktlinien eigene Domains (Internet-Adressen), die ganz oder teilweise Ihren Keywords entsprechen.

Diese einfachen Methoden und Tricks für Anwendungen und deren Änderungen bzw. Ergänzungen können Sie möglicherweise selbst durchführen bzw. Ihren Webmaster damit beauftragen.

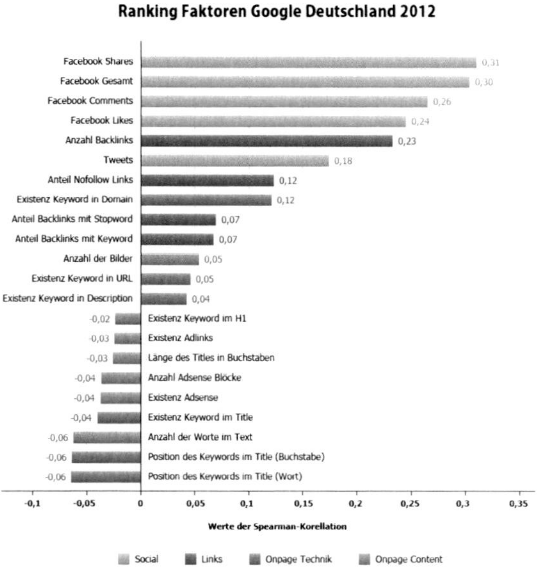

Abb. 10: Ranking Faktoren GOOGLE Deutschland 2012 © www.searchmetrics.com

Es gibt jedoch weitere Faktoren, die Ihre Position in den Suchergebnissen beeinflussen. Dazu hat das Web-Analyseunternehmen Searchmetrics die aktuellen Ranking-Faktoren für die Ergebnisse in der GOOGLE-Websuche ermittelt. Dafür wurde anhand von 10.000 ausgewählten Suchbegriffen sowie 300.000 Websites und mehreren Millionen sogenannter Backlinks, Shares und Tweets ausgewertet, wie und ob diese das Ranking in der GOOGLE-Suche beeinflussen.

Auf einen wichtigen Faktor möchte ich besonders hinweisen: die sogenannten Social Signals. Die sozialen Netzwerke wie Twitter, Facebook und GOOGLE+ sind inzwischen ein massiver Dreh- und Angelpunkt für eine gute Platzierung in den GOOGLE-Suchergebnissen geworden. Dabei spielt es eine große Rolle, wie rege Artikel und Seiten in diesen Portalen geteilt oder kommentiert werden. Die verschiedenen Facebook-Metriken nehmen hier jeweils Spitzenpositionen ein:

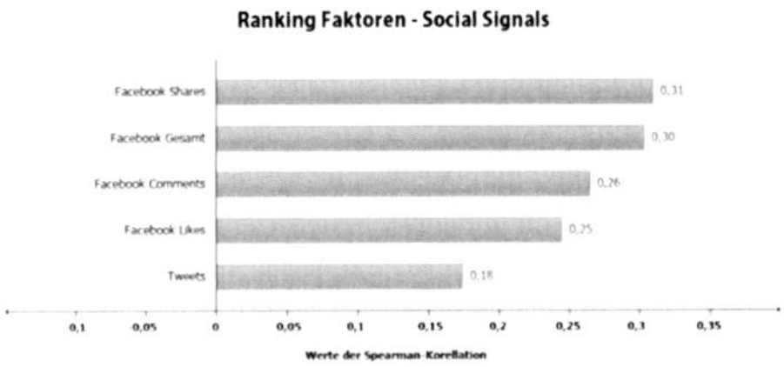

Abb. 11: Ranking Faktoren – Social Signals © www.searchmetrics.com

Mit dem sozialen Netzwerk Facebook werden wir uns in Kapitel 6.2 noch genauer beschäftigen.

Wenn Sie die Grundlagen der Suchmaschinenoptimierung berücksichtigen und gute Inhalte liefern, also interessante Informationen rund um Ihren Wein, dessen Herstellung, Anbau usw., bieten Sie der GOOGLE-Websuche bereits eine gute Voraussetzung dafür, Ihre Seite als relevant anzuerkennen. Für weitergehende Optimierung empfehle ich Ihnen, eine spezialisierte Agentur zu beauftragen, die sich ausschließlich mit SEO beschäftigt.

2.4.2 Experteninterview: Heiner Etzler

Heiner Etzler
WebOptimizer24 Ltd.
Karl-Böhm-Str. 32
D-85598 Baldham
E-Mail: office@weboptimizer24.de

Heiner Etzler ist Director der WebOptimizer24 Ltd und zeichnet sich für etablierte Medienunternehmen verantwortlich. Er gilt als ausgewiesener Experte für Suchmaschinenoptimierung.

Herr Etzler, eine Website ist heute mehr als eine digitale Visitenkarte oder ein Ersatz für einen Prospekt. Für Winzer und Weinhändler ist das Medium Internet als Vertriebskanal von großer Bedeutung. Gibt es heute noch die Chance, im hart umkämpften Weinmarkt eine Top-Position in den Suchmaschinen zu erreichen?

Ja, und die Chancen dafür werden dank der GOOGLE-Suche immer besser. Denn nach wie vor sieht es die GOOGLE-Suchmaschine – und das gilt auch für Yahoo und Bing – als ihre Hauptaufgabe an, alle Suchanfragen mit inhaltlich optimalen Fundstellen zu beantworten. Nun ist eine Suchmaschine kein vernunftbegabtes Wesen, sondern eine Ansammlung mathematischer Algorithmen, die aus Abermillionen von Websites in Sekundenbruchteilen relevante Suchergebnisse präsentieren sollen.
Die GOOGLE-Suche verlässt sich daher auch auf das Urteilsvermögen des Menschen und bezieht in die Bewertung, ob eine Fundstelle wichtig oder interessant ist, die Einschätzung der Internet-User ein. Wenn also an vielen Stellen im Internet auf eine bestimmte Website oder einen Blogartikel „hingewiesen", d. h. verlinkt wird, müssen die Inhalte der Website bzw. des Blogartikels offenbar ganz besonders interessant sein. So zumindest die Schlussfolgerung der Suchmaschinen.
Logisch, dass dieses System sofort ausgenutzt wurde. Das war die Geburtsstunde der Linkanbieter, und der Kapitalismus hielt Einzug ins Internet. Wer sich die besten Links leisten konnte – wir sprechen hier teilweise von mehreren tausend Euro pro Monat für einen Top-Link –, erhöhte seine Chance, ganz oben in den Suchergebnissen aufzutauchen.
Plötzlich verfügten inhaltlich dünne Websites über tausende künstlich erzeugter Links, und statt inhaltlich relevanter Informationen wurden von den Suchmaschinen Seiten aufgelistet, die vor allem massenhaft Kaufangebote enthielten.

Seit 2011 bewertet die GOOGLE-Suche solche Links nicht mehr so stark, und teilweise werden Websites, die zwar tausende Links, aber keinen relevanten Inhalt aufweisen, auch abgestraft, d. h. in den Suchergebnissen deutlich nach hinten verschoben.
Und hier bietet sich wiederum die Chance für jeden Betreiber einer Website: Guter Content, also inhaltliche Qualität einer Website, wird zum entscheidenden Kriterium. Schreiben Sie über Wein, beschreiben Sie Ihre Weine, lassen Sie Kunden zu Wort kommen, bieten Sie ein Forum an, um sich über Weine auszutauschen. Das ist viel effektiver als Linkkauf oder Linktausch.
Und wenn Sie über Wein schreiben, verübeln es Ihnen die Suchmaschinen nicht, wenn Sie auch Wein verkaufen.

Die Suche nach den besten Keywords ist von entscheidender Bedeutung. Wir haben uns darauf fokussiert, den Kundennutzen in Keywords zu übersetzen und mit dem Keyword-Tool von GOOGLE ADWORDS nach interessanten Nischen zu suchen. Welche Empfehlungen können Sie hinsichtlich der Keywordauswahl geben?

Ein Keyword oder eine Keywordkombination ist nur dann brauchbar, wenn genügend Suchmaschinennutzer diese auch tatsächlich eingeben. Und sinnvoll sind diese Keywords, wenn sie im Zusammenhang mit dem erwarteten Ergebnis stehen. Wenn ich darf, greife ich Ihr Beispiel auf.

Wer beispielsweise in den nächsten Wochen seinen runden Geburtstag etwas größer feiern und seinen Gästen einen trockenen Weißwein anbieten möchte – was gibt der User in diesem Fall in die GOOGLE-Suche ein? „Wein und Gesundheit" oder „trockener Weißwein"? Ich tippe mal auf „trockener Weißwein", eventuell mit ergänzenden Angaben wie „preiswert", „gut", „Deutschland", „Franken", „direkt vom Winzer".
Und welche Informationen sucht bzw. wünscht sich ein Suchmaschinenanwender, wenn er „Wein und Gesundheit" als Suchbegriffe eingibt? Ich vermute, dass hier Informationen, Statistiken und medizinische Studien im Vordergrund stehen, die mit Wein und seiner gesundheitlichen Wirkung zusammenhängen.
Wenn Sie diese Informationen auf Ihrer Website anbieten, ist das gut. Richtig super ist es, wenn Sie dann auch noch sagen, warum Ihre Weine in diesem Zusammenhang besonders gut abschneiden, und Ihrem Website-Besucher gleich ein passendes Angebot präsentieren.
So erfüllen Sie den Informationswunsch, geben die punktgenaue Entscheidungshilfe und bieten auch noch das passende Produkt an.
Der beste Tipp, den ich im Zusammenhang mit der Wahl von Keywords bzw. Keywordkombinationen geben kann: Schauen Sie Ihren Kunden auf die Finger. Fragen

Sie sie, was sie in Suchmaschinen eingeben. Die eigene Betriebsblindheit kann hier ganz schön auf den Holzweg führen.

Welche Maßnahmen hinsichtlich der Optimierung einer Website kann der Winzer oder Weinhändler selbst durchführen, um seine Position in den Suchergebnissen zu verbessern?

Neben dem schon angesprochen Content sind vor allem noch die sogenannten Metatags für die Suchmaschinenoptimierung interessant. Hier werden nicht nur wichtige Informationen für die Suchmaschinen hinterlegt, sondern damit definieren Sie auch, welche Informationen die Suchmaschinen in den Suchergebnissen über Ihre Website anzeigt.
Die GOOGLE-Suche zeigt in den Suchergebnissen das an, was Sie im sogenannten Title Tag und der Description angegeben haben. Wenn Sie dort nichts eingetragen haben, dann nimmt die GOOGLE-Suchmaschine irgendeinen Textteil aus der Website und zeigt diesen an. Die Auswahl des Texts erfolgt zufällig und oft mitten aus einem Satz heraus.
Wenn Ihnen unsere Website www.weboptimizer24.de von der GOOGLE-Suche in den Ergebnissen gezeigt wird, dann erhalten Sie folgenden Text:

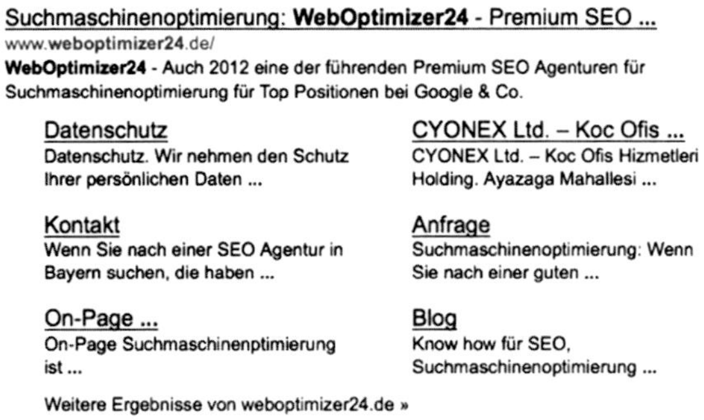

Abb. 12: Suchmaschinenoptimierung © www.weboptimizer24.de

Alle diese Angaben habe ich entsprechend definiert und an meinen wichtigsten Keywords ausgerichtet: Suchmaschinenoptimierung, SEO, SEO Agentur, München – und das auch ergänzt um die aktuelle Jahreszahl 2012. Und das Wichtigste hierbei: Der Text gibt dem Suchmaschinennutzer eindeutige Informationen über mein Unternehmen und seine Leistungen.
Wer selbst ein wenig Suchmaschinenoptimierung auf seiner Website machen möchte, dem empfehle ich den kostenlosen Leitfaden „Einführung in die Suchmaschinenoptimierung" von Google Inc. selbst. Die Grundlagen sind hier verständlich

erklärt, und es ist auf jeden Fall ein guter Anfang. Unter folgendem Link können Sie diesen Leitfaden herunterladen: http://www.GOOGLE.de/webmasters/docs/einfuehrung-in-suchmaschinenoptimierung.pdf

Ihre Firma optimiert bestehende Websites von Unternehmen. Welche Fehler werden häufig gemacht, und wie kann man diese vermeiden?

Der häufigste Fehler ist, dass überhaupt keine Suchmaschinenoptimierung vorhanden ist. Weder der schon oben angesprochene Title Tag noch die Description werden ausgefüllt. Dabei sind diese Angaben – neben dem eigentlichen Inhalt der Website – die wichtigsten Anhaltspunkte für Suchmaschinen, um was es auf der Website eigentlich geht. Das Ganze ist vergleichbar mit den Stichwörtern in einem Lexikon. Ohne Stichwörter ist ein Lexikon nutzlos. Und wenn dann noch der Content auf der Website eher dünn ist, dann darf sich niemand wundern, wenn sie nie vorne in den Suchergebnissen landet.
Der zweithäufigste Fehler ist, dass zwar für den Title Tag und die Description Angaben gemacht werden – aber auf jeder Seite dieselben. Das ist so, als wenn in einem Lexikon für jeden Eintrag dasselbe Stichwort verwendet wird. Selbst die besten Informationen bleiben so unauffindbar.
Ein weiterer Fehler, der Chancen vergibt, sind kryptische statt „sprechende" URLs. Ein Beispiel für eine kryptische URL ist:
www.wein-beispiel.de/index.php?id=3101&L=0.
Diese URL hat überhaupt keine Aussage, weder für Mensch noch für Suchmaschine.
Anders eine „sprechende" URL: http://www.wein-beispiel.de/weisswein-trocken-franken/.
Diese URL „sagt" klar, worum es auf dieser Website geht, und enthält auch noch Keywords. So sollte es sein und kann mit wenig Aufwand auch von jedem selbst realisiert werden.
Wer dafür kein Händchen hat, kann sich einem guten Spezialisten anvertrauen. Dieser optimiert dann auch gleich noch wesentlich mehr Stellschrauben der Suchmaschinenoptimierung.
Ach ja, in diesem Zusammenhang noch der Hinweis auf einen weiteren häufigen Fehler: Angebote à la „Für 99 Euro 1 Jahr auf Platz 1 bei GOOGLE" oder „10.000 Backlinks für 49 Euro" funktionieren nicht. Den Verlust von 99 Euro kann sicher jeder verschmerzen, doch die Techniken, die die Anbieter solcher Offerten anwenden, können zu einer Abstrafung durch die Suchmaschinen führen. Im schlimmsten Fall fliegt Ihre Website aus dem Suchindex. Und dann wird das vermeintliche Schnäppchen richtig teuer.
Richtig gute und nachhaltige Suchmaschinenoptimierung ist aufwändig, erfordert viel Know-How und kostet daher auch. Jetzt bleibt nur noch die Herausforderung,

einen wirklich guten Suchmaschinenoptimierer aus dem großen Angebot zu filtern. Vielleicht sollte ich dafür mal einen kleinen Leitfaden schreiben.

Mit Blick auf die Einbindung von Facebook, Twitter und YouTube-Videos: Es kursieren viele Meinungen über die zukünftige Entwicklung der Suchmaschinenoptimierung und der Vernetzung mit Portalen aus dem Social-Media-Bereich. Wie ist Ihre Einschätzung, auf welche Trends sollten Winzer und Weinhändler für die Zukunft setzen?

Viele sind in den letzten beiden Jahren mit großen Erwartungen und teilweise auch großen Budgets in die sozialen Netzwerke eingestiegen. Sie haben Facebook-Fanseiten aufwändig aufgebaut, haben täglich getwittert, bei Facebook gepostet, viel Zeit investiert. Für viele ist die Ernüchterung schnell gekommen.
Tatsache ist, dass die GOOGLE-Suche immer mehr Facebook, Twitter & Co. in den Suchergebnissen beachtet. Doch hier gibt es wieder das altbekannte Qualitätsproblem: viel Masse, aber wenig Klasse. Wer selbst bei Facebook oder Twitter aktiv ist, kennt die vielen oft sinnfreien Beiträge, die dort am Fließband produziert werden. Und gerade bei Twitter gibt es einen nie endenden Quell an Links zu Nahrungsergänzungsmitteln, So-wirst-Du-ohne-Arbeit-reich-Konzepten und Erotikangeboten. Interessante Links und Angebote lassen sich hier nur schwer identifizieren. Damit hat auch die GOOGLE-Suche derzeit immense Probleme und arbeitet an ihren Algorithmen. Ich rate hier im Augenblick zu deutlicher Zurückhaltung – außer in Branchen, wo es echte Fans gibt, wie Musik, Film, TV-Serien, Schauspieler.
Ganz anders sehe ich das Potenzial von YouTube. YouTube ist eine unterschätzte Suchmaschine. Ich habe heute [22.08.2011] bei YouTube die Keywords „trockener weißwein aus franken" eingegeben und keine einzige (!) Fundstelle erhalten. Die GOOGLE-Suche listet in den Ergebnissen sehr gern auch passende Videos. Hier vergeben viele Unternehmen große Chancen, ganze vorne in der GOOGLE-Websuche dabei zu sein.
Daher haben praktisch alle unsere Kunden auch Videos in diversen Videoportalen. Sie landen nicht nur mit ihrer Website ganz vorne in der GOOGLE-Suche, sondern sind dort auch noch mit einem Video vertreten.
Meine Empfehlung: Drehen Sie am besten mehrere kleine Videos zu bestimmten Themen rund um Ihren Wein. Das können Sie heute schon sehr günstig realisieren. Und dann überlassen Sie es einem Suchmaschinenspezialisten mit entsprechender Erfahrung mit Video-SEO, Ihre Videos im Internet zu platzieren. Sie werden von dem Ergebnis und seiner Wirkung überrascht sein.

Wann ist es sinnvoll, die Optimierung der Website einer Agentur wie Ihrer zu übertragen, und welches Budget muss ein Winzer oder Händler durchschnittlich dafür mitbringen?

Eine gut gemachte und in den Suchergebnissen sichtbare Website ist eine fleißige und nimmermüde 24-Stunden-Verkäuferin. Wer gutes und gewinnendes Personal haben möchte – das gilt auch für das elektronische Verkaufspersonal – muss investieren.

Dank diverser Systeme und entsprechender Angebote der Provider kann heute praktisch jeder eine Website selbst erstellen und pflegen. Das kostet Zeit. Wer dann auch noch möchte, dass seine Website ganz vorne in den Suchmaschinen gefunden wird, muss sich das notwendige Know-How aneignen und noch viel mehr Zeit investieren. Wenn dann die eigene Website mit vernünftigen Keywords auch in der GOOGLE-Suche in den Top-10-Suchergebnissen landet, hat sich der Aufwand gelohnt.

Wenn die Website jedoch dauerhaft irgendwo auf Platz 53 rangiert, kann man gleich aufhören. Dort wird sie von Kunden nicht mehr wahrgenommen. Platz 53 oder Platz 3.723 – das bleibt sich gleich.

Wer die eigene Website für Suchmaschinen (und Menschen) optimieren lassen möchte, muss mit folgenden Kosten rechnen: Optimierung der Website (Metatags, Keywords, Content, interne Links usw.) zwischen 1.000 und 2.000 Euro, bei großen Websiten oder integrierten Shops auch deutlich mehr.

Da die Konkurrenz nicht schläft und jeden Tag größer wird und auch die GOOGLE-Websuche immer wieder die Algorithmen usw. anpasst oder ändert, ist eine kontinuierliche Betreuung der Suchmaschinenoptimierung sehr zu empfehlen. Investition: ab 500 Euro bis hin zu mehreren tausend Euro pro Monat.

Die Spanne ist hier so groß, da es auf die Website, die Mitbewerber und die Zielgruppen ankommt. Meine Empfehlung: Lassen Sie sich beraten, meiden Sie Dienstleister mit Angeboten von der Stange, vergleichen Sie mehrere Anbieter, hinterfragen Sie Fachchinesisch, lassen Sie sich die Vorgehensweise erläutern. Lesen Sie die erwähnte „Einführung zu Suchmaschinenoptimierung" von Google Inc., damit Sie gezielt Fragen stellen können. Vertrauen Sie auf Ihr Bauchgefühl, und sortieren Sie Schwätzer und Großsprecher gleich aus. Wählen Sie einen Anbieter, der Ihnen verbindlich zusagt, dass er nur suchmaschinenkonforme Suchmaschinenoptimierung machen wird. Faule Tricks und illegale Methoden bemerken die Suchmaschinen inzwischen ganz schnell. Die Folgen für Ihre Website sind fatal.

Meine Empfehlung zum Schluss: Lassen Sie sich beim Thema Suchmaschinenoptimierung nicht von der zahlreichen Konkurrenz im Internet abschrecken. Suchmaschinenoptimierung lohnt sich und zahlt sich auch in barer Münze aus. Wir haben Kunden aus wirklich stark umkämpften Branchen, wie beispielsweise Rechtsanwälte und Coaching-Anbieter. Trotz der hohen Zahl an Mitbewerbern im Internet sind die Websites unserer Kunden in der GOOGLE-Suche auf der ersten Seite der Suchergebnisse. Jeder kann sich durchsetzen.

Herr Etzler, vielen Dank für das Gespräch.

2.5 Weinmarketing mit Hilfe von GOOGLE

Google Inc. bietet nicht nur Suchergebnisse, sondern auch eine Reihe von kostenfreien und kostenpflichtigen Marketingdienstleistungen an. Diese Dienste können Sie nur mit einem GOOGLE-Konto nutzen.

Falls Sie noch nicht über ein kostenloses GOOGLE-Nutzerkonto verfügen, können Sie eines unter www.google.com/accounts/newaccount eröffnen.

Einige GOOGLE-Services kann ich Ihnen empfehlen:

1. Das **GOOGLE AdWords**-Werbeprogramm bietet kostenpflichte Werbeeinblendungen in den Ergebnissen der GOOGLE-Suche mit einer Anzeige von Ihnen. Diese Anzeige wird eingeblendet, wenn der Sucher bestimmte von Ihnen definierte Suchwörter (Keywords) eingibt.
2. Der **GOOGLE Places**-Online-Branchenbucheintrag erscheint in den Suchergebnissen und wird zum Teil auf einer lokalen Landkarte (GOOGLE MAPS-Kartenservice) angezeigt. Wenn Sie einen entsprechenden Eintrag erstellt haben, wird dieser auf der Landkarte dargestellt und mit Ihrer Website verbunden.
3. Der **GOOGLE Alerts**-E-Mail-Update-Service informiert Sie über neue Inhalte zu von Ihnen gewählten Suchbegriffen per E-Mail. Sie erhalten einen Bericht, sobald die GOOGLE-Suche einen neuen Eintrag zu einem von Ihnen festgelegten Suchbegriff, z. B. „Weingut Hans Mustermann", findet.
4. Der **GOOGLE Analytics**-Webanalyseservice analysiert die Zugriffe auf Ihre Website. Dadurch erfahren Sie Wertvolles über das Nutzungsverhalten von Seitenbesuchern.

Neben diesen drei Diensten gibt es inzwischen eine Vielzahl weiterer Möglichkeiten und Angebote von Google Inc. Einen Überblick über die Palette der GOOGLE-Produkte können Sie sich online unter www.google.de/options/ verschaffen. Das GOOGLE-Tochterunternehmen YouTube oder das soziale Netzwerk GOOGLE+ werden wir in späteren Kapiteln noch genauer ansehen.

Eine kurze persönliche Anmerkung zum Thema GOOGLE möchte ich noch machen, da ich oft Menschen begegne, die den GOOGLE-Diensten und -Produkten sehr kritisch gegenüberstehen. Deren Argumente, z. B. bezüglich des Datenschutzes, kann ich nachvollziehen. Aus meiner Sicht überwiegen allerdings die

Vorteile, die die Nutzung von GOOGLE-Services bringt. Gleichzeitig sind einige GOOGLE-Produkte aufgrund der sehr starken Marktposition des Unternehmens alternativlos.

2.5.1 GOOGLE ADWORDS-Werbeprogramm

Im vorigen Kapitel ging es darum, wie Ihre Website eine möglichst gute Position in den organischen Suchergebnissen erzielt. Das Ergebnis der Optimierung ist jedoch oft erst mit einiger Zeitverzögerung erkennbar. Manchmal wird trotz intensiver Bemühungen und Optimierungsversuche keine Top-Position in den Suchergebnissen erreicht. Neben diesen organischen Suchergebnissen werden über das GOOGLE ADWORDS-Werbeprogramm auch bezahlte Einträge in Form von Werbeanzeigen angeboten, deren Buchung sich in so einem Fall empfiehlt. Diese Einblendungen sind in der Regel vierzeilige Textanzeigen, die neben oder über den Ergebnissen der GOOGLE-Suche erscheinen.

Je nachdem, wie Sie Ihre persönlichen Einstellungen in Ihrer Kampagne festlegen, wird Ihre Anzeige nicht nur bei den Ergebnissen in der GOOGLE-Suchmaschine eingeblendet, sondern auch auf tausenden anderer Websites, die am GOOGLE-Display-Netzwerk teilnehmen. Darunter sind auch sehr namhafte Seiten wie myspace.de, studivz.net, qype.de uvm. Die Funktionsweise erscheint einfach, jedoch ist die Erstellung einer GOOGLE ADWORDS-Kampagne aufgrund schier unendlicher Optionen eher komplex. Deshalb stelle ich Ihnen diese stark vereinfacht dar.

Werden Suchbegriffe bei der GOOGLE-Suche eingegeben, erscheint Ihre Textanzeige neben oder über den Suchergebnissen mit einem Link zu Ihrer Website, wenn Sie diese Suchbegriffe (Keywords) gebucht haben.

Kosten entstehen Ihnen aber nur, wenn der Sucher auf Ihre Anzeige klickt, was wiederum den Aufruf Ihrer Website auslöst (PPC – pay per click). Sie haben somit einen Besucher auf Ihrer Website gewonnen, der ein Interesse an Ihren Produkten oder Dienstleistungen hat. Alleine die Einblendung Ihrer Anzeige ist kostenfrei. Im Verhältnis zu vielen anderen Werbeformen ist das GOOGLE ADWORDS-Programm sehr streuverlustarm, denn Ihre Werbung wird potenziellen Kunden direkt angezeigt.

Ein weiterer Vorteil sind die Erfolgsmessung und die Berechnung, ob sich das eingesetzte Budget bezahlt gemacht hat. Dazu ein fiktives Beispiel: Sie schalten eine Anzeige mit Hilfe des GOOGLE ADWORDS-Werbeprogramms. Dafür müssen Sie sich überlegen, wann Ihre Anzeige eingeblendet werden soll. Wollen Sie beispielsweise, dass Ihre Anzeige eingeblendet wird, wenn ein potenzieller Kunde den Suchbegriff „pinot gris“ eingibt, müssen Sie dieses Keyword in Ihrer GOOGLE ADWORDS-Kampagne buchen. Die GOOGLE-Suchmaschine selbst veröffentlicht, wie viele Menschen nach einem Suchbegriff suchen. Die Suche und Auswahl von „guten“ Keywords ist nicht nur für das GOOGLE ADWORDS-Programm, sondern auch für Ihr Suchmaschinenmarketing und Ihre Suchmaschinenoptimierung von entscheidender Bedeutung.

Mit dem Keyword-Tool des GOOGLE ADWORDS-Werbeprogramms können Sie die Suchanfragen zu einem bestimmten Suchwort (Keywords) und deren Alternativen ablesen. Das Keyword-Tool weist Ihnen die Zahlen nach den globalen und regionalen Suchanfragen aus und zeigt gleichzeitig an, wie hoch die Mitbewerberdichte (im GOOGLE ADWORDS-Anzeigenmarkt) ist. Diese Faktoren wirken sich auch auf den Preis je Klick pro Anzeige aus. Aber dazu später mehr. Sie erreichen das Keyword-Tool über den Link https://adwords.google.de/select/keywordtoolexternal. Probieren Sie es doch einfach mal mit Keywords aus, die Ihnen spontan in den Kopf kommen. Oft erlebt man dabei interessante Überraschungen.

Sehen wir uns das o. g. Beispiel genauer an und machen dazu ein paar Annahmen. Ein Klick auf Ihre Textanzeige mit dem Keyword „pinot gris“ (= ein Besucher Ihrer Website) kostet 0,82 Euro. Tausend Besucher klicken auf Ihre Anzeige, von denen 52 eine Bestellung o. Ä. aufgeben. Das ergibt eine Conversion Rate (Verhältnis der Kunden eines Webshops, die dort tatsächlich etwas kaufen, zu den Besuchern, die sich nur „umschauen“) von 5,2 Prozent, und die Kampagne kostet Sie 240 Euro. Bei beispielhaften 52 Bestellungen ergeben sich somit Kosten in Höhe von rund 4,60 Euro je Bestellung. Je nach Produkt und Qualität der Kampagne sind Conversion Rates von zwei bis zehn Prozent realistisch.

Dabei muss nicht immer ein Kauf bzw. eine Bestellung Ziel einer Kampagne sein. Auch der Aufbau einer E-Mail-Datenbank für Newsletters, die Bestellung von Prospekten usw. können Inhalt einer Kampagne sein.

Es gibt diverse Faktoren, die direkt oder indirekt den Erfolg einer Kampagne beeinflussen. Drei sehr wichtige Faktoren für eine erfolgreiche GOOGLE ADWORDS-Kampagne zeige ich Ihnen hier auf.

- **Gute Keywords**: Ihre Keywords sollten einerseits gesucht werden, aber gleichzeitig in eine Nische stoßen. Eine Nische ergibt sich, indem Sie Keywords suchen, bei denen der Wettbewerb nicht so stark ausgeprägt ist und trotzdem entsprechende Suchanfragen vorhanden sind. Dies reduziert die Kosten der Kampagne, da Sie in der Regel einen niedrigen Preis pro Klick (CPC) erreichen. Vermeiden Sie zu globale Suchbegriffe wie „Wein". Auch „Weißwein" oder „trockener Weißwein" wären möglicherweise noch zu allgemein. Nutzen Sie für die Recherche der Keywords unbedingt das Keyword-Tool des GOOGLE ADWORDS-Werbeprogramms.

- Machen Sie **Ihre Textanzeige** zu einer Verkaufsmaschine. Ihre Textanzeige bei einer GOOGLE ADWORDS-Kampagne besteht aus den Elementen Überschrift oder Titelzeile, zwei zeichenbeschränkten Zeilen für die Anzeigenbeschreibung sowie einer sogenannten Anzeige-URL (Ihre Domain, gegebenenfalls mit Unterverzeichnis). Die Überschrift ist das wichtigste Element Ihrer Anzeige und trägt entscheidend dazu bei, ob auf Ihre Anzeige geklickt wird oder nicht. Verwenden Sie möglichst Ihre gewählten Keywords in der Überschrift. Die Zeichenbeschränkung für die Überschrift und die Beschreibung macht das Texten leider etwas schwierig. Konzentrieren Sie sich trotzdem auf Ihre Keywords und den Nutzen für den Sucher. Fordern Sie den Sucher konkret zu Handlungen auf, z. B. „Testen Sie heute", „Jetzt bestellen", „Jetzt informieren", „Sofort ordern". Begriffe wie „jetzt", „sofort", „kostenlos", „gratis" usw. steigern die Klickrate. Beschränken Sie das Angebot, z. B. „Nur noch heute" oder „Nur bis 24 Uhr" oder „Die letzten Flaschen aus 2009". Wählen Sie für die Anzeigen URL eine Domainadresse, die weiterhin Interesse weckt. Verwenden Sie www.IhreDomain.de/Der-Insider-Wein/ o. Ä. statt www.IhreDomain.de/ProduktID2910, und verwenden Sie bei der Ziel-URL (die Seite, auf die der Sucher nach dem Klick geleitet wird) nicht Ihre Startseite, sonst ist Ihr Besucher höchstwahrscheinlich sehr schnell wieder weg.
- Erstellen Sie auf Ihrer Website eine entsprechende Unterseite (Landingpage), die auf die Kampagne abgestimmt ist. Diese Landingpage muss nicht sehr umfangreich sein, aber im direkten Zusammenhang mit der Werbeanzeige stehen. Wiederholen Sie am Beginn der Landingpage die Begriffe der Werbeanzeige (auch wenn Sie einen ausführlicheren Text verwenden). Heben Sie diese mit Fettschrift hervor. Halten Sie Ihr Versprechen, wenn Sie in der Werbeanzeige eines gemacht haben. Verwenden Sie Ihre Keywords, und nutzen Sie dafür unbedingt die Fettschrift. Stellen Sie weiterhin den Nutzen dar, und fordern Sie zu Handlungen auf. Machen Sie das, was Sie vom Besucher erwarten wollen,

so einfach wie möglich. Heben Sie Handlungsaufforderungen entsprechend hervor (z. B. großer Button mit „Jetzt bestellen“, „Hier eintragen“, „Informationen anfordern“ usw.). Reduzieren Sie die Hürden. Wenn Ihr Ziel z. B. der Aufbau einer E-Mail-Liste ist, beschränken Sie sich auf die Abfrage von Namen und E-Mail-Adresse, verzichten Sie dabei auf postalische Angaben. Verwenden Sie die KISS-Methode „keep it short & simple“.

Eine GOOGLE ADWORDS-Kampagne ist leider kein Instrument, das Sie einmal installieren und dann einfach laufen lassen können. Sie haben viele Möglichkeiten der Feinjustierung, um den Erfolg Ihrer Kampagne zu steigern. Mein Tipp: Schalten Sie am Anfang nur wenige verschiedene Anzeigen mit zielgerichteten und relevanten Keywords. Prüfen Sie die gewählten Keywords, und optimieren Sie diese mit Hilfe des Keyword-Tools im GOOGLE ADWORDS-Werbeprogramm. Sie haben die Möglichkeit, Einstellungen bei den Keywordoptionen Ihrer Kampagne vorzunehmen. Machen Sie davon unbedingt Gebrauch.

Wenn Sie das Keyword in eckigen Klammern Verwenden, z. B. „[Grauburgunder Baden]“, wird Ihre Anzeige bei Suchanfragen geschaltet, die ausschließlich aus dieser Wortgruppe bestehen. Dies sichert Ihnen von Beginn an die volle Kontrolle. Allerdings sinkt die Anzahl der Suchanfragen und somit die Anzahl der Klicks auf Ihre Anzeige. Dafür sind diese Anfragen dann sehr zielgerichtet. Eine weitere Option ist „weitgehend passend“, z. B. „Grauburgunder Baden“. Die Anzeige wird dann auch bei ähnlichen Wortgruppen und Varianten geschaltet. Sie können aber auch die Option „ausschließendes Keyword“ wählen, z. B. „–Auslese“. Ihre Anzeige wird dann nicht für Suchanfragen geschaltet, die diesen Begriff enthalten.

Entwerfen Sie verschiedene Anzeigentexte; prüfen Sie, welche erfolgreicher sind. Wenn Sie den erfolgreichsten Anzeigentext ermittelt haben, können Sie die anderen Anzeigen optimieren oder, wenn Sie über ein entsprechendes Volumen verfügen, die weniger erfolgreichen Anzeigen pausieren lassen.

Der Klickpreis wird in einer Art Auktion ermittelt. Dieses komplizierte Verfahren hat zur Folge, dass Sie nicht zwangsläufig den Preis bezahlen, den Sie eingegeben haben. Auch wenn Sie 2 Euro je Klick eingeben, kann der effektive Preis z. B. nur 80 Cent betragen. Wichtig ist, dass Sie am Anfang nicht zu wenig bieten. Dies kann zur Folge haben, dass Sie eine geringe Klickrate erreichen, und das wirkt sich negativ auf den sogenannten Relevanzfaktor aus. Besser ist es, den Preis im Laufe der Kampagne zu senken, wenn Sie erste Erfahrungen gesammelt haben. Damit Sie nicht über Ihr Budget hinausschießen, bietet sich die

Beschränkung auf ein Tageslimit an. Setzen Sie dieses Budget am Anfang ebenfalls eher großzügig und über dem tatsächlichen, und reduzieren Sie es auch erst später.

Eine weitere Möglichkeit, mehr Relevanz zu erreichen, ist die regionale Beschränkung innerhalb Ihrer Kampagne. So können Sie z. B. einstellen, dass Ihre Anzeige nur den Suchern angezeigt wird, die aus einem bestimmten Land, einer bestimmten Region oder einer bestimmten Stadt kommen. Diese Option bietet inzwischen sehr viele Einstellungsmöglichkeiten und kann z. B. für einen regionalen Weinhändler sinnvoll sein. Prüfen Sie jedoch, ob diese Einstellung für Sie wirklich interessant ist. Nehmen Sie diese nur wahr, wenn Sie z. B. nicht in bestimmte Länder oder Regionen liefern bzw. versenden wollen oder können.
Wenn Sie das GOOGLE ADWORDS-Werbeprogramm als Instrument in Ihrem Marketingmix stärker gewichten wollen, bietet sich die Hilfe spezialisierter Agenturen an, die über entsprechende Erfahrung verfügen. Ab einem Budget von ca. 500 Euro pro Monat ist die Inanspruchnahme einer Agentur sinnvoll.

2.5.2 Experteninterview Alexander Beck

Alexander Beck
e-dialog KG
Schlossgasse 10-12
A-1050 Wien
E-Mail: kontakt@e-dialog.at

Alexander Beck ist Autor des Standardwerks „GOOGLE ADWORDS" (mitp-Verlag) und Partner der e-dialog KG in Wien. Als Qualified Advertising Professional ist er insbesondere verantwortlich für Suchmaschinenmarketing, Suchmaschinenoptimierung und Webanalyse. Er betreut Unternehmen im gesamten deutschsprachigen Raum. Zuvor arbeitete der Diplom-Volkswirt und Bankkaufmann bei Primus-Online, der Internet-Tochter des Metro-Konzerns. Darüber hinaus hält Alexander Beck Vorträge und Seminare zum Thema Online-Marketing. Im Herbst erscheint die dritte vollständig überarbeitete und erweiterte Auflage seines Buchs.

Herr Beck, das GOOGLE ADWORDS-Werbeprogramm wird komfortabler, aber auch komplexer. Ist das auch ein Grund dafür, weshalb Sie Ihr gleichnamiges Buch veröffentlicht haben?

Ich halte eine systematische und anbieterunabhängige Aufbereitung des Themas für wichtig. Die Features und Möglichkeiten des GOOGLE ADWORDS-Werbeprogramms sind mittlerweile so vielfältig, dass oftmals ihr eigentlicher Sinn vergessen wird: Sie sollen den Erfolg des eigenen Unternehmens steigern. Dies ist möglich, doch müssen die Grundmechanismen verstanden und die zahlreichen Neuerungen auf Sinnhaftigkeit geprüft werden.
Hierzu soll das Buch einen Beitrag leisten. Es eignet sich zum einen für Unternehmen, die Anzeigen über das GOOGLE ADWORDS-Programm selbst schalten und besser machen wollen. Denn neben dem theoretischen Gerüst gibt es zahlreiche Praxisbeispiele, wie man vorgehen kann. Es eignet sich zum anderen aber auch für Unternehmen, die Agenturen beschäftigen und deren Leistung qualifiziert hinterfragen und prüfen wollen. Nach 15.000 Exemplaren erscheint im Herbst nun die dritte Auflage, die auch die allerneuesten Entwicklungen abdeckt.

Worin liegen Ihrer Erfahrung nach die Vorteile des GOOGLE ADWORDS-Werbeprogramms, und wie können Winzer oder Weinhändler diese nutzen?

Websites sind schon lange nicht mehr nur Visitenkarten im Internet, sondern insbesondere ein wichtiger Vertriebskanal. Wer hier den Anschluss verpasst, verliert Kunden. Sogar ein großer Konzern wie Media-Saturn musste dies nun einräumen. Die Website kann als Vertriebskanal aber nur funktionieren, wenn sie auch gefunden wird.
Über achtzig Prozent aller Käufe im Internet starten mit einer Suchmaschinenanfrage. Es ist also erforderlich, dort auf den vorderen Plätzen vertreten zu sein. Anzeigen über das GOOGLE ADWORDS-Programm bieten hierfür eine Möglichkeit, die im Gegensatz zur Suchmaschinenoptimierung kurzfristig umgesetzt werden kann.
Einer der größten Vorteile des Programms ist sicherlich, dass nicht das Unternehmen seine Kunden, sondern die Kunden das Unternehmen suchen. Nehmen Sie einen Internet-User, der mit der GOOGLE-Suche nach „wein kaufen" sucht. Gibt es einen besseren Zeitpunkt, als genau jetzt eine Anzeige zu schalten und zu sagen, dass es bei Ihrem Unternehmen die besten Weine gibt? Sie können mit dem GOOGLE ADWORDS-Programm sehr geringe Streuverluste erreichen. Dies können Ihnen die klassischen Werbeformen nicht bieten, weder Zeitungsanzeigen noch Flyer, Radio oder TV.
Zudem wird nicht für die Anzeigenschaltung selbst bezahlt, sondern nur, wenn ein User auf die Anzeige klickt und damit zur Website geführt wird. Um ein Offline-Beispiel zu verwenden: Sie zahlen nur, wenn der Kunde wirklich in Ihr Geschäft kommt.
Ein weiterer Vorteil: Sie haben absolute Flexibilität. So können Sie einstellen, was Sie pro Klick zu zahlen bereit sind und wie hoch Ihre Kosten pro Tag maximal sein

dürfen. Einen Mindestbetrag gibt es nicht. Selbstverständlich können Sie Ihre Kampagnen jederzeit pausieren lassen und wieder aktivieren.
Und als Letztes: Die GOOGLE-Suchmaschine belohnt gute Kampagnen. Die Qualität ist ein wichtiges Kriterium, mit dem Sie es schaffen können, auch oberhalb von Unternehmen gelistet zu werden, die mehr Geld aufbringen können. Deshalb besteht für kleine und mittlere Winzer oder Weinhändler kein Grund, Marktriesen das Feld zu überlassen. Gerade Anzeigen über das GOOGLE ADWORDS-Programm sind ein Werbemittel, das hier einen sehr demokratischen Ansatz bietet und die Leistung unabhängig von der Höhe des Werbebudgets bewertet.

Sie zählen zu den führenden Experten für das GOOGLE ADWORDS-Werbeprogramm im deutschsprachigen Raum. Welche Strategie würden Sie den Lesern empfehlen, wenn ein Winzer oder Weinhändler seine erste Kampagne mit dem Programm anlegen möchte? Was sind die besten Tipps, die Sie Winzern bzw. Weinhändlern geben können?

- *Definieren Sie ein eindeutiges Ziel für Ihre Kampagne. Es ist ein Unterschied, ob User Weine kaufen sollen oder ob die Bekanntheit des Unternehmens gesteigert werden soll. Dies betrifft nicht nur die GOOGLE ADWORDS-Kampagne, sondern auch die Werbebotschaft und in Folge die Zielseite, auf die der User geführt wird.*
- *Schalten Sie nur Anzeigen bei Sucheingaben, die Sie auch bedienen können. Ein User, der nach Weißweinen sucht, lässt sich in der Regel nicht davon überzeugen, doch einen Roten zu kaufen. Nutzen Sie die Informationen, die Ihnen der User mit seiner Suchanfrage bereits gibt.*
- *Bauen Sie eine gute Kampagnenstruktur auf und hinterlegen Sie die richtigen Keywords in den richtigen Keyword-Optionen. Nur so kommen Sie an die hochwertigen Besucher, die Ihnen tatsächlich Umsatz bringen.*
- *Machen Sie keine falschen Versprechungen in der Anzeige. Spätestens auf Ihrer Website merkt der User, dass Sie als Rotwein-Spezialist keine Weißweine im Angebot haben. Er verlässt Ihre Seite wieder, doch Sie haben für den Klick bezahlt.*
- *Urteilen Sie nach den richtigen Erfolgsgrößen, also nach Ihren definierten Zielen. Statt sich an der Anzahl neuer Besucher zu orientieren, stellen Sie auf die Größen wie Bestellungen, Newsletter-Anmeldungen oder Katalog-Anforderungen ab. Bewerten Sie also den Erfolg Ihrer Kampagnen nach diesen wirklich relevanten Größen.*

- *Sagen Sie dem User, was er machen soll. Soll er Weine bestellen, so schreiben Sie in der Anzeige: „Bestellen Sie hier Weine". User, die dazu nicht bereit sind, sollen erst gar nicht klicken. Es kostet Sie nur Geld.*
- *Quantifizieren Sie Ihre Versprechen. Die Angabe einer Lieferzeit in Tagen funktioniert in der Regel besser als das vage Versprechen, dass man der Schnellste ist. Dies ist nicht nur Ihren Kunden gegenüber fair, es erspart Ihnen auch Beschwerden.*
- *Formulieren Sie aus Sicht des Users. Ein Kunde will über seinen Nutzen und seinen Vorteil lesen – nicht über die Leistungen Ihres Unternehmens.*
- *Testen Sie. Formulieren Sie nicht eine, sondern vier Anzeigen. So erkennen Sie, welche Botschaft tatsächlich die erfolgreichste ist. Sie können bei AdWords im operativen Bereich alles jederzeit ändern und auswerten. Nutzen Sie diese Möglichkeiten.*
- *Werten Sie aus. Zu allen Keywords, Anzeigen oder Kampagnen erhalten Sie alle Leistungsdaten wie Einblendungen, Klicks, Conversions und vieles mehr. So können Sie erfolglose Elemente löschen, erfolgreiche stärken.*
- *Entdecken Sie Schwachstellen in Ihrem Webauftritt. Analyse-Tools wie der GOOGLE ANALYTICS-Webanalyseservice und viele andere helfen Ihnen zu erkennen, wo es auf der Website hapert. Die besten Besucher über eine GOOGLE ADWORDS-Anzeige bringen Ihnen nichts, wenn Ihr Bestellprozess so aufgebaut ist, dass doch keiner bestellt. Finden Sie diese kritischen Seiten und optimieren Sie sie.*
- *Bleiben Sie dran. Das GOOGLE ADWORDS-Werbeprogramm ist kein Werbemittel, das man einmalig aufsetzt und das dann auf alle Ewigkeit so läuft. Der Markt entwickelt sich weiter, Ihr Sortiment ändert sich, die Kunden fragen andere Produkte nach. Dies alles muss laufend berücksichtigt werden. Wollen Sie das GOOGLE ADWORDS-Programm erfolgreich einsetzen, so kostet das Zeit.*

Als Experte und Partner bei e-dialog in Wien bieten Sie die professionelle Einrichtung und Optimierung von GOOGLE ADWORDS-Kampagnen als Dienstleistung an. Wann kann es für den Winzer oder Händler sinnvoll sein, sich diese Dienstleistung einzukaufen, und worin liegen die Vorteile?

Wer das GOOGLE ADWORDS-Programm als wichtiges Werbemittel positionieren und einsetzen will, benötigt professionelle und regelmäßige Betreuung. Spezialisierte Online-Agenturen besitzen hierbei die nötige Erfahrung und auch Best-Prac-

tices. Sie bieten den Vorteil, dass sie sich rund um die Uhr mit dem Thema und den Kampagnen beschäftigen. Dies können Unternehmer zumeist nicht, da sie sich um andere Aufgaben kümmern müssen. Die Anzeigenschaltung mit dem GOOGLE ADWORDS-Programm ist keine Nebenbeschäftigung, die man mit einer Stunde pro Monat erfolgreich abwickeln könnte.

Wir von e-dialog sind in mehreren Disziplinen Partner von Google Inc. und haben die meisten Zertifizierungen für das GOOGLE ADWORDS-Werbeprogramm in Österreich. Dies bedeutet für unsere Kunden nicht nur, dass ihre Kampagnen von hochqualifizierten Experten betreut werden. Sie erhalten auch Leistungen und Features, die den „normalen" Werbenden nicht oder noch nicht zugänglich sind.

Herr Beck, vielen Dank für das Gespräch.

Seit einiger Zeit gibt es mit dem GOOGLE ADWORDS EXPRESS-Service eine einfachere Alternative zum GOOGLE ADWORDS-Werbeprogramm.

Mit dem GOOGLE ADWORDS EXPRESS-Werbeprogramm können Sie noch leichter in der GOOGLE-Suchmaschine werben. Das Einrichten einer Kampagne ist in wenigen Minuten möglich. Dabei müssen Sie nur die Branche festlegen, einen kurzen Anzeigentext schreiben und ein Budget bestimmen. Das GOOGLE ADWORDS EXPRESS-Programm schaltet dann Ihre Anzeige automatisch, wenn es der Ansicht ist, dass Ihr Angebot zu einer Suchanfrage passt und der Sucher sich für Ihre Produkte bzw. Dienstleistungen interessiert. Darüber hinaus wird Ihr Unternehmen im GOOGLE MAPS-Kartenservice mit einer blauen Stecknadel gekennzeichnet.

Ich empfehle Ihnen jedoch die klassische Variante des GOOGLE ADWORDS-Werbeprogramms, auch wenn diese zunächst aufwendiger erscheint.

2.5.3 Der GOOGLE PLACES-Online-Branchenbucheintrag

Ein großer Anteil der Menschen, die über die GOOGLE-Websuche nach Dienstleistungen suchen, recherchiert nach Unternehmen in unmittelbarer Umgebung. Damit Sie von diesen Suchanfragen profitieren, müssen Sie in den lokalen Suchergebnissen gefunden werden. Diese Möglichkeit besteht für Sie mit einem kostenlosen GOOGLE PLACES-Online-Branchenbucheintrag.

Für Weinhändler mit der Möglichkeit des lokalen Verkaufs ist der Eintrag im GOOGLE PLACES-Online-Branchenbuch sicher noch wichtiger als für Winzer, deren Kunden zumeist überregional sind. Ein Eintrag für Ihr Unternehmen ist Ihr Einstieg in das „Local Based Marketing". Diese Marketingform wird mit zunehmender Anzahl der Smartphone-Nutzer (Telefone mit mobilem Internetzugang) an Bedeutung gewinnen. Schon heute verfügt jeder vierte Deutsche über eine solche Möglichkeit.

Mit Ihrem Eintrag ermöglichen Sie Ihren Kunden, Ihr Unternehmen zu finden und sich einen ersten Eindruck von Ihrem Angebot zu verschaffen. Sie können Ihr Profil mit Fotos, Videos und besonderen Angeboten ausstatten und die Vorteile Ihres Unternehmens hervorheben. Darüber hinaus können Ihre Kunden Sie bewerten und Ihnen so eine Referenz für Neukunden geben.

Auf der folgenden Grafik sehen Sie das GOOGLE-Suchergebnis mit dem Suchbegriff „Weinhandlung". In der oberen Hälfte befinden sich die Anzeigen über das GOOGLE ADWORDS-Werbeprogramm bzw. das GOOGLE ADWORDS EXPRESS-Programm (sandfarbener Kasten). Darunter ist der erste Eintrag aus dem GOOGLE PLACES-Online-Branchenbuch. Es folgen zwei organische Suchtreffer und darauf weitere Suchtreffer der lokalen Suche. Möglicherweise wären diese Suchtreffer einer Trefferliste, die nur organische Treffer anzeigt, schlechter oder gar nicht platziert. Sie sehen, ein GOOGLE PLACES-Online-Branchenbucheintrag kann eine gute Ergänzung zu den anderen Suchtreffern sein.

Der Eintrag im GOOGLE PLACES-Online-Branchenbuch ist für Ihr Unternehmen kostenlos, und Sie sollten diese Möglichkeit unbedingt nutzen. Ein Profil können Sie über Ihr GOOGLE-Konto erstellen. Melden Sie sich dafür über Ihr Konto an, und wählen Sie den Menüpunkt „GOOGLE PLACES".

Die Eintragung im GOOGLE PLACES-Online-Branchenbuch ist relativ einfach, und trotzdem sollten Sie einige Dinge beachten, damit Ihr Eintrag entsprechend gelistet und bei Verstoß gegen die Richtlinien im schlimmsten Falle gar nicht angezeigt wird. Achten Sie darauf, dass die Adresse, die Sie in das GOOGLE PLACES-Online-Branchenbuch eintragen, mit der Ihrer Website übereinstimmt. Werben Sie nicht in Städten, in denen Sie nicht tätig sind. Wenn Sie eine Weinhandlung in Elmshorn betreiben, versuchen Sie nicht, Ihr Profil auf Hamburg zu optimieren, weil dort möglicherweise mehr Menschen wohnen. Gleiches gilt für die identische Vorwahl- und Telefonnummern. Insofern ergibt sich, dass Handy- oder Servicerufnummern tabu sind, da hier keine Prüfung auf Lokalität erfolgen kann. Wählen Sie nur wirklich passende Kategorien aus, und verzichten Sie im Zweifel auf eine mehrfache Auswahl. Legen Sie nicht mehrere Einträge für

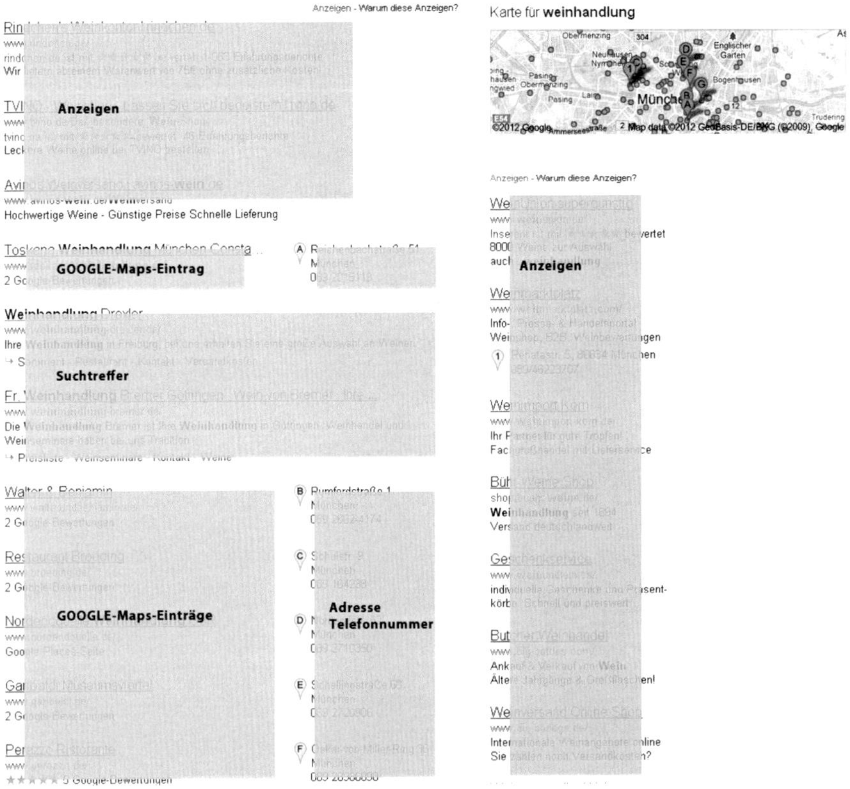

Abb. 13: GOOGLE-Suchergebnisse nach Weinhandlung, IP-Adresse in München, Stand März 2012

dasselbe Unternehmen an. Leicht erkennbar wird dies durch mehrfach vorkommende identische Adressen oder Firmennamen mit gleicher Telefonnummer. Wenn Sie von Ihrem GOOGLE PLACES-Online-Branchenbucheintrag auf Ihre Website verlinken, sollte der Stadtname im Titel (Title Tag) der Website stehen. Vergessen Sie auch nicht, den Eintrag als Inhaber zu bestätigen. Dazu erhalten Sie eine Postkarte mit einem Code an Ihre Geschäftsadresse. Diesen Code geben Sie dann einfach nach Anleitung ein, und das GOOGLE-Programm weiß somit, dass Ihre Adresse wirklich existiert.

Die Position der Anzeige wird durch diverse Faktoren innerhalb der GOOGLE-Suchmaschine bestimmt. Pagerank, Autorität der Website sowie die Qualität der verweisenden Links könnten eine größere Rolle spielen. Auf diese Faktoren können Sie durch eine kontinuierliche Optimierung Ihrer Website einwirken.

Mit dem GOOGLE ADWORDS EXPRESS-Werbeprogramm können Sie gegen Bezahlung Ihren Branchenbucheintrag unterstützen. Diese neue Werbemöglichkeit hilft Ihnen dabei, neue Kunden in Ihrer Umgebung zu finden. Befindet sich ein Kunde im Umkreis Ihres Unternehmens oder gibt er die entsprechende Suchregion an, wird Ihre Adresse mit einer blauen Markierung angezeigt.

2.5.4 Der GOOGLE ALERTS-E-Mail-Update-Service

Der GOOGLE ALERTS-E-Mail-Update-Service ist ein hilfreiches Tool, das Sie zum Beobachten Ihrer Webprojekte, zur Suchmaschinenoptimierung und zur Analyse dessen, was über Sie und Ihr Unternehmen im Internet geschrieben wird, nutzen sollten. Das Tool ist sehr einfach zu bedienen. Sie erstellen einen neuen Alert, indem Sie Suchbegriffe, z. B. Ihren Firmennamen, eingeben. So erhalten Sie regelmäßig E-Mails mit den Suchergebnissen. Nutzen Sie diesen Service, und lassen Sie sich regelmäßig über folgende Themen informieren:

- Ihr Firmenname
- Ihr eigener (Personen-)Name
- Ihre Keywords
- gegebenenfalls die Konkurrenz (Mitbewerber)
- Ihre Domain
- ...

Diesen kostenlosen Benachrichtungsdienst können Sie über den Link:
www.google.de/alerts einstellen und verwalten.

2.5.5 Der GOOGLE ANALYTICS-Webanalyseservice

Der GOOGLE ANALYTICS-Webanalyseservice ist ein mächtiges Werkzeug, mit dem Sie Ihre Websites sehr genau analysieren können. Dieser Webanalysedienst liefert Ihnen wertvolle Daten über die Besucher Ihrer Website, z. B. über die Herkunft der Besucher, ihre Verweildauer und über die Suchbegriffe in Suchmaschinen, aufgrund deren sie auf Ihre Seite gekommen sind. Erst durch den professionellen Einsatz des GOOGLE ANALYTICS-Service können Sie zielgerichtet Ihre Anzeigen im GOOGLE ADWORDS-Werbeprogramm überprüfen. Die gewonnenen Ergebnisse helfen Ihnen bei der Weiterentwickelung und bei Feinjustierungen, bis Sie die besten Conversion Rates erreicht haben.

Hinsichtlich des Datenschutzes ist dieses Tool umstritten, da gegebenenfalls das Benutzerprofil durch Speicherung der IP-Adresse bestimmten Personen zugeordnet werden kann. Unsicher ist, inwieweit die IP-Adressen als personenbezogene Daten zu beurteilen sind. Beachten Sie bitte deshalb beim Einsatz des GOOGLE ANALYTICS-Webanalyseservice, dass Sie zum einen auf Ihrer Website gut erkennbar auf die Verwendung dieses Tools hinweisen, und verweisen Sie zum anderen auf die Nutzungsbedingungen des GOOGLE ANALYTICS-Webanalyseservice. Hier ist auch ein Mustertext enthalten:

„Diese Website benutzt GOOGLE ANALYTICS, einen Webanalysedienst der Google Inc. („Google"). GOOGLE ANALYTICS verwendet sogenannte „Cookies", Textdateien, die auf Ihrem Computer gespeichert werden und die eine Analyse der Benutzung der Website durch Sie ermöglichen. Die durch den Cookie erzeugten Informationen über Ihre Benutzung dieser Website (einschließlich Ihrer IP-Adresse) werden an einen Server von Google in den USA übertragen und dort gespeichert. Google wird diese Informationen benutzen, um Ihre Nutzung der Website auszuwerten, um Reports über die Websiteaktivitäten für die Websitebetreiber zusammenzustellen und um weitere mit der Websitenutzung und der Internetnutzung verbundene Dienstleistungen zu erbringen. Auch wird Google diese Informationen gegebenenfalls an Dritte übertragen, sofern dies gesetzlich vorgeschrieben ist oder soweit Dritte diese Daten im Auftrag von Google verarbeiten. Google wird in keinem Fall Ihre IP-Adresse mit anderen Daten, die von Google gespeichert werden, in Verbindung bringen. Sie können die Installation der Cookies durch eine entsprechende Einstellung Ihrer Browser-Software verhindern; wir weisen Sie jedoch darauf hin, dass Sie in diesem Fall gegebenenfalls nicht sämtliche Funktionen dieser Website voll umfänglich nutzen können. Durch die Nutzung dieser Website erklären Sie sich mit der Bearbeitung der über Sie erhobenen Daten durch Google in der zuvor beschriebenen Art und Weise und zu dem zuvor benannten Zweck einverstanden."

Sie finden diesen Mustertext in den Nutzungsbedingungen des GOOGLE ANALYTICS-Webanalyseservice unter § 8.1 Datenschutz.

Die kompletten GOOGLE ANALYTICS-Bedingungen können Sie unter www.google.com/intl/de_ALL/analytics/tos.html einsehen.

Der spezialisierte Rechtsanwalt und Autor des Buches "Social Media Marketing & Recht", Thomas Schwenke hat zu diesem Thema einen Lösungsvorschlag erarbeitet, wie Sie den GOOGLE ANALYTICS-Webanalyseservice rechtssicher verwenden können. Weitere Informationen und eine Anleitung dazu finden Sie unter http://rechtsanwalt-schwenke.de/google-analytics-rechtssicher-nutzen-anleitung-fuer-webmaster/.

Eine Alternative zum GOOGLE ANALYTICS-Webanalyseservice ist der deutsche Counterdienst von www.webhits.de. Dem Anbieter zufolge können Sie bei der Nutzung seiner Statistikdienste in den persönlichen Einstellungen die vollständige Speicherung der IP-Adresse ausschalten und somit den Datenschutzbestimmungen Rechnung tragen. Die Nutzung von webhits.de ist mit überschaubaren Kosten verbunden.

2.6 Expertentipp von Utz Graafmann, Wein-Plus

Internetmarketing dient der Steigerung Ihrer Weinumsätze in allen Verkaufskanälen. Setzen Sie daher „Weinmarketing im Internet" auf keinen Fall mit „Weinverkauf im Internet" gleich. Auch wenn Sie nicht beabsichtigen, Wein im Internet zu verkaufen, ist der Marketingkanal Internet unverzichtbar. Die meisten Kunden, sowohl Privatkunden als auch (potenzielle) Wiederverkäufer, informieren sich vor einer Kontaktaufnahme oder Kaufentscheidung im Internet. Wer hier nicht in positiver Form präsent ist, verschenkt auf sämtlichen Verkaufskanälen großes Potenzial. Diese Präsenz ist primär die Aufgabe des Erzeugers und nicht der Handelskanäle.

3 Mobile Marketing

Das Mobile Marketing definiert sich als Werbung durch oder auf einem mobilen internetfähigen Gerät, wie Handys (z. B. iPhone), Tablets (tragbare Minicomputer, z. B. iPad) oder Ähnliches. Dieser Markt wird in den nächsten Jahren zunehmend an Bedeutung gewinnen. Was gibt Grund zu dieser Annahme? Nach einer Statistik von internetworldstats.com gibt es derzeit ca. 2.2 Milliarden Internetanschlüsse auf der Welt. Aber etwa drei Viertel der Menschen, also ca. fünf Milliarden, verfügen über ein Mobiltelefon. In den nächsten Jahren wird der Anteil der Mobiltelefone mit Internetzugang noch deutlich steigen. Laut dem Branchenverband BITKOM lag der Zuwachs an verkauften internetfähigen Smartphones in Deutschland 2011 bei sechsunddreißig Prozent. Damit ist rund ein Drittel aller neuen Handys mit einer Technologie ausgestattet, mit der sich die Zielgruppe des Mobile Marketings erreichen lässt.

Eine Möglichkeit, an diesem Boom teilzuhaben, wäre, sogenannte eigene Unternehmens-Apps programmieren zu lassen. Aufgrund des hohen Aufwands kommt das derzeit im Weinmarketingbereich nur für größere Unternehmen in Betracht und wird deshalb in diesem Kapitel keine Rolle spielen. Das sogenannte Local Based Marketing, das schon in den Kapiteln 4.5.1 und 4.5.3 vorgestellt wurde, stellt bereits einen Einstieg in das Mobile Marketing für Ihr Unternehmen dar.

3.1 QR-Code-Marketing

Eine weitere Disziplin des Mobile Marketing ist das QR-Code-Marketing. Ein QR-Code ist ein Strichcode, der innerhalb eines Quadrats dargestellt wird. Schwarze und weiße Punkte beinhalten die verschlüsselten Informationen von Zahlen und Buchstaben. Liest man ihn mit einem Smartphone ein, indem man ihn fotografiert, wird auf dem Telefon unmittelbar eine Anwendung gestartet. Häufigste Anwendung ist der Aufruf einer Website, wodurch man sich das Merken oder Abtippen der zugrundeliegenden Internetadresse spart. Direkt nach dem Fotografieren öffnet sich die Website im Browser.

Abb. 14: QR-Code-Marketing – fotografieren, decodieren, Website

Die Software sowohl zur Erstellung von QR-Codes als auch zum Decodieren für Mobiltelefon ist frei verfügbar.

Abb. 15: Der QR-Code, der auf die Website von Weinmarketing.org verlinkt. Erstellung durch www.qrcode-generator.de

Für Ihr Weinmarketing lassen sich diverse interessante Anwendungsmöglichkeiten finden. Binden Sie z. B. einen QR-Code in das Etikett Ihrer Weinflaschen ein, und verlinken Sie auf ein Video oder einen Bereich auf Ihrer Website, die sich genau mit diesem Wein beschäftigt. Bieten Sie dem Kunden wertvolle Zusatzinformationen über die Entstehung des Weins, den Anbau oder Besonderheiten an. Machen Sie ein kurzes Video, und nehmen Sie Bezug auf den Wein: „Sie haben gerade die Flasche XY in der Hand. Dieser Wein hat eine interessante Geschichte..."

Eine täglich wachsende Zielgruppe freut sich über dieses Zusatzangebot. Stehen mehrere Produkte zur Auswahl, kann dieser Mehrwert die Kaufentscheidung maßgeblich beeinflussen. Achten Sie bitte unbedingt darauf, dass die Verlinkung spezifisch ist. Ein Link auf Ihre Startseite ohne Bezug wird den Kunden eher irritieren oder sogar verärgern.

Sie können den QR-Code aber auch für spezielle Aktionen einsetzen, z. B. für die Verlinkung auf Ihre Fanpage bei Facebook oder GOOGLE+ oder Ihren Auftritt bei Twitter. Nutzen Sie den QR-Code in allen Offline-Kanälen wie Anzeigen, Prospekten, Preislisten, Flyern, Plakaten usw.

Ich habe einen QR-Code-Generator auf der Website von www.weinmarketing.org eingebaut. Sie können damit kostenlos Ihre QR-Codes erstellen: www.weinmarketing.org/qr-code-generator.

Weitere Angebote zur Erstellung von QR-Codes finden Sie unter:

- http://qrcode-generator.de
- http://goqr.me/de/
- http://invx.com/de/

Angebote für QR-Code-Reader:

- http://reader.kaywa.com/de
- http://appworld.blackberry.com/webstore/content/13962
- http://itunes.apple.com

Einen letzten Aspekt aus dem Bereich des Mobile Marketing möchte ich noch kurz beschreiben. Ihre Website ist für den herkömmlichen Monitor und nicht für die mobile Nutzung auf einem Telefon oder Smartphone konzipiert. Für eine bedienerfreundliche mobile Version Ihrer Website benötigen Sie möglicherweise die Hilfe Ihres Webdesigners. Aber auch einige der vorgestellten Programme, mit denen Sie selbst Websites erstellen können, wie z. B. Web2Date 8, können bereits mobile Websiten erzeugen. Meine Empfehlung ist aber auch hier wieder die Nutzung von WordPress. Hierfür gibt es inzwischen eine Reihe von guten Themes (Vorlagen) und Plug-Ins (Programmerweiterungen) die selbstständig das benutzte Endgerät erkennen, eine mobile Version der Website erstellen und dem Benutzer anbieten. Konkret ist das z. B. die Erweiterung WPtouch, die alle diese Herausforderungen automatisch für Sie übernimmt (wordpress.org/extend/Plug-Ins/wptouch). Achten Sie in diesem Zusammenhang auch beim QR-

Code-Marketing darauf, dass Ihr Angebot, auf das Sie mit dem QR-Code verlinken, fehlerfrei mobil nutzbar ist.

Sie sollten das Thema Mobile Marketing darüber hinaus intensiv beobachten und die sich daraus ergebenden Chancen nutzen. Die Einstiegsbarrieren für mobile Kampagnen werden immer geringer und damit zunehmend auch für mittelständische Unternehmen und somit für das Weinmarketing realisierbar.

3.2 Expertentipp von Utz Graafmann, Wein-Plus

Ziel einer mobilen Marketingstrategie ist es, auf möglichst vielen Kanälen das Informationsbedürfnis von potenziellen Kunden über Ihr Weingut und Ihre Weine zu befriedigen. Wie auch in den meisten Bereichen des Webmarketings ist die Vorstellung, dass der Kunde eine Werbung sieht, darauf klickt und sofort kauft, eine Illusion.

4 Weinmarketing und soziale Medien

Social-Media-Marketing ist in aller Munde. Überall ist zu lesen, dass man unbedingt auf diesen Zug aufspringen müsse, hier liege die Zukunft. Aber was ist dieses Phänomen sozialer Medien eigentlich? Sehen wir uns am besten eine Definition aus dem Gabler-Wirtschaftslexikon an:

„Soziale Medien: Häufig auch als Social Media (engl.) bezeichnet, ist ein Sammelbegriff für internetbasierte mediale Angebote, die auf sozialer Interaktion und den technischen Möglichkeiten des sogenannten Web 2.0 basieren. Dabei stehen Kommunikation und der Austausch nutzergenerierter Inhalte (User-Generated Content) im Vordergrund. Die sozialen Medien gewinnen zunehmend auch kommerzielle Bedeutung, da die vernetzte Struktur der Nutzerschaft großes Potenzial für die wirkungsvolle Übermittlung kommerzieller Nachrichten und Inhalte bildet (Social Commerce).

Quelle: Gabler Verlag (Herausgeber), Gabler Wirtschaftslexikon, Stichwort: Soziale Medien

Worin unterscheidet sich Social-Media-Marketing vom klassischen Marketingansatz? Ein wesentlicher Unterschied ist die Möglichkeit der Kommunikation. Im klassischen Marketing, z. B. im Direktmarketing, spricht das Unternehmen den Kunden z. B. durch einen Brief oder eine E-Mail direkt an (1:1-Kommunikation).

In der Massenkommunikation, z. B. bei Zeitungsanzeigen, funktioniert die Kommunikation ebenfalls in einer Einbahnstraße. Die Empfänger sind nicht miteinander verbunden.

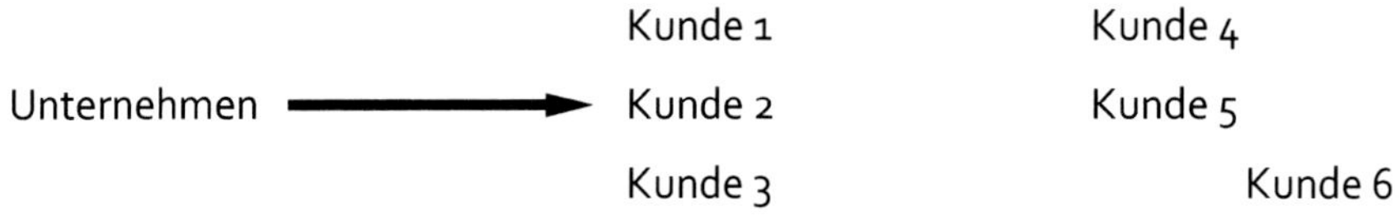

In den sozialen Medien besteht die Möglichkeit zur Kommunikation in Form eines mehrfachen Dialogs. Er erfolgt dabei nicht nur zwischen Unternehmen und Kunden, sondern auch zwischen Kunden.

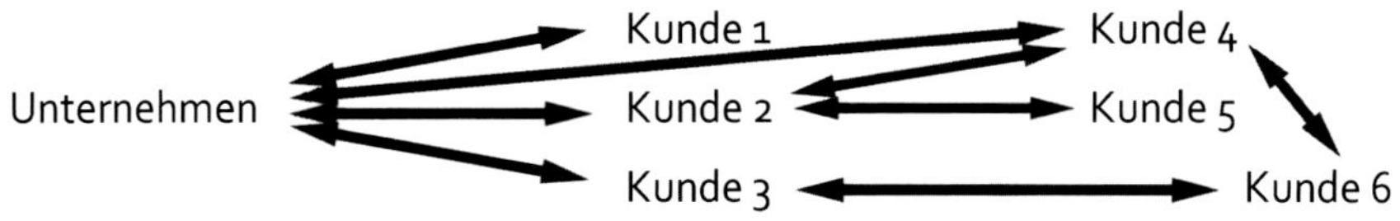

Für diese Kommunikation ist eine Plattform notwendig, auf der sich die Kommunikationsteilnehmer treffen und austauschen, nämlich ein soziales Netzwerk.

Diese neue Art der Kommunikation mit Ihren Kunden bietet Ihnen eine Reihe von Vorteilen:

- Ihre Zielgruppe wird streuverlustarm angesprochen.
- Loyale Kunden werden zu Ihren Markenbotschaftern und Multiplikatoren (Empfehlungsmarketing).
- Sie grenzen sich gegenüber den Mitbewerbern ab.
- Werbebotschaften können kostengünstig transportiert werden.
- Sie zeigen Präsenz und sind damit für Ihre Zielgruppe in den sozialen Medien auffindbar.

- Kunden geben zu Ihren Inhalten direkt ein Feedback. Sie können damit von Ihren Kunden lernen und Ihr Verhalten besser auf Ihre Zielgruppe abstimmen.
- Kritik an Ihren Produkten bzw. Ihrem Unternehmen kann von Ihnen kommentiert und gegebenenfalls richtiggestellt werden. Zumeist ist dies aber nicht erforderlich, denn oft erledigen dies loyale Kunden für Sie.
- Durch Ihre veröffentlichten Inhalte wird Ihr Unternehmen transparent. Kunden wissen, wer Sie sind, wofür Sie stehen und was sie von Ihnen erwarten können.
- Ihre Botschaften können „viral" werden. Aus zweihundert Kontakten kann eine Million Kontakte der dritten Generation werden.
- Nutzen Sie die Möglichkeiten des Crowdsourcing. Wie soll der neue Wein heißen? Wie gefällt das neue Etikett? Warum fragen Sie nicht diejenigen, dies es betrifft: Ihre Kunden!

Diese Liste könnte beliebig fortgesetzt werden. Natürlich gibt es auch eine Reihe von möglichen Gefahren. Diese Risiken sind jedoch auf ein Minimum reduzierbar, wenn Sie das Thema Social Media professionell angehen.

Ein Hauptfehler ist die Annahme, dass alleine die Präsenz und die gelegentliche Betreuung in einem oder mehreren Portalen Social-Media-Marketing wäre. Die professionelle Nutzung dieser Medien erfordert von Ihnen das Engagement, Ihre Accounts zu betreuen, Inhalte zu veröffentlichen, Feedback ernstzunehmen und darauf schnell zu reagieren. Ein weiterer Fehler ist, die sozialen Medien als Verkaufsplattform zu missbrauchen. Dies wäre so, als wenn Sie sich von einer verschickten Weihnachtskarte eine Bestellung erwarten würden.

Viele Unternehmen haben darüber hinaus Angst, die Kontrolle über das zu verlieren, was über sie gesagt oder geschrieben wird. Diese Angst ist aus meiner Sicht unbegründet. Denn es wird auch schon jetzt über Ihr Unternehmen oder Ihre Produkte geschrieben oder gesprochen. Jedoch können Sie außerhalb der sozialen Medien selten darauf reagieren, weil Sie davon in der Regel keine Kenntnis haben.

Damit Ihr Social-Media-Engagement ein Erfolg wird und Sie das gesamte Potenzial ausschöpfen, sollten Sie eine mittel- bis langfristige Strategie erarbeiten, die Antworten auf die Fragen liefert:

- Was und wen wollen Sie wie, wo, wann, wodurch erreichen?
- Woran merken Sie, dass Sie dieses Ziel erreicht haben?

Eine schriftliche „SMARTe" Zielformulierung gibt Ihnen auch hier eine verbindliche Orientierung, gerade dann, wenn es mehrere verantwortliche Personen gibt, die sich um Ihre Social-Media-Präsenz bemühen.

In den folgenden Abschnitten stelle ich Ihnen die wichtigen Portale kurz vor, die für erfolgreiches Weinmarketing geeignet sind. Dies sind insbesondere Facebook, XING, Twitter und YouTube. Darüber hinaus beschäftigen wir uns damit, wie Sie sich effizient organisieren und die Plattformen miteinander verbinden können.

Zuvor lasse ich jedoch einen echten Web 2.0-Pionier der Weinszene zu Wort kommen. Dirk Würtz ist Experte, wenn es um die professionelle Nutzung und die Verknüpfung von Wein und Internet geht. Ich habe ihn zum Thema „Winzer – quo vadis" gefragt, und dabei wurde sehr schnell klar, dass hier die sozialen Medien eine große Rolle spielen werden.

4.1 Experteninterview: Dirk Würtz

Dirk Würtz
Königsmühle
D-55239 Gau-Odernheim
E-Mail: kontakt@dirk-wuertz.de
Internet: www.wuertz-wein.de

Dirk Würtz würden wohl einige als „enfant terrible" der Weinszene bezeichnen. Der umtriebige Weinmacher, der Betriebswirtschaft und Politikwissenschaft studiert hat, betreibt ein bekanntes Weinblog im Internet und gilt als Experte der Weinszene und des Web 2.0. Er sagt, er brauche keine Agentur für den Weinverkauf. Das mag stimmen, denn wenige Agenturen in Deutschland sind so mutig und kreativ wie er: Wein-Late-Night-Shows, Videocasts oder halbnackt auf der eigenen Bag-in-Box-Verpackung für eine Aktion auf dem skandinavischen Markt. Ernster wird er, wenn es um die Qualität von Weinen geht. Einige Trends hat er kommen und gehen sehen. Das Web 2.0 kennt er wie seine Westentasche. Sein Blog (www.wuertz-wein.de), die Live-Weinshow im Internet (100° Oechsle), die International Web Wine Tasting Tour oder die Twitter Wine Awards sind Formate, die als einzigartig zu bezeichnen sind. Neuerdings ist er auch auf www.stern.de mit einer regelmäßigen Videokolumne zu sehen.

Herr Würtz, Sie sind bekannt für ausgefallene Marketingideen. Welche ausgefallene Idee kann ein Leser sofort selbst durchführen?

Die Frage, die sich zuerst stellt, ist, wie der Begriff „ausgefallen" zu definieren ist. „Ausgefallen" klingt immer so aufgeregt und zwanghaft neu. Das muss das Ganze absolut nicht sein. Es geht immer nur darum, authentisch zu sein. Jeder Winzer, Weinmacher oder Händler hat etwas zu sagen und mitzuteilen, und wenn es nur der Ärger über das falsche Wetter ist. Ich rate jedem immer das Gleiche: einfach anfangen. Rein in das Netz, in die sozialen Netzwerke und posten. Über den Job, über den Tag, über das Wetter, über die Ängste und Nöte, über den Alltag. Einfach alles genauso machen, wie man es im Umgang mit realen Menschen gewohnt ist. Zwischen virtuellen und realen Freund- und Bekanntschaften sollte man nicht unterscheiden.

Welche konkreten Empfehlungen haben Sie für den Winzer und Weinhändler, denen Internet „irgendwie suspekt" ist?

Ich kann mir kaum vorstellen, dass es auch nur einen Winzer gibt, dem das Internet „suspekt" ist. Ich kenne genug Winzer und Bauern, die zwar keine Lust auf soziale Netzwerke haben, nichts davon halten und glauben, das Ganze sei Zeitverschwendung. Aber ich behaupte mal, dass fast alle wissen, wer der „Winzerservice" oder „Agriaffaires" ist. Winzer sollten einfach versuchen, diese letzte Transferleistung gedanklich zu stemmen. Das Netz ist nicht nur ein Marktplatz für Landmaschinen jeglicher Art, sondern eben auch ein sozialer Treffpunkt.
Wenn einem Weinhändler das Internet suspekt ist, kann ich ihm nur eines sagen: Such Dir einen neuen Job!

Haben Sie Erkenntnisse darüber, wie das Web 2.0 das Konsumverhalten der Kunden beeinflusst? Wie kann ein Winzer oder Weinhändler darauf erfolgreich reagieren?

Grundsätzlich gilt Folgendes: Das Web 2.0 ist keine Verkaufsplattform. Über Facebook beispielsweise kann man keinen Wein verkaufen. Zumindest nicht im großen Stil und flächendeckend. Das Web 2.0 ist eine durch und durch demokratisierte Empfehlungsplattform. Jeder kann etwas über ein Produkt (Wein) sagen. Damit gibt es keine Meinungsführerschaft bestimmter Fachleute (Journalisten) mehr. Durch diese Demokratisierung hat eben auch der Winzer XYZ aus ABC die Möglichkeit, viele Leute zu erreichen und bekannt zu werden. Im Endeffekt geht es immer um einen Mehrwert, in diesem Fall sind es Informationen und Emotionen.

Seit 2011 haben Sie einen Lehrauftrag am Campus Geisenheim und sind somit auch mit der Forschung verbunden. Welche Trends erkennen Sie dort, und welche Punkte sind für den Winzer oder Händler besonders interessant?

Ich glaube nicht, dass Trends an Hochschulen entstehen. Zumindest nicht in unserem Fachgebiet. Hier geht es in erster Linie darum, den Studierenden Handwerkszeug mitzugeben. Jeder denkt, dass die Generation der Zwanzigjährigen sich beispielsweise in den sozialen Netzwerken wie selbstverständlich bewegt und diese einzusetzen weiß. Dies ist erstaunlicher Weise leider nicht so. Es gibt zwar kaum einen, der nicht auf Facebook ist. Aber das tiefe Wissen über die zahlreichen Möglichkeiten ist kaum vorhanden, von einem professionellen Einsatz ganz zu schweigen. Twitter ist für viele nach wie vor ein Buch mit sieben Siegeln. Die Ausbildung in Sachen Netzwerke und damit auch in Sachen soziale Kompetenz muss viel früher beginnen. Am besten bereits in der Grundschule!

Ein kurzer Ausblick: Wie wird Ihrer Meinung nach die Weinszene im Jahr 2020 aussehen?

Ich weiß es nicht, ich bin kein Zukunftsforscher. Aber natürlich habe ich eine Idee, die gleichzeitig auch meiner Idealvorstellung entspricht. Dies zu erklären, würde den Rahmen hier sprengen, deswegen nur einige Stichwörter: Mobilität, permanenter Zugriff auf alle Informationen 24/7, weniger stationärer Handel, enorme Online-Umsätze, Konzentration auf der Anbieterseite im Handel, übergeordnete Handelsplattformen.

Herr Würtz, vielen Dank für das Gespräch.

4.2 Facebook

Stellen Sie sich folgende Situation vor: Ihr Kunde hat Ihren neuen Wein des aktuellen Jahrgangs erhalten. Nach der ersten Probe ist er begeistert und bereit, diesen Wein uneingeschränkt zu empfehlen. Wie viel ist diese Information wert, wenn er sie in seinem lokalen Umfeld äußert? Wie viele Menschen wird diese Information erreichen? Den Nachbarn, den Arbeitskollegen, den Golfpartner – möglicherweise zehn Menschen? Hätte der Kunde seine Zufriedenheit bei Facebook kundgetan, wäre die Botschaft bei wesentlich mehr Menschen angekommen.

Facebook ist inzwischen aus dem täglichen Leben der meisten Menschen nicht mehr wegzudenken. Mit hoher Wahrscheinlichkeit besitzen auch Sie bereits zumindest ein privates Profil bei Facebook. Wie ich zu dieser Annahme komme? Sehen wir uns die beeindruckenden Zahlen von Facebook einmal genauer an.

Der Social-Media-Marketingexperte Jeff Bullas hat in seinem Fachartikel „50 Fascinating Facebook Facts And Figures" aus dem Jahr 2011 interessante Zahlen über das soziale Netzwerk zusammengetragen.

Hier einige Beispiele:

- Jeder Facebook-Nutzer hat im Schnitt hundertdreißig „Freunde". (Falls Ihnen der Ausdruck Freunde in diesem Zusammenhang unsympathisch ist, ersetzen Sie diesen einfach durch Kontakte.)
- Jeder dreizehnte Mensch ist Mitglied bei Facebook.
- Jeder Benutzer ist durchschnittlich mit achtzig Gruppen oder Seiten verbunden.
- Jeder Benutzer erstellt durchschnittlich neunzig Inhalte pro Monat.
- Die Hälfte der aktiven Benutzer loggt sich jeden Tag ein.

Kommen wir auf Ihren eingangs erwähnten Kunden zurück. Verbreitet er seine Empfehlung über ein soziales Netzwerk wie Facebook, erreicht diese Nachricht mit einem Beitrag bereits durchschnittlich hundertdreißig Menschen und mehr. Wird diese Empfehlung von diesen hundertdreißig Menschen für gut befunden und nur von wenigen „geteilt", kann sie schnell mehr als tausend Menschen und mehr erreichen. Diesen Effekt können Sie kaum mit klassischer Werbung erzielen. Kaum ein anderes Medium kann unter den Aspekten der Kosten, Reichweite und Schnelligkeit mithalten. Und vor allem der vielleicht wichtigste Punkt: Wem vertrauen die Menschen mehr? Einer Werbeanzeige oder einer persönlichen Empfehlung aus ihrem persönlichen Umfeld?

Ist Facebook ein rein amerikanisches Phänomen? Nein, siebzig Prozent der Nutzer von Facebook wohnen außerhalb der USA. Laut der Auswertung der Experten von allFacebook.de liegt die Zahl der aktiven Facebook-Nutzer in Deutschland bei über dreiundzwanzig Millionen per März 2012, was einem Plus von rund dreißig Prozent gegenüber dem Vorjahr entspricht.

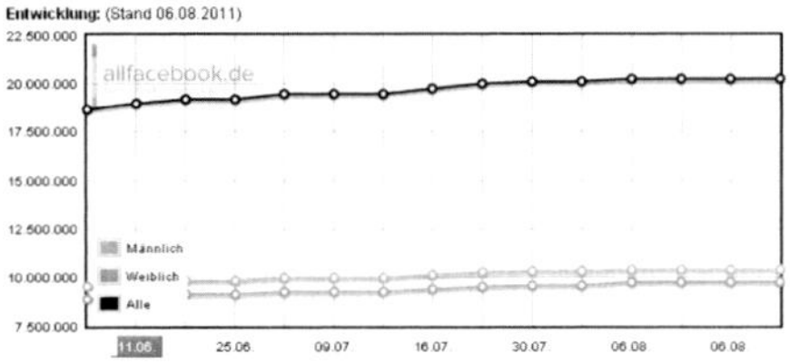

Abb. 16: Nutzerentwicklung bei Facebook
© allFacebook.de mit freundlicher Genehmigung von allfacebook.de

Aber treffen Sie auf Facebook wirklich Ihre Kunden, und finden Sie dort neue? Oder ist Facebook eher ein Portal für Jugendliche?

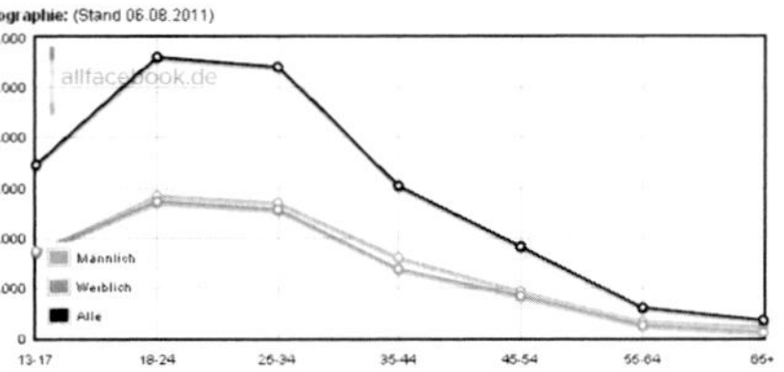

Abb. 17: Facebook Demographie
© allFacebook.de mit freundlicher Genehmigung von allfacebook.de

Abbildung 17 zeigt die Verteilung der Nutzer in den jeweiligen Altersschichten. Die interessante Zielgruppe für Weine im Alter von 35 bis 65 Jahren ist stark vertreten. Aber auch Nutzer im Alter von 24 bis 35 Jahren sollten Sie nicht unbeachtet lassen. Denn das sind Ihre Kunden von morgen.

Zusammenfassend können wir feststellen: Auf Facebook ist Ihre Zielgruppe aktiv. Nun heißt es, diese zu erreichen und die Möglichkeiten von Facebook optimal für Ihr Weinmarketing zu nutzen.

Es gibt auf Facebook im Wesentlichen zwei unterschiedliche Kontoarten: persönliche Accounts für Privatpersonen und Seiten (Pages) für Unternehmen und Produkte. Bei einem privaten Konto erhalten und versenden Sie „Freundschaftsanfragen". Bei Unternehmensseiten wird man „Fan" durch den für Facebook typischen Klick auf den „Gefällt-mir"-Button. Ein Vorteil gegenüber den privaten Konten ist, dass Sie als Seitenbetreiber einer Fanpage für Ihr Unternehmen dieses „gefallen" nicht wie bei Freundschaftsanfragen bestätigen müssen.

4.2.1 Facebook-Unternehmensseite einrichten

Um eine Unternehmensseite auf Facebook anzulegen, müssen Sie einen eigenen, persönlichen Account auf Facebook eröffnen, sofern Sie noch über keinen verfügen. Mit diesem Konto werden Sie der Administrator Ihrer Unternehmensseite (Fanpage).

Facebook unterscheidet zwischen verschiedenen Arten von Pages, die jeweils mit verschiedenen Möglichkeiten ausgestattet sind. Für uns sind dabei allerdings nur drei Arten von Interesse:

1. Lokales Unternehmen
2. Unternehmen, Organisation oder Institution
3. Marke oder Produkt

Wenn Sie „Lokales Unternehmen" auswählen, haben Sie die Möglichkeit, Ihre Seite mit einer Adresse, Öffnungszeiten und gegebenenfalls Parkmöglichkeiten und Ähnlichem auszustatten. Diese Möglichkeit haben Sie bei „Marke oder Produkt" nicht.

Ich empfehle Ihnen erst einmal, eine Unternehmensseite zu erstellen und zu einem späteren Zeitpunkt zusätzlich für Ihre Topprodukte oder Produktlinien Marken- oder Produktpages aufzubauen.

Um eine neue Fanpage anzulegen, klicken Sie auf https://www.facebook.com/pages/create.php. Sobald Sie die Fanpage erstellt haben, sollten Sie grundlegende Einstellungen vornehmen. Ergänzen Sie zu Beginn Ihr Profil im Administrationsbereich mit den möglichen Informationen über Ihr Unternehmen. Achten Sie auf eine saubere Darstellung Ihres Corporate Designs. Ihre Fanpage ist im gleichen Maße repräsentierend für Ihr Unternehmen und Ihre Produkte wie Ihre Website.
Verwenden Sie ein aussagekräftiges und professionelles Profilbild, ebenfalls unter Berücksichtigung Ihres Corporate Designs, mit maximal zweihundert Pixel in der Breite und sechshundert Pixel in der Höhe. Andere Formate werden auf die vorgegebene Breite bzw. Höhe skaliert. Das Thema Profilbild wird der Münchner Profifotograf Armin Dörr später noch genauer vorstellen und Tipps dazu geben.

Wichtig: Achten Sie auf die Altersbeschränkungen, da Ihr Angebot im Kontext mit Alkohol steht. Wählen Sie im Administrationsbereich unter „Administratoreinstellungen" den Menüpunkt „Altersbeschränkungen: Bezug zu Alkohol".

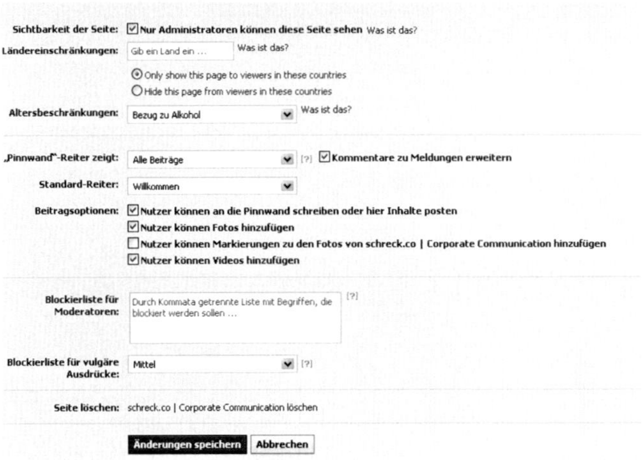

Abb.18: Screenshot Facebook einrichten

Entscheiden Sie in dieser Eingabemaske, welche Beiträge auf Ihrer Chronik erscheinen sollen und – besonders wichtig – wer auf Ihrer Page Beträge verfassen darf. Dies beinhaltet auch die Überlegung, ob nur Sie oder auch Ihre Fans in Ihrer Chronik posten oder Fotos bzw. Videos hinzufügen dürfen.

Unter dem Menüpunkt „Administratoren verwalten" können Sie weitere Personen als Administratoren hinzufügen. Dies ist sinnvoll, wenn sich mehrere Personen mit der Pflege Ihres Facebook-Auftritts beschäftigen. Wenn Sie weitere Administratoren hinzufügen wollen, beachten Sie bitte, dass das nur möglich ist, wenn diese Personen über einen persönlichen Account bei Facebook verfügen. Jedoch ist Vorsicht geboten, denn jeder Administrator kann einen anderen Administrator entfernen. Die Auswahl eines Adminstrators sollte deshalb sorgfältig erfolgen.

Wenn Sie alle Einstellungen überprüft und die möglichen Informationen eingefügt haben, ist Ihre Unternehmensseite auf Facebook einsatzbereit.

Wichtig: Bitte missbrauchen Sie keinen privaten Account als Unternehmensseite. Weshalb sollten Sie dies unbedingt vermeiden? Das wichtigste Argument ist, dass Facebook es unter 4.2. und 4.4. der Nutzervereinbarungen verbietet. Sie riskieren damit die Sperrung bzw. im schlimmsten Falle die Löschung Ihres privaten Profils. Dieses Risiko ist in jüngster Vergangenheit stark gestiegen, da Facebook die Umsetzung der Richtlinien stärker überwacht und die Löschung ohne Rücksicht durchgezogen hat.

Bei einer Unternehmensseite gibt es keine Limitierung hinsichtlich der Anzahl der Fans. Das private Profil ist auf maximal fünftausend „Freunde" beschränkt. Nur bei Unternehmensseiten stehen Ihnen die sehr nützlichen Marketingtools wie Like-Box bzw. Like-Button zur Verfügung. Des Weiteren haben Sie als Fanpage-Inhaber die Möglichkeit, Facebook-Werbeanzeigen zu schalten. Diese sind in der Funktionsweise dem GOOGLE ADWORDS-Werbeprogramm ähnlich und stellen eine gute Möglichkeit dar, Fans für Ihre Unternehmensseite zu gewinnen. Dabei profitieren Sie von dem großen Datenschatz von Facebook und können somit die Zielgruppe für Ihre Anzeige sehr präzise auswählen. Facebook errechnet Ihnen dabei sofort die theoretische Reichweite Ihrer Anzeige. Die Werbeanzeigen sollten Sie in jedem Fall in Erwägung ziehen, da Sie mit einem überschaubaren Budget ein gutes Ergebnis erzielen können. Als Fanpage-Inhaber stehen Ihnen darüber hinaus kostenlos sehr umfangreiche Statistiken über das Verhalten Ihrer Nutzer und die Entwicklung Ihrer Fanpage im Allgemeinen zur Verfügung.

Weitere Informationen und die Möglichkeit, eine Kampagne zu berechnen bzw. zu erstellen, finden Sie unter http://www.facebook.com/advertising/.

Profil in Unternehmensseite verwandeln

Falls Sie Ihr privates Profil in der Vergangenheit trotzdem für kommerzielle Zwecke gebraucht haben, sollten Sie es in eine Fanpage umwandeln. Sie profitieren von den besprochenen Vorteilen und vermeiden eine drohende Löschung. Facebook bietet Ihnen dafür ein einfaches Migrationstool an. Ihre Freunde werden automatisch in Fans umgewandelt. Das Migrationstool finden Sie unter https://www.facebook.com/pages/create.php?migrate.

Bitte beachten Sie dazu, dass Sie in Ihrem privaten Profil eingeloggt sind, bevor Sie den Link aufrufen. Weiterführende Informationen zum Thema Migration und FAQ finden Sie in der Facebook-Hilfe (www.Facebook.com/help/?page=18918) und im Blog unseres Experten Thomas Hutter unter www.thomashutter.com/index.php/2011/03/facebook-private-profile-in-facebookseiten-umwandeln-moglich/.

Ihre Unternehmensseite ist nun bei Facebook sichtbar. Allerdings ist die URL (der Link zur Ihrer Seite) sehr kryptisch, z. B. www.Facebook.com/pages/WeingutXY/28573785144156. Sie können jedoch für Ihre Unternehmensseite je nach Verfügbarkeiten einen Wunschnamen bzw. URL vergeben. Rufen Sie dazu den Link www.Facebook.com/username/ auf. Bitte beachten Sie, dass Sie dafür ebenfalls bei Facebook eingeloggt sein müssen. Wählen Sie Ihre Seite aus, und vergeben Sie danach einen Wunschnamen. Ihre neue Adresse könnte dann www.Facebook.com/WeingutXY lauten. Nun können Sie diese leicht zu merkende Adresse online und offline kommunizieren.

Optisch noch eleganter ist eine Adresse über eine sogenannte Subdomain. Wenn Sie bereits über eine eigene Domain verfügen, z. B. www.WeingutXY.de, können Sie diese Domain (Adresse) um eine Subdomain (Unteradresse) ergänzen. Diese Unteradresse können Sie frei wählen. Möglich ist z. B. www.subdomain.WeingutXY.de. Eine Subdomain können Sie einfach über Ihren Provider einrichten. Ihre URL zu Ihrer Unternehmensseite auf Facebook könnte dann z. B. www.Facebook.WeingutXY.de lauten. Konfigurieren Sie die Weiterleitung der Subdomain so, dass der Besucher automatisch auf Ihre Facebook-Fanpage umgeleitet wird.

Ihre Unternehmensseite ist nun mit einer gut zu kommunizierenden Internetadresse (URL) eingerichtet. Jetzt benötigen Sie noch interessante Inhalte – und Fans, die diese konsumieren.

4.2.2 So gewinnen Sie Fans

Die wohl einfachste Methode, Fans für Ihre Unternehmensseite zu gewinnen, ist, Ihre „Freunde" in Ihrem privaten Account auf Ihre Unternehmensseite einzuladen. Damit lässt sich zumindest ein Start machen. Facebook stellt dafür zwei Einstiegsmöglichkeiten in Ihrem Administrationsbereich bereit: „Freunde einladen" und „E-Mail-Kontakte einladen".

Darüber hinaus bietet Ihnen Facebook eine ganze Reihe von hilfreichen Tools an, um Ihre Fanpage bekanntzumachen und Fans zu gewinnen. Die sogenannten sozialen Erweiterungsmodule (Social Plug-Ins) sind Anwendungen, die Sie in Ihre Internetseite integrieren können. Sie ermöglichen den Besuchern Ihrer Website, sich mit Facebook automatisch zu verbinden und Ihre Internetseite weiterzuempfehlen oder direkt Fan zu werden. Die bekanntesten Facebook-Social-Plug-Ins sind der „Gefällt mir"-Button, die „Like-Box" und der „Activity Feed".

Ihr Besucher kann sein Facebook-Konto mit Ihrer Fanseite verbinden, indem er auf den „Gefällt mir"-Button klickt. Dadurch erhält er auf seinem Facebook-Account in Zukunft automatisch Updates von Ihrer Facebook-Fanseite. Die unterschiedlichen Social Plug-Ins erhalten Sie kostenfrei von Facebook. Die Erstellung und Integration in Ihre Website ist ohne größere Programmierkenntnisse möglich. Sie können die Plug-Ins auf Facebook über den Link https://developers.facebook.com/docs/Plug-Ins/ abrufen und den Code für Ihre Website erstellen.

Neben den Plug-Ins von Facebook gibt es eine Vielzahl von zusätzlichen Erweiterungen, die von Drittanbietern bereitgestellt werden. Meist sind sie in englischer Sprache. Wenn dies eine Hürde für Sie ist, kann ich den GOOGLE-Übersetzer empfehlen. Wenn Sie dem Link http://translate.google.de folgen, können Sie sich jede beliebige Seite übersetzen lassen.

Ein umfangreiches Verzeichnis für Facebook-Erweiterungen ist das „Facebook Business App Directory" (http://appbistro.com), das allerdings nicht in deutscher Sprache verfügbar ist.

Bitte beachten Sie, dass die Integration von einigen der Social Plug-Ins aus Datenschutzsicht nicht unproblematisch ist. Haben Sie Social Plug-Ins in Ihre Seite integriert, werden gegebenenfalls bereits beim Laden Ihrer Website Daten an Dritte übertragen. Diese Daten lassen unter Umständen einen direkten Rückschluss auf den Besucher zu. Eine ungefragte und unautorisierte Übertragung würde gegen Datenschutzbestimmungen verstoßen. Da dieses Thema umstritten ist und es keine eindeutige Rechtsprechung gibt, sollten Sie das Risiko gut abwägen. Eine Möglichkeit, dieses Risiko zu mindern, ist, einen sogenannten Zwei-Klick-Button auf Ihrer Website einzubauen. Ihr Besucher muss dann erst diesen Button aktivieren, und danach kann er den zweiten Button, z. B. „Gefällt mir", klicken. So werden keine Daten übertragen, wenn er das Tool nicht ausdrücklich aktiviert hat. Leider gibt es dabei auch Nachteile. So ist die Nutzung nicht sehr intuitiv, so dass die Klickraten auf den „Gefällt mir"-Button deutlich zurückgehen können. Dies erschwert den Aufbau Ihrer Fangemeinschaft. Zum anderen ist nicht zweifelsfrei sicher, ob diese Lösung wirkliche alle Datenschutzbedenken ausräumt.

Facebook-Adresse kommunizieren

Ihre neue Facebook-Adresse (z. B. www.facebook.com/weingut.xyz) ist so wichtig wie Ihre E-Mail-Adresse oder Telefonnummer und darf somit nirgendwo mehr fehlen. Binden Sie sie deshalb überall ein, z. B.

- auf Visitenkarten, Broschüren, Flyern,
- auf Briefpapier, in E-Mail-Signaturen, auf Ihrer Website,
- auf Rechnungen usw.,
- in Bannern, auf Plakaten, auf Messeständen.

Das Facebook-Logo ist den meisten Menschen bekannt und signalisiert dem Betrachter automatisch, dass das betreffende Unternehmen einen Facebook-Auftritt hat. Verwenden Sie deshalb das typische Facebook-Icon. Ergänzen Sie das Icon und Ihre Facebook-Adresse (URL) mit einer Aufforderung wie z. B. „Besuchen Sie uns auf Facebook!". Eine große Auswahl an Icons haben die Betreiber von allFacebook.de zusammengetragen: www.allFacebook.de/beyond/10x-Facebook-icons-social-media-grafik-sammlungen-v2.

Erwarten Sie bitte in den ersten Monaten nicht gleich mehrere hundert Fans, und widerstehen Sie der Versuchung, Fans zu „kaufen". Dies nützt Ihnen nicht und bringt Ihnen darüber hinaus etliche Nachteile.

Besser ist es, in der ersten Zeit überall – offline wie online – explizit auf Ihre neue Facebook-Seite hinzuweisen. Unabhängig davon, ob es sich um Newsletter-Aussendungen, Einladungen zu Verkostungen oder Mailings wegen des neuen Jahrgangs handelt: „PS: Besuchen Sie uns auch auf Facebook unter www.Facebook.WeingutXY.de!"

Überlegen Sie sich weitere Möglichkeiten, wie Sie Ihre Kunden und Interessenten motivieren, Fans zu werden. Verweisen Sie auf spezielle Angebote, die nur Fans Ihrer Seite erhalten, z. B. „Werden Sie Fan, und erhalten Sie Lieferung versandkostenfrei".

Ähnlich erfolgversprechend ist die Veranstaltung von Gewinnspielen. Wettbewerbe und Gewinnspiele sind ein Turbo für die Gewinnung neuer Fans. Verlosen Sie z. B. Karten für die nächsten Veranstaltungen, Probierpakete, Rabattcoupons oder Betriebsbesichtigungen. Beachten Sie in diesem Zusammenhang die Promotionsrichtlinien von Facebook (www.facebook.com/page_guidelines.php).

Natürlich können Sie auch Fans gewinnen, indem Sie kostenpflichtige Werbeanzeigen „gesponsorte Meldungen" für Ihre Fanpage schalten. Dabei bezahlen Sie entweder, wenn auf eine Anzeige geklickt wird (CPC), oder für die reine Einblendung Ihrer Anzeige (CPM). Auf der Seite www.Facebook.com/business/ads finden Sie dazu weiterführende Informationen und die Möglichkeit, eine solche Kampagne einzurichten. Ein großer Vorteil gegenüber den meisten anderen Werbemöglichkeiten ist die sehr genaue Eingrenzung der Zielgruppe inklusive deren Vorlieben. Facebook hat sehr genaue Daten über seine Nutzer. Diese können Sie sich mit einer Anzeige zunutze machen. Ich empfehle Ihnen bei einer Anzeigenschaltung, auf der CPC-Basis abzurechnen und verschiedene Maximalgebote zu testen.

Wenn Sie weiterführende Informationen benötigen und Fragen haben, hat Facebook eine umfangreiche Hilfefunktion für die Erstellung von Werbeanzeigen erstellt. Diese finden Sie, wenn Sie den Link www.facebook.com/help/326113794144384/ aufrufen. Alternativ können Sie auch das Verkaufsteam von Facebook kontaktieren (www.Facebook.com/business/contact.php). Beachten Sie bitte, dass nahezu alle Empfehlungen zum Einsatz von Anzeigen über das GOOGLE ADWORDS-Werbeprogramm auch für die Facebook-Anzeigen gelten.

Inzwischen gibt es auch für Facebook-Anzeigen spezialisierte Agenturen, die Ihnen bei der Erstellung behilflich sind. Bevor Sie jedoch Facebook-Anzeigen buchen oder eine Agentur damit beauftragen, rate ich Ihnen, erst einmal alle Möglichkeiten, die in diesem Kapitel beschrieben sind, zu nutzen, um Fans für Ihre Seite zu gewinnen.

Die vielleicht wichtigste Empfehlung für die Gewinnung zahlreicher und loyaler Fans über Facebook aber ist:

Produzieren Sie regelmäßig einen Mehrwert für Ihre Fans.

Welche Inhalte sollten Sie also auf Ihrer Fanpage posten? Veröffentlichen Sie „gute" Inhalte, wie Dirk Würtz im Interview bereits angesprochen hat. Fotos und Videos kommen bei Nutzern besonders gut an und werden von Facebook anscheinend auch bevorzugt, um sie im Newsfeed der Nutzer darzustellen. Machen Sie es sich zur festen Aufgabe, mehrmals pro Woche über sich und Ihre Arbeit zu schreiben. Beachten Sie bitte, dass in den sozialen Medien die Werbesprache und permanente Werbebotschaften zu vermeiden sind.

Machen Sie Ihr Weingut oder Ihre Weinhandlung gläsern, und lassen Sie die Fans an dem gesamten Produktionsprozess teilhaben. Posten Sie alle Details des Vorgangs – von den ersten Blättern am Weinstock bis hin zur Abfüllung. Seien Sie persönlich und emotional, zeigen Sie Bilder von Ihrem Betrieb, von sich und Ihren Mitarbeitern und von Ihrer Arbeit.

Stellen Sie sich vor, Sie interessieren sich für ein spezielles Auto, das Ende des Jahres herauskommen soll. Sie informieren sich über dieses Fahrzeug, besuchen die Website des Herstellers und werden schließlich Fan der Facebook-Seite der Marke bzw. des Autos. Nehmen wir an, Sie erfahren so als Fan in der Folge alles über den Entwicklungsprozess. Regelmäßig erhalten Sie Updates mit Fotos, Neuigkeiten und interessanten Berichten rund um das Auto. Wie stark werden Sie nach einigen Wochen oder Monaten mit diesem Fahrzeug emotional verbunden sein? Wird ein Mitbewerberprodukt, dessen Neuerscheinung Sie lediglich in Anzeigen oder im Fernsehen gesehen haben, einen vergleichbaren Stellenwert erreichen?

Noch stärker wird die Bindung Ihrer Fans an Ihre Marke oder Ihre Produkte, wenn Sie sie in den Kommunikationsprozess einbinden. Beziehen Sie sie in kleinere Entscheidungen des Unternehmens mit ein. Welche Farbe soll z. B. das Etikett der neuen Cuvée erhalten? Dieses Vorgehen bezeichnet man als Crowdsourcing. Sie sehen: Das Produzieren eines Mehrwerts für Ihre Fans muss nicht aufwendig oder schwierig sein.

Veröffentlichen Sie z. B. ein Spargelrezept, das in Ihrer Familie seit Generationen Tradition hat, und verweisen Sie auf die perfekte Kombination mit Ihrem Wein ABC, der bis zum Datum XY zum Vorzugspreis bestellt werden.

Schreiben Sie aber bitte nicht eine Zeile über das Rezept und sieben über Ihren Onlineshop. Stellen Sie den Nutzen und Mehrwert Ihres Produkts heraus und sagen Sie, weshalb dieser Wein besonders gut zu dem Rezept passt; niemand nimmt Ihnen übel, wenn Sie dadurch auch Werbung für Ihren Wein machen.

Seien Sie kreativ! Nutzen Sie z. B. alle saisonalen und vor allem regionalen Ereignisse und Feiertage. Veröffentlichen Sie dazu ein paar interessante Hintergrundinformationen, und setzen Sie so subtil Ihr Produkt in Szene.

Diese Art von Beiträgen wird gerne von Ihren Fans mit deren Freunden geteilt, d. h. diese verteilen den Link bzw. den Beitrag über ihr eigenes Profil. Dadurch wird Ihr Beitrag wiederum den Freunden Ihrer Fans angezeigt. So schöpfen Sie das Potenzial und die Reichweite von Facebook optimal aus.

Knüpfen Sie auch Allianzen mit Ihren Lieferanten, Partnern und Kunden. Empfehlen Sie deren Fanpage bzw. deren Beiträge weiter, und bitten Sie sie ebenfalls um eine Empfehlung oder Verlinkung.

4.2.3 Veranstaltungen auf Facebook erstellen

Im Administrationsbereich im Menüpunkt „Anwendungen", Unterpunkt „Veranstaltungen", können Sie Veranstaltungen einstellen und Ihre Fans darüber informieren und dazu einladen. Stellen Sie hier jede Veranstaltung ein, an der Sie teilnehmen, ganz gleich, ob es sich um eine große Messe handelt oder ob Sie den Wein auf dem lokalen Feuerwehrfest stellen.

Nennen Sie aber auch wichtige Veranstaltungen von Partnern und Lieferanten. Schreiben Sie, in welchem Verhältnis Sie zu dieser Veranstaltung stehen. Nutzen Sie auch die Möglichkeit, auf Ihrer Fanpage Videos und Fotos zu veröffentlichen. Gehen Sie dazu auf „Fotos", und erstellen Sie ein „Album", z. B. „Unser Weinberg". Danach laden Sie die gewünschten Fotos oder Videos hoch. Geben Sie hier umfangreichen Einblick in Ihre Arbeit, und zeigen Sie, wo Sie vertreten sind. Ob Weinfest, Weinberg, Produktpräsentation oder Firmenjubiläum: Bilder und Videos machen Ihr Unternehmen und Ihr Produkt emotional erlebbar.

Abschließend noch eine Anmerkung zur Wichtigkeit von Facebook für Ihr Weinmarketing: Facebook ist nicht nur eine gute Plattform und dient nicht nur dazu, damit Sie sich besser mit Ihren Kunden vernetzen können, sondern ist – wie im Kapitel Suchmaschinenoptimierung angedeutet – ein sehr wichtiger Ranking-Faktor für Ihre Position in den Suchergebnissen der GOOGLE-Websuche.

4.2.4 Experteninterview: Thomas Hutter

Thomas Hutter
Hutter Consult GmbH
Weidlistrasse 10
CH-8356 Ettenhausen
E-Mail: mail@thomashutter.com

Thomas Hutter ist Inhaber und Geschäftsführer der Hutter Consult GmbH und berät mit seinem Team Unternehmen, Organisationen und Agenturen in der Schweiz, Deutschland und Österreich zu den Themenbereichen Facebook-Marketing und Social Media. Darüber hinaus ist er Dozent zum Thema Facebook-Marketing an der Hochschule für Wirtschaft Zürich (HWZ), an der Zürcher Hochschule für angewandte Wissenschaften (ZHAW), an der Hochschule für Technik und Wirtschaft in Chur (HTW), an der Fachhochschule Nordwestschweiz (FHNW) sowie für namhafte weitere kommerzielle Anbieter in Deutschland, Österreich und der Schweiz tätig.

Herr Hutter, Facebook ist ein Massenphänomen über alle Altersklassen und soziale Schichten hinweg geworden. Welche Chancen sehen Sie für einen Winzer oder Weinhändler, wenn er sich oder sein Unternehmen auf Facebook präsentiert?

Dem Winzer oder Weinhändler bieten sich die gleichen Chancen wie den meisten Unternehmen, die mit Facebook arbeiten möchten. Facebook ist eine außerordentlich gute Plattform, um mit Kunden Dialoge zu führen. Die niederschwellige und unkomplizierte Funktionalität vereinfacht und ermöglicht die Kommunikation auf Augenhöhe mit dem Kunden. Meinungen von Kunden können auf eine einfache Art und Weise eingeholt werden, gleichzeitig bestehen sehr gute Möglichkeiten für die Vermarktung und die Präsentation von Produkten oder die Verbreitung von Neuigkeiten. Dank der vielseitigen Kommunikationsmöglichkeiten und der Involvierung des Freundesnetzwerks können Betreiber von Facebook-Seiten hervorragend von Weiterempfehlungsmarketing und „Mundpropaganda" profitieren.

Facebook ist nicht nur ein interessantes Medium für die Pflege und Intensivierung der Kundenbeziehung, sondern bietet auch die Chance, neue Kunden für das Unternehmen zu begeistern. Welche Strategie halten Sie für zielführend, wenn ein Winzer oder Händler neue Kunden oder Wiederverkäuferkontakte gewinnen möchte?

Sicherlich dürften Facebook-Ads aufgrund der sehr feinen Zielgruppenauswahlmöglichkeiten erfolgsversprechend sein; über die Werbeanzeigen können die Facebook-Seite oder aber auch die Website beworben werden. Eine Facebook-Seite bietet alle notwendigen Funktionen für eine niederschwellige Kommunikation. Facebook bietet allerdings nicht nur in seinem Netzwerk hervorragende Möglichkeiten, auch auf der eigenen Website können Tools in Verbindung mit Facebook genutzt werden. Neben dem bekannten „Gefällt mir"-Button bietet Facebook weitere interessante Möglichkeiten, die Verbreitung der Website zu fördern oder Besucher besser auf der Website zu führen. Z. B. Empfehlungen, aber auch die Kommentarfunktionen haben sehr viel Potenzial.
Die Facebook-Adresse gehört heute für nahezu alle Firmen dazu wie ihre E-Mail- oder Website-Adresse und wird den Kunden somit als Anlauf- und Kommunikationsfläche geboten.

Welche Möglichkeiten hat der Winzer oder Weinhändler darüber hinaus noch, Fans für seine Facebook-Fanpage zu gewinnen?

Grundsätzlich kann die Facebook-Adresse in allen Off- und Onlinemedien eingesetzt werden. Facebook-Ads bieten gute Möglichkeit für die Fangewinnung. Spezielle Promotions, aber auch Gutscheine über Facebook oder gut durchdachte Gewinnspiele können für den Fanaufbau eingesetzt werden. Wichtig ist allerdings, dass Facebook komplett und fest in den Marketingmix integriert und nicht als separates Medium gesehen wird. Facebook sollte in jedem Fall ganzheitlich betrachtet und die Maßnahmen auf mittel- bis langfristige Ziele ausgerichtet werden.

Facebook hat mit GOOGLE+ einen prominenten Gegenspieler erhalten. Worin sehen Sie die Vor- bzw. Nachteile dieser beiden Medien, und welchen Kanal würden Sie als Winzer oder Weinhändler bevorzugen?

Ich bin noch nicht davon überzeugt, dass GOOGLE+ ein Erfolg wird. Aktuell ist die Anzahl der Nutzer auf GOOGLE+ noch sehr eingeschränkt. Die Early Adopter, mehrheitlich aus der Kommunikationsbranche, nutzen bereits GOOGLE+, die große Masse allerdings (noch) nicht. Beide Medien haben ihre Vor- und Nachteile. Ein aktueller Vorteil von GOOGLE+ ist sicherlich die Übersichtlichkeit und Einfachheit der Plattform, ob dies allerdings zukünftig, nach der Integration von weiteren Funktionen nach wie vor der Fall ist, bleibt abzuwarten. Der große Vorteil von Facebook ist die riesige Nutzerschaft, unabhängig von Alter, Bildungsgrad und Herkunft. Ein riesiger Vor- und gleichzeitig Nachteil sind sicherlich die schnellen Entwicklungen und laufenden Neuerungen an der Plattform. Spontan würde ich Facebook klar bevorzugen, allerdings sollte auch GOOGLE+ nicht aus den Augen gelassen werden; niemand weiß, in welche Richtung sich die Plattform bewegt.

Was sind Ihre Top-Ten-Tipps für ein erfolgreiches Facebook-Marketing für Winzer oder Weinhändler?

Meine Top-Ten-Tipps (Reihenfolge nicht maßgebend):

- *Setzen Sie Ihre Kunden ins Zentrum Ihres Handelns auf Facebook. Bringen Sie Ihre Kunden dazu, sich einzubringen, Kritik zu üben, Vorschläge zu machen. Nehmen Sie Ihre Facebook-Fans ernst.*
- *Seien Sie proaktiv. Überraschen Sie Ihre Nutzer mit guten Ideen und abwechslungsreichen und relevanten Inhalten, und sorgen Sie für Kontinuität.*
- *Stellen Sie Fragen, und hören Sie gut zu. Ziehen Sie Rückschlüsse.*
- *Betrachten Sie Facebook nicht als Werbekanal.*
- *Integrieren Sie Facebook als festen Bestandteil in Ihren Marketingmix.*
- *Seien Sie transparent, ehrlich und authentisch.*
- *Befassen Sie sich intensiv mit Facebook und den damit verbundenen Möglichkeiten.*
- *Setzen Sie Facebook-Ads ein.*
- *Halten Sie sich an die Richtlinien von Facebook (z. B. Altersbeschränkungen für Alkohol).*
- *Veranstalten Sie nur Gewinnspiele, die den Richtlinien (Promotion Guidelines) von Facebook entsprechen und zu Ihrer Zielgruppe passen.*

Sie bieten in Ihrem Blog www.thomashutter.com interessante Seminare zum Thema Facebook-Marketing und Beratungen für Facebook-Strategien für Unternehmen an. Welche Dienstleistung kann der Winzer oder Händler von Ihnen erwarten, und welches Budget sollte er investieren wollen?

Mein Team und ich bieten maßgeschneiderte, individuelle Dienstleistungen im Bereich Strategie, Konzeption und Coaching an. Wir betrachten uns nicht als typische Agentur, vielmehr als Berater für den effizienten Einsatz von Social Media mit Schwerpunkt Facebook. Im Vordergrund unseres Handelns stehen der Nutzen für unseren Kunden und das Erreichen der gesetzten Ziele.
Unsere Dienstleistungen beginnen ab ca. 4.000 Euro und sind abhängig von Umfang, Zielsetzung und Art der Bedürfnisse. Der typische Kunde von Hutter Consult möchte erfolgreich und nachhaltig Social Media einsetzen und stellt dafür ein entsprechendes Budget zur Verfügung.

Herr Hutter, vielen Dank für das Gespräch.

4.3 Das Businessnetzwerk XING

XING ist ebenfalls eine soziale Plattform und ein weiterer interessanter Kommunikationskanal für Ihr Weinmarketing. Die Funktionsweise, Zielgruppe und die Art und Weise des Netzwerkens auf XING unterscheiden sich deutlich von Facebook. So ist XING als reine Profiplattform ausgelegt, bei der die Schwerpunkte auf Kontaktanbahnung, Gedankenaustausch, Aufträgen, Kooperationspartnern, fachlichem Rat und Geschäftsabschlüssen liegen. Kontakte kommen also nur zwischen Geschäftspartnern und solchen, die es werden wollen, zustande. Private Kontakte wie bei Facebook gibt es nicht. Dabei besteht sowohl die Möglichkeit der 1:1-Kommunikation (Unternehmer 1 kontaktiert Unternehmer 2) wie auch der 1:n-Kommunikation (Unternehmer richtet sich über Gruppen an mehrere Unternehmer innerhalb einer offenen oder geschlossenen Gruppe).

Somit ist XING praktisch die Online-Alternative realer Business-Clubs. Der Grundgedanke ist jedoch gleich: empfehlen und empfohlen werden. Geschäfte werden zwar immer noch auf dem Golfplatz gemacht, aber zunehmend auch online, z. B. auf XING.

Sie brauchen einen neuen Lieferanten für Ihre Verpackungen? Dann haben Sie mehrere Möglichkeiten. Sie können z. B. das Branchenbuch studieren oder einen Winzer aus Ihrem Verband um Rat bitten. Mit XING können Sie dies auch. Mit dem Unterschied, dass Sie aus tausenden Kollegen aussuchen können, auch wenn Sie nicht persönlich bekannt sind. Denn man ist ja im selben Netzwerk: XING.

Abb. 19: Internetangebot der XING AG

Inzwischen nutzen XING mehr als 11,7 Millionen Menschen weltweit. In dem für uns interessanten Bereich Deutschland, Österreich und Schweiz sind es laut Unternehmensangaben ca. fünf Millionen. XING ist damit das größte deutsche Businessnetzwerk. Wenn Sie Mitglied von XING sind, können Sie sich darüber hinaus in mehr als 50.000 Gruppen austauschen oder auf einem lokalen XING-Event persönlich treffen.

4.3.1 Die XING-Mitgliedschaft

Es gibt keine Zugangsvoraussetzungen, jeder kann Mitglied bei XING werden. Dabei bietet XING drei verschiedene Arten von Mitgliedschaften an: die kostenfreie Basis-Mitgliedschaft, die einige Basisfunktionen enthält, und die Premiumvariante mit erweitertem Funktionsangebot. Darüber hinaus gibt es eine Recruiter-Mitgliedschaft für Personalverantwortliche. Für uns sind jedoch nur die Basis- und die Premiummitgliedschaft von Bedeutung. Die folgende Grafik zeigt die wesentlichen Funktionsunterschiede der beiden Varianten:

Abb. 20: Mitgliedschaften im Vergleich, XING (März 2012)

Um XING sinnvoll zu nutzen, empfehle ich Ihnen die Premium-Mitgliedschaft. Den aktuellen Preis dafür erfahren Sie auf der Interseite von XING (www.XING.com/de/). 2012 lag der Preis für die Premium-Mitgliedschaft deutlich unter 100 Euro pro Jahr. Selbstverständlich können Sie sich auch erst für eine kostenlose Basis-Mitgliedschaft entscheiden und später Ihre Mitgliedschaft erweitern. Sofern Sie noch nicht Mitglied bei XING sind, empfehle ich Ihnen, sich auf jeden Fall kostenlos zu registrieren und dann gleich ein Profil anzulegen. Ihr Profil ist eine Art Micro-Website und enthält alle Informationen über Ihre Person. Es ist somit nicht der Auftritt Ihres Weinguts oder Ihrer Weinhandlung, sondern Ihr Personenprofil.

Aus meiner Sicht ist das kostenlose Basis-Unternehmensprofil ein guter Einstieg und bietet alle Optionen, die für Ihr Weingut oder Ihr Geschäft notwendig sind. Ein späteres Upgrade des Profils ist zu jeder Zeit möglich. Richten Sie das Unternehmensprofil je nach Bedarf ein. Für das aktive Netzwerken in XING ist das persönliche Profil das Mittel der Wahl, weswegen wir uns nun ausführlich mit Ihrem persönlichen XING-Profil beschäftigen.

XING bietet aber auch Unternehmensprofile an. Hier haben Sie die Wahl zwischen drei verschiedenen Varianten:

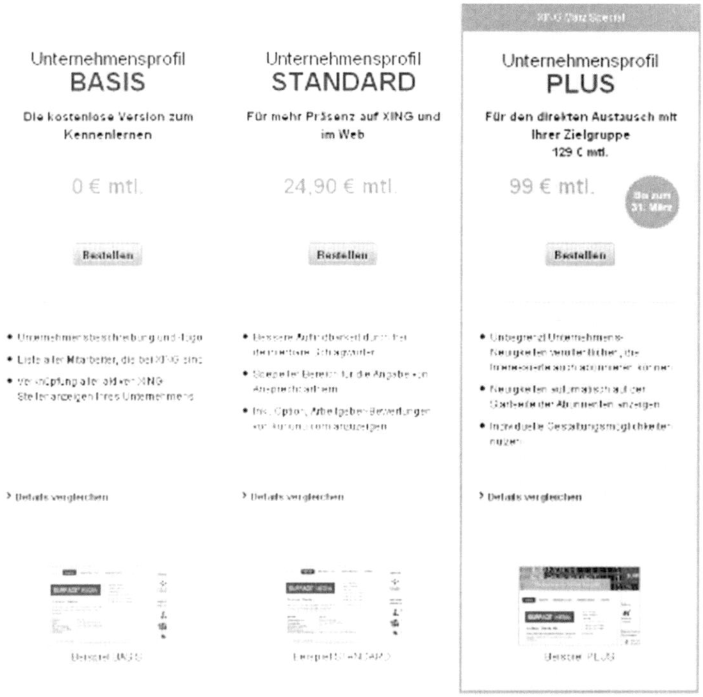

Abb. 21: XING-Unternehmensprofile
www.xing.com/companies/contract/select_package

4.3.2 Ihr XING-Profil – Foto

Natürlich gilt auch bei XING, was in allen anderen sozialen Netzwerken gilt: Zuerst ist es erforderlich, dass Sie investieren, bevor Sie messbare Ergebnisse oder realen Ertrag erzielen können. Die wichtigste Investition ist, ein seriöses Profil zu erstellen. Dabei sollten Sie dem Profilfoto ausreichende Aufmerksamkeit schenken, denn Profile mit einem aussagekräftigen Foto werden häufiger aufgerufen als Profile ohne Bild. Ihr Foto vermittelt anderen Mitgliedern einen ersten Eindruck von Ihnen, und wie im „echten" Leben ist der erste Eindruck meist der wichtigste. Ihr Portraitfoto sollte 140 x 185 Pixel groß sein und in einem der Dateiformate JPG, PNG, BMP oder GIF vorliegen.

Wenn ein gutes Foto Ausschlag über Erfolg oder Misserfolg in den sozialen Netzwerken und im Speziellen auf XING geben kann, müssen wir uns intensiver mit der Frage beschäftigen: Was genau ist ein gutes Profilfoto, und welche Auswirkungen hat das Bild auf mögliche Kontakte, Aufträge oder Geschäftsanbahnungen? Dazu kommt ein Experte zu Wort, der sowohl aus der Sicht eines Profifotografen als auch eines Marketingfachmanns berichten kann.

4.3.3 Experteninterview: Armin Dörr

Armin Dörr
Lindwurmstraße 177
D-80337 München
E-Mail: info@armindoerr.de
Internet: www.armindoerr.de

Armin Dörr arbeitet als freier Fotograf, Marketingberater, Bildredakteur und Fotocoach in München. Als diplomierter Kaufmann weiß er, worauf es im Businessbereich ankommt. Deshalb schätzen namhafte Firmen und erfolgreiche Unternehmer seine Fähigkeiten, die Fotografie in das Business mit einzubinden.

Herr Dörr, es heißt, ein Bild sage mehr als tausend Worte. Ein Foto kann den Unterschied ausmachen, ob man als Bewerber oder Geschäftspartner ausgewählt wird oder nicht. Auf Businessplattformen wie XING oder auch Facebook und GOOGLE+ kann ein gutes Foto die Entscheidung bringen, ob ich mit dieser Person zusammenarbeite oder ihr den Auftrag verwehre. Stimmen Sie dieser Aussage zu?

Absolut. Ein gutes Foto ist nicht alles, aber ohne ein gutes Foto ist alles andere nichts. Der Hauptvorteil an einem guten Foto ist, dass man es nicht kopieren kann, und es ist schon vor Vertragsabschluss wirksam.

Haben Sie Tipps, wie ein Winzer selbst gute Fotos machen kann? Worauf sollte man achten?

Portraits fotografiert man nicht in der prallen Sonne, sondern im Schatten oder milder Abend- bzw. Morgensonne. Achten Sie auf einen gleichmäßigen, ruhigen Hintergrund. Positionieren Sie den Kopf nicht mittig, sondern zum Rand hin versetzt. Auch wenn es heller Tag ist, verwenden Sie den eingebauten Blitz und eine lange Brennweite (viel Zoom). Versuchen Sie auch mal das Quer- anstelle des Hochformats.

Nicht nur für sogenannte Profilbilder sind gute Fotos von Bedeutung. Auch die Darstellung des Unternehmens bzw. des Betriebs auf einer Internetseite lässt tief blicken und trägt dazu bei, dass sich der Betrachter ein Bild vom Unternehmen macht. Welche Tipps können Sie hierzu geben?

Innenaufnahmen macht man am besten mit einem Stativ und ohne Blitz. Achten Sie darauf, die Kamera nicht zu stark nach oben oder unten zu schwenken, denn das gibt schiefe Linien. Bei Außenaufnahmen gilt dasselbe. Hinzu kommt hier noch die optimale Tageszeit. Hartes Sonnenlicht ist auch für Gebäude nicht schön. In der Dämmerung, wenn innen schon die Lichter an sind, ist es oft am stimmungsvollsten.
Man darf aber nicht zu viel von selbst erstellten Fotos erwarten. Von einem Profifotografen darf man das allerdings schon.

Sie bieten als Fotograf die professionelle Darstellung des Unternehmens sowie der Personen an. Mit welchen Kosten muss ein Winzer oder Händler rechnen, und welche Vorteile hat er dadurch?

Preise ändern sich natürlich im Laufe der Zeit, aber Unsummen sind es nicht. Ich mache gern unverbindliche Angebote, und ein Winzer wird das investierte Geld schnell wieder durch gute Fotos hereingeholt haben. Denn Fotos schaffen Vertrauen beim Konsumenten. Welchen Wein würden Sie lieber kaufen? Den anonymen aus dem Supermarkt oder den, von dem Sie Fotos aus der Herstellung kennen? Ich trinke lieber Wein, von dem ich die Hintergründe kenne und gesehen habe.

Herr Dörr, vielen Dank für das Gespräch.
ARMIN DOERR PHOTOGRAPHY ist verantwortlich für das Autorenfoto auf der Rückseite dieses Buchs.

4.3.4 Ihr XING-Profil – Information

Sofern Sie kein aktuelles Profifoto zur Hand haben, begeben Sie sich bitte in die Hände eines Profifotografen. Diese Investition wird sich für Ihr Weinmarketing lohnen, denn Sie benötigen ein aussagekräftiges Foto nicht nur für Ihr XING-Profil, sondern auch für die meisten anderen sozialen Portale. Aber auch Ihre Website, Ihre Flyer oder Prospekte gewinnen mit einem guten Bild und werden dadurch persönlicher.

Außer dem Profilfoto haben Sie die Möglichkeit, zu folgenden Bereichen Informationen zu hinterlegen:

1. Über mich
2. Persönliches
3. Berufserfahrung
4. Referenzen und Auszeichnungen
5. Ausbildung
6. Web
7. Kontaktdaten

Nutzen Sie die jeweiligen Bereiche, denn jede Information kann für einen möglichen Geschäftspartner eine wichtige Entscheidungsgrundlage für eine zukünftige Zusammenarbeit sein. Sie signalisieren mit einem vollständig ausgefüllten Profil Professionalität und erhöhen damit die Qualität Ihres Profils und die Chance, von relevanten Personen gefunden zu werden. Ihre Angaben können Sie jederzeit mit der Funktion „Bearbeiten" editieren. Vergessen Sie bitte nicht, die Änderungen am Ende zu speichern.

Führen Sie genau auf, was oder wen Sie suchen (z. B. neue Vertriebswege, Gastronomen, Spitzenköche, Kunden, Händler, Importeure, Ladenlokal Düsseldorf usw.) und was Sie bieten (z. B. Biowein aus der Lage XYZ, Diabetikerweine, Weinsachverständiger für ABC usw.). Denken Sie dabei auch an Ihre Unternehmens- oder Markenstrategie und mögliche definierte Keywords. Machen Sie auch Angaben zu Ihren Mitgliedschaften in anderen Organisationen, z. B. Südliche Weinstraße e.V., Bund Deutscher Oenologen e.V. usw. Je mehr Informationen Sie eintragen, desto besser werden Sie gefunden.

Auf der „Über mich"-Seite können Sie zusätzliche Informationen über sich einstellen. Nutzen Sie sie z. B. für Ihre persönlichen Unternehmens- oder Produktseiten. Diese Seite bietet erheblichen Gestaltungsspielraum, da sie im HTML-Format angelegt werden kann.

Selbstverständlich sollten Sie im Bereich Web alle Ihre Websites erfassen, ganz egal, ob diese Ihre Firmen-Websites oder ein Fachblog sind. Dazu gehören natürlich auch alle Profile bei anderen Portalen wie z. B. Facebook usw. Wählen Sie aus den vorgegebenen Diensten aus, und tragen Sie die entsprechende Internetadresse ein, unter der Sie dort erreichbar sind. Um einen weiteren Eintrag hinzuzufügen, klicken Sie bitte auf das Pluszeichen. Sie können bestehende Einträge jederzeit verändern oder mittels des Minuszeichens löschen.

Ein schöner Effekt eines vollständigen und keywordoptimierten Profils ist die Erreichbarkeit und gegebenenfalls die prominente Platzierung bei Suchmaschinen. Ihr Profil wird, wenn Sie dies gemäß Ihren Einstellungen unter dem Punkt „Privatsphäre" erlauben, als Suchtreffer bei den Suchmaschinen gelistet.

4.3.5 Kontakten mit XING

Wenn Sie Ihr Profil vervollständigt haben, ist es an der Zeit, bestehende Kontakte zu informieren und neue hinzuzufügen. Durch die hohe Popularität von XING ist die Wahrscheinlichkeit groß, dass Sie etliche Ihrer bestehenden Geschäftspartner, z. B. Kunden oder Dienstleister, auf XING wiederfinden. Mit der Suchfunktion können Sie prüfen, wer aus ihrem Umfeld schon bei XING registriert ist. Bei der Schnellsuche, die sich in der oberen rechten Ecke jeder Seite befindet, handelt es sich um eine Stichwortsuche. Alle eingegebenen Suchwörter werden mit allen Feldern eines Profils abglichen. Als Ergebnis bekommen Sie ausschließlich Profile angezeigt, in denen alle eingegebenen Begriffe enthalten sind. Wenn Sie einen bestimmten Ausdruck suchen, der aus mehreren Wörtern besteht, sollten Sie die Begriffe in Anführungszeichen setzen (z. B. „Weinhandlung Berlin"). Auf diese Weise bekommen Sie nur Profile angezeigt, in denen genau diese Kombination enthalten ist.

Mit der erweiterten Suche, die sich direkt neben dem Suchfeld befindet, können Sie den Bereich einschränken:

- Mitglieder
- Jobs
- Events
- Unternehmen

In der Suchmaske der erweiterten Suche haben Sie die Möglichkeit, noch spezifischer in bestimmten Kategorien wie z. B. Name, Firma, Ort, geschäftlich, Person sucht, Person bietet usw. zu suchen.

Nun können Sie gefundene Mitglieder als Kontakte hinzufügen. Der Kontakt wird erst dann wirksam, wenn die andere Person den Kontakt bestätigt. Gleiches gilt für eine Kontaktanfrage, die an Sie gerichtet ist; auch diese muss von Ihnen bestätigtet werden.

XING bietet eine übersichtliche Kontaktverwaltung im Bereich „Meine Netzwerke" – „Meine Kontakte". Hier wird in folgende Punkte unterteilt:

- Kontakte
- Kontaktanfragen
- Gemerkte Personen
- Abos

4.3.6 Netzwerken mit XING

Die Kontaktanbahnung mit unbekannten Personen oder Unternehmen erfordert ein wenig Fingerspitzgefühl. Trotzdem ist sie erheblich einfacher und effektiver als telefonische oder schriftliche Kaltakquise. Bevor Sie jemanden kontaktieren, überlegen Sie sich genau, wen Sie wie und warum ansprechen. Individualisieren Sie Kontaktanfragen mit persönlicher Anrede und indem Sie sich auf das Profil der Person oder einen gemeinsamen Kontakt beziehen. Eine Kontaktaufnahme über „Kontakte Ihrer Kontakte" könnte z. B. so aussehen:

Sehr geehrter Herr Gastronom Muster,

Herr Meier aus Stuttgart hat mir erzählt, dass er Sie seit Jahren mit Tischdecken beliefert.

Herr Meier und ich arbeiten bereits seit einiger Zeit erfolgreich und vertrauensvoll zusammen. Wir haben hochwertige Produkte XY, mit denen Sie Vorteil 1 und Vorteil 2 und damit Lösung 1 und Lösung 2 erreichen.

Ich würde mich freuen, wenn wir uns auf XING vernetzen und gemeinsame Interessen beleuchten würden.

Mit einer höflichen Ansprache und der Information, warum Sie Herrn Muster kontaktieren und welche Vorteile er davon hat, haben Sie eine gute Chance, ihn als Kontakt zu gewinnen.

Ein Kontakt ist allerdings noch kein Geschäftspartner. Sie müssen diesen Kontakt weiterhin intensiv pflegen, um daraus einen Geschäftspartner zu entwickeln und somit Umsatz zu generieren oder Empfehlungen zu erhalten. Hier liegt der große Vorteil von XING: Im realen Geschäftsleben wäre diese Kontaktaufnahme und -pflege erheblich schwieriger, aufwendiger und teurer.

Wenn Sie eine Kontaktanfrage erhalten, überlegen Sie sich im Umkehrschluss, ob Sie diese bestätigen wollen und welche Ihrer Profildaten Sie dieser Person freigeben möchten. Nutzen Sie unbedingt die Möglichkeit, Kategorien und Notizen für Ihre Kontakte zu vergeben, z. B. Händler, Gastronom, Endverbraucher usw. Nur so können Sie Ihre Kontakte zielgerichtet finden und qualifizieren.

Um Kontakte schnell zu erstellen, bietet XING die Möglichkeit, jemanden per E-Mail einzuladen oder Daten eines externen Adressbuchs zu importieren (z. B. GOOGLE MAIL-Webmailservice, Yahoo Mail, Hotmail, Microsoft Outlook oder Lotus Notes). Umgekehrt können Sie die kompletten Kontaktdaten Ihrer XING-Kontakte als CSV-Datei herunterladen und in Ihre Adressdatenbank oder Outlook importieren.

Um erst einmal unverbindlich mit jemandem in Kontakt zu treten, müssen Sie nicht gleich eine Kontaktanfrage versenden. Dazu reicht es, eine Nachricht an ein Mitglied zu schicken. Nutzen Sie diese Funktion, um mit anderen in Kontakt zu treten und Ihr Netzwerk weiter auszubauen, wenn Sie sich noch nicht sicher sind, ob Sie diese Person darin haben wollen.

4.3.7 XING-Gruppen

Eine weitere sehr gute Möglichkeit, neue Kontakte zu gewinnen, ist die Mitgliedschaft in einer der zahlreichen Gruppen. Im Bereich „Gruppen" können Sie nach entsprechend interessanten suchen und sich informieren. Oder Sie lassen sich eine Gruppe von einem Kontakt empfehlen. Auf der „Über diese Gruppe"-Seite der jeweiligen Gruppe können Sie einen Antrag auf Mitgliedschaft stellen. Klicken Sie dafür auf „Jetzt Mitglied werden". Einige Gruppen wünschen, dass Sie sich vorstellen oder einen Beitrittsgrund angeben, damit Sie von den Moderatoren freigeschaltet werden. Senden Sie Ihren Antrag dann durch einen Klick auf „Dieser Gruppe beitreten" an die Moderatoren der Gruppe.

Auf XING gibt es auch einige Regionalgruppen – auch in Ihrer Gegend. Diese verbinden die Vorteile von XING (Onlinenetzwerk) mit den Vorteilen realer Treffen.

4.3.8 XING-Links

XING bietet im Downloadbereich „Buttons" einen Link auf Ihr XING-Profil an. Einen Button oder auch nur einen Link als Text können Sie z. B. auf Ihrer Website im Kontaktbereich oder in Ihre Outlook-Signatur integrieren.
Sehen Sie hier die E-Mail-Signatur unseres XING-Experten Joachim Rumohr:
Viele Grüße
Joachim Rumohr

Sehen Sie:
Bücher, Hörbücher, DVD's und mehr: http://shop.rumohr.de
Tipps + Tricks: http://blog.rumohr.de
Seminare: http://www.XING-seminare.de

Friendsfactory 5. Etage, Königstrasse 28, 22767 Hamburg
XING: https://www.XING.com/profile/Joachim_Rumohr
Facebook: http://www.Facebook.com/JoachimRumohr
Twitter: http://Twitter.com/XINGexperte

Der Link zu Ihrem XING-Profil sollte von nun an auf jedem Online- und Offline-Medium genauso selbstverständlich wie Ihre Telefonnummer aufgeführt werden.

Statusmitteilungen auf XING

Wenn Sie einen neuen Beitrag bei Facebook oder Twitter schreiben, veröffentlichen Sie diesen auch als Statusmitteilung auf XING. Dadurch erweitern Sie Ihre Reichweite enorm und erreichen auch Kontakte, die auf anderen Plattformen wie z. B. Facebook nicht vorhanden sind.

Die Statusmeldungen auf XING sind denen auf Facebook bzw. Twitter teilweise ähnlich. Allerdings steht Ihnen dafür nur eine beschränkte Anzahl an Zeichen zur Verfügung. Links werden gekürzt, so dass Sie nur einige Zeichen haben, um wertvolle Informationen wie Termine oder neue Beiträge auf Ihrer Website usw. zu vermitteln. Sie finden die Statusmeldungen im Bereich „Aktivitäten". Hier können Sie die Art der Statusmitteilung weiter konkretisieren. Dafür stehen Ihnen folgende Bereiche zur Verfügung:

- Mitteilung
- Link
- Stellenangebot
- Umfrage

Sie können auch einstellen, dass Ihre Statusmitteilung auf XING zeitgleich als Meldung auf Twitter bzw. Facebook erscheint (siehe nächster Abschnitt). Somit haben Sie mit einer Eingabe mehrere Portale gleichzeitig bedient und die Reichweite der Meldung deutlich gesteigert. Diese Automatisierung können Sie auch über eine zusätzliche kostenfreie Software (Facebook-App) steuern. Importieren Sie z. B. mittels RSS Graffiti jede Twitter-Meldung auf Ihre Facebook-Seite, wobei XING zuvor Ihre Meldung auch auf Ihrem Twitter-Account veröffentlicht hat.

Der Ablauf der automatischen Veröffentlichung von XING auf Twitter und Facebook könnte dann folgendermaßen aussehen:

1. Posten der Statusmitteilung auf XING,
2. XING veröffentlicht Ihre Statusmitteilung auf Twitter (muss auf XING freigegeben werden),
3. RSS Graffiti postet Ihre Twitter-Tweets in Ihrer Facebook-Chronik.

Die Integration von RSS Graffiti ist sehr einfach:

1. Melden Sie sich bei Facebook an.
2. Öffnen Sie den Link https://www.Facebook.com/RSS.Graffiti.
3. Autorisieren Sie die Anwendung.
4. Stellen Sie ein, was, wo, wann und wie importiert werden soll (in diesem Fall Ihre Twitter-Meldungen).

RSS Graffiti liest dann mehrmals am Tag Ihren Twitter-Account aus und prüft, ob Sie Meldungen geschrieben haben. Ist dies der Fall, werden diese automatisch auf Ihrer Facebook-Seite veröffentlicht. Damit haben Sie mit sehr geringem Aufwand drei wichtige Kanäle bedient, was Ihnen Arbeitsschritte und somit Zeit und Geld spart. Wenn Ihnen dieses Vorgehen nicht zusagt, können Sie natürlich auch jedes Portal einzeln bedienen. Kontakte, die Sie in den unterschiedlichen Portalen deckungsgleich haben, werden es Ihnen möglicherweise danken.

4.3.9 XING-Events

Ähnlich wie bei Facebook haben Sie auch auf XING die Möglichkeit, Veranstaltungen zu organisieren bzw. daran teilzunehmen. Dabei haben Sie im Verhältnis zu Facebook aber deutlich umfangreichere Einstellungsmöglichkeiten. Sie können über XING sogar den kostenpflichtigen Ticketverkauf organisieren und auf die Dienstleistungen von XING und dessen Partnern zurückgreifen. Nutzen Sie diese kostenlose Funktion für alle Veranstaltungen, die Sie organisieren oder an denen Sie beteiligt sind. Laden Sie öffentlich ein – egal, ob Sie auf einer Weinmesse als Aussteller teilnehmen, eine Verkostung in der Buchhandlung am Marktplatz machen oder eine Kellerführung anbieten.

Zusammenfassend sehe ich als Hauptvorteil von XING gegenüber anderen Plattformen, dass Sie gezielt und genau nach anderen Personen und Unternehmen suchen und diese kontaktieren können.

Wenn Sie sich noch intensiver mit dem Businessnetzwerk XING beschäftigen wollen, beachten Sie die Empfehlungen für weiterführende Literatur und Seminare zum Thema XING auf der Seite www.Weinmarketing.org/XING.

4.3.10 Experteninterview: Joachim Rumohr

Joachim Rumohr
Büro Joachim Rumohr
(Friendsfactory – 5. Etage links)
Königstraße 28
D-22767 Hamburg
E-Mail: joachim@rumohr.de
Internet: www.rumohr.de

Joachim Rumohr ist Redner und Bestsellerautor und gilt als der XING-Experte Nr. 1 im deutschsprachigen Raum. Als Referent vertrauen ihm Kunden wie die Deutsche Telekom AG oder Procter & Gamble. In seinem Bestsellerbuch „XING optimal nutzen" gibt er sein Expertenwissen an die XING-Mitglieder weiter.

Herr Rumohr, welchen Nutzen haben Winzer oder Weinhändler von einer Mitgliedschaft im Businessnetzwerk XING?

XING ist ein Multifunktions-Werkzeug und eignet sich zur Mitarbeitergewinnung, zum Finden von Kooperationspartnern, für den Aufbau neuer Kundenverbin-

dungen, zum Festigen bestehender Beziehungen und selbstverständlich auch, um auf sich und sein Unternehmen aufmerksam zu machen.

XING ist eine B2B-Plattform. Welche Strategie halten Sie für zielführend, wenn ein Winzer oder Händler neue Wiederverkäuferkontakte gewinnen möchte?

Zunächst einmal muss das eigene Profil wirklich professionell sein. Hier werden häufig Fehler gemacht, wodurch viel Potenzial verschenkt wird. Je ausführlicher und aussagekräftiger das eigene Profil ist, desto eher wird man auf XING kontaktiert.
Der zweitwichtigste Schritt ist der Auf- und Ausbau des eigenen Netzwerks. Hier gilt es, alle bereits bestehenden Verbindungen auf XING zu bestätigen und das eigene Netzwerk beständig mit passenden Kontakten auszubauen.
Nach diesen ersten beiden wichtigen Schritten heißt es, aktiv zu werden, gezielt Interessenten anzusprechen, sich in Gruppen bekannt zu machen und Events zu besuchen oder gegebenenfalls auch zu sponsern.

Neben XING gibt es noch weitere interessante Plattformen wie GOOGLE+, Facebook oder Twitter. Was kann heute ein Winzer oder Weinhändler nur durch XING erreichen?

XING ist die einzige Plattform, auf der wirklich gezielt gesucht und kontaktet werden kann. Auf keiner anderen Plattform finde ich so ausführliche Profile und die Möglichkeit, direkt in den Kontakten meiner Kontakte zu suchen. Social Media mit Facebook, Twitter und GOOGLE+ kann man sich wie eine klassische Plakatwand vorstellen.
Natürlich ist es im Internet viel direkter, und ein Dialog mit den Besuchern ist möglich. Doch man hat wenig Einfluss darauf, ob die auf diesen Plattformen geteilten Inhalte von anderen auch wirklich gelesen werden. XING ist dagegen nur das Werkzeug zum Finden und für die erste Kontaktaufnahme. Alles Weitere muss und sollte dann im persönlichen Dialog stattfinden.

Sie bieten auf Ihrer Website www.XING-seminare.de interessante Seminare zum professionellen Einsatz von XING an. Was kann ein Winzer oder Weinhändler dort für seine tägliche Arbeit mit XING lernen?

Wir zeigen in unseren Seminaren vor allem die strategische Nutzung der Plattform, wie ich sie oben zum Teil schon angedeutet habe. Und dazu noch viele Funktionalitäten, die oft selbst langjährigen Nutzern nicht bekannt sind. Dass man beispielsweise gezielt in den Kontakten zweiten Grades suchen kann, ist nach wie vor weniger als einem Fünftel der XING-Mitglieder bekannt.

Zusätzlich kann man auf meiner Website www.rumohr.de/blog hunderte kostenlose Tipps bekommen und unter www.rumohr.de/shop Bücher, DVDs und Hörbücher zur optimalen Nutzung von XING erwerben.

Herr Rumohr, vielen Dank für das Gespräch.

4.4 Twitter – Weinmarketing mit 140 Zeichen

Twitter kommt aus dem Englischen und steht für Gezwitscher. Auf der Plattform Twitter, die 2006 gegründet wurde, gibt es bereits knapp eine halbe Milliarde Nutzer weltweit. Die auf twoblog.com erschiene Statistik „Some statistics on new Twitter accounts" relativiert allerdings diese beeindruckende Zahl. Zwar scheinen die Nutzerzahlen zu stimmen, jedoch ist eine große Anzahl der Profile inaktiv. Trotzdem halte ich Twitter für einen weiteren interessanten Kommunikationskanal für Ihr Weinmarketing, wenn auch mit einer geringeren Priorität.

4.4.1 Funktionsweise von Twitter

Twitter ist ein sogenanntes Microblogsystem, d. h. es werden Nachrichten (Tweets) mit einer Länge von maximal einhundertvierzig Zeichen von den Nutzern (Twitterer) veröffentlicht (twittern), gelesen (followen) und an Dritte weitergeleitet (retweeten). Die Nachrichten werden in chronologischer Reihenfolge angezeigt. Diesen Nachrichten- bzw. Meldungsfluss kann man sich wie ein elektronisches Tagebuch vorstellen. Vor- und Nachteil zugleich ist die Zeichenbeschränkung der Tweets. Dadurch sind alle Teilnehmer gezwungen, sich auf eine wesentliche Kernaussage, in der Regel verbunden mit einem Link auf die eigene Website oder die eines Dritten, zu fokussieren.

Ähnlich wie bei Ihrer Facebook-Fanpage müssen Sie auf Twitter Fans gewinnen, also Menschen, die Ihre Meldungen lesen. Diese werden auf Twitter Follower genannt. Jeder, der über ein Twitter-Konto verfügt, kann Ihnen also folgen, d. h. Ihre Informationen (Nachrichten) abonnieren, ohne dass Sie dafür Ihre Freigabe erklären müssen.

Gleiches gilt natürlich umgekehrt. Sie können die Informationen von anderen, z. B. dem Deutschen Weininstitut, bei Twitter abonnieren und somit Twitter als Informationsquelle nutzen oder die Aktionen Ihrer Mitbewerber beobachten. Das Deutsche Weininstitut finden Sie übrigens unter dem Nutzernamen „@weininstitut".

Diesen drei Begriffen werden Sie beim Umgang mit Twitter immer wieder begegnen:

- Follower: Leser, die Ihre Informationen bzw. Meldungen abonnieren
- Following/Folgen: das Abonnieren von Informationen eines anderen Twitter-Nutzers
- Freunde: sich gegenseitig folgende Twitter-Nutzer

Wie auch in den anderen sozialen Plattformen müssen Sie ein Twitter-Konto eröffnen, bevor Sie den Nachrichtendienst verwenden können. Ihr Konto kann mit einigen Informationen über Sie bzw. Ihr Unternehmen ausgestattet werden und stellt damit eine weitere Präsenz dar.

Falls Sie sich fragen, ob Sie mit Ihrem Unternehmen bei Twitter überhaupt vertreten sein sollten, erinnere ich Sie an die Möglichkeit der Verknüpfung mit Ihrem XING-Account. Wenn Sie auf XING ein Statusupdate schreiben, können Sie einstellen, dass dies auch auf Twitter veröffentlicht wird. Für den Fall, dass Sie Twitter nicht als eigenständige Plattform pflegen wollen, ist Ihre Investition also gering. Darüber hinaus ist die Informationsmöglichkeit über Twitter sehr vorteilhaft. Sie erhalten die abonnierten Informationen kontinuierlich und in kurzer Form, so dass Sie schnell entscheiden können, ob die jeweilige Meldung für Sie interessant ist oder nicht.

Grundsätzlich gilt: Wenn Sie sich für die Nutzung von Twitter entscheiden, müssen Sie das System pflegen und nutzen, um das Potenzial und die Möglichkeiten auszuschöpfen.

4.4.2 Ihr Twitter-Konto

Erstellen Sie ein neues Twitter-Konto, indem Sie entweder die Startseite von Twitter aufrufen (www.twitter.com) oder eine beliebige Seite eines Twitter-Nutzers, z. B. meine „private" unter www.twitter.com/schreckco oder meine geschäftliche unter www.twitter.com/WeinPlusNews

Abb. 22: privates Twitterkonto von Alexander Schreck (twitter.com/schreckco)

Bei der Neuanmeldung geben Sie Ihre persönlichen Daten ein. Ich empfehle Ihnen, Ihren tatsächlichen Namen und im nächsten Schritt als Benutzernamen Ihren Unternehmensnamen zu verwenden. Folgen Sie der Menüführung, und wählen Sie fünf Personen (Accounts) aus, denen Sie folgen wollen. Schließen Sie die Aktivierung Ihres Kontos durch die Bestätigungsmail von Twitter ab.

Bevor Sie starten, sollten Sie im Menüpunkt „Einstellungen" noch einige Punkte bearbeiten.
Wählen Sie im Bereich „Profil" ein Foto oder Ihr Firmenlogo, und laden Sie es auf Twitter hoch. Hier haben Sie auch die Möglichkeit, Namen und Standort zu bearbeiten und Ihre Website aufzuführen. Bitte nutzen Sie diese Möglichkeit, und schreiben Sie ebenfalls eine sinnvolle und gegebenenfalls keyword-optimierte „Bio" (Biografie/Kurzprofil). Dafür stehen Ihnen 160 Zeichen zur Verfügung.

Sie haben die Möglichkeit, Ihren Twitter-Account mit Ihrem Facebook-Account zu verbinden. Wenn Sie dies autorisieren, wird automatisch jeder Ihrer Tweets automatisch auch auf Ihrer Facebook-Seite veröffentlicht. Bitte beachten Sie, dass Sie hier keine Überschneidungen produzieren sollten. Diese Einstellung hat nur Sinn, wenn Sie nicht bereits andere Tools benutzen, z. B. das bereits vorgestellte Programm RSS Graffiti, da sonst Ihre Meldungen mehrfach veröffentlicht werden. Dies dürfte Ihre Kontakte und Freunde bald nerven, und Sie laufen Gefahr, dass Ihre Nachrichten als Spam wahrgenommen werden. Das gilt es unbedingt zu vermeiden.

Im Untermenüpunkt „E-Mail-Benachrichtigungen" ist als Standard eingestellt, dass Sie über alles per E-Mail informiert werden. Das ist für den Start gut, Sie sollten diese Funktion aber mit zunehmendem Umfang entsprechend anpassen.

Das Aussehen Ihrer Twitter-Seite können Sie im Untermenüpunkt „Design" verändern. Ich habe für Sie ein kostenfreies Tool getestet, mit dem Sie Ihr Twitter-Konto in Ihrem Corporate Design erscheinen lassen können: www.FreeTwitter-Designer.com. Bitte beachten Sie dabei die Nutzungsbedingungen.

Ihr Twitter-Konto ist damit einsatzbereit, Sie können jetzt loszwitschern. Nun stellt sich jedoch erneut die Frage: Was sollen Sie vermelden? Hier gilt das Gleiche wie auf Facebook und XING: Informieren Sie regelmäßig z. B. über den aktuellen Stand im Weingarten oder eine spezielle Aktion im Weinhaus. Denken Sie daran: Twitter ist wie alle sozialen Plattformen kein primärer Verkaufskanal. Bleiben Sie bei allen Tweets persönlich, und liefern Sie Inhalte mit Mehrwert. Trotzdem können und sollen Sie Meldungen zu Ihrem Unternehmen und Ihren Produkten veröffentlichen.

Nehmen Sie eine nette textliche Verpackung, und schreiben Sie auch regelmäßig über Ihre drei Ps:

- Prozesse
- Projekte
- Produkte

Was für Facebook gilt, gilt auch für Twitter: Informieren Sie über eigene und fremde Events, an denen Sie beteiligt sind, über Aktionen oder Wissenswertes rund um das Thema Wein. Je interessanter Ihre Nachrichten sind, desto höher ist die Wahrscheinlichkeit, dass sie gelesen oder noch besser, dass sie weitergeleitet bzw. geteilt werden. Dann erzielen Sie einen ungeheuren Hebel in puncto Reichweite.

Die Zeichenbeschränkung bringt es mit sich, dass sich einige Kürzel etabliert haben. Zwei wichtige Twitter-Kürzel sollten Sie kennen:

- Zitieren mit RT: RT am Anfang einer Nachricht steht für „Re-Tweet". Das bedeutet, dass ein Twitter-Nutzer den Beitrag eines anderen Nutzers kopiert, um diesen den eigenen Followern (Abonnenten) mitzuteilen. Wie oft Ihre Nachrichten zitiert werden, können Sie feststellen, indem Sie in der Timeline auf „retweets" klicken.
- Bezüge herstellen mit #: Finden sich am Ende einer Mitteilung einzelne Wörter in Verbindung mit dem Rautezeichen (#), z. B. „#Weinmesse_XY", werden diese als sogenannte Hashtags oder Schlagworte bezeichnet. Der Autor hat eine Mitteilung zur Weinmesse_XY und will mit dem Hashtag sicherstellen, dass andere Mitglieder diesen Begriff bei der Twitter-Suche leichter finden können.

Sie können Twitter mit Ihrem Smartphone auch mobil nutzen und direkt Ihre Twitter-Nachricht mit Bild versenden. Damit sind Ihre Kunden und Interessenten immer top-aktuell informiert und bauen eine echte Verbindung zu Ihnen auf.

Die besten Meldungen helfen nicht, wenn Sie keine Leser haben. Deshalb gilt im ersten Schritt: Wenn Sie sich für die Nutzung von Twitter entscheiden, gehört Ihre Twitter-Adresse nunmehr wie Ihre Internet-, E-Mail-, Facebook- oder XING-Adresse fest zum Bestandteil des Kommunikationsangebots Ihres Unternehmens und wird auf allen internen und externen Druckstücken sowie allen Online-Medien aufgeführt.

Für Ihre Website bietet Twitter Ihnen eine Reihe von kostenlosen Tools an, um Ihre Präsenz auf Twitter bekannt zu machen. Das Angebot reicht von Buttons für Ihre Website, die Sie per HTML-Code bequem einfügen können, bis hin zu frei verwendbaren Logos und Symbolen. https://twitter.com/logo. Dort finden Sie auch die „Richtlinien für Twitter-Markenzeichen und das Anzeigen von Inhalten".

Den sehr bekannten „Folge mir"-Button finden Sie hier: https://twitter.com/about/resources/buttons. Mit diesen Ressourcen machen Sie es Ihren Besuchern und Kunden auf Ihrer Website noch einfacher, Ihre Informationen, die Sie über Twitter publizieren, zu abonnieren. Wichtig: Informieren Sie Ihre Kontakte auf Facebook und XING über Ihr neues Kommunikationsangebot auf Twitter. Bitten Sie um Gefolgschaft und bieten diese ebenfalls an.

4.4.3 Twitter verwenden

Je nachdem, welche Anforderungen Sie an Twitter haben, können Sie oben im Suchfeld Begriffe eingeben, die Sie interessieren. Suchen Sie z. B. nach dem Begriff „Weinmesse", finden Sie sowohl Personenergebnisse zum Thema Weinmesse als auch Nachrichtenergebnisse zum Suchbegriff.

Ein Profil können Sie aufrufen, indem Sie den betreffenden Namen anklicken. Jeder Twitter-Benutzername ist auf der Plattform an einem vorgestellten @-Zeichen erkennbar. Über das Profil erhalten Sie weitere Informationen, z. B. wie viele Twitterer der Person folgen, wie viele Follower sie hat sowie die letzten veröffentlichten Nachrichten. Sie können entscheiden, ob Sie dieser Person folgen wollen und ob somit deren Nachrichten in Ihrer Timeline angezeigt werden. Wenn Sie dies möchten, klicken Sie auf „folgen". Je mehr Personen Sie folgen, desto umfangreicher wird Ihre Timeline. Damit Sie den Überblick behalten, können Sie Listen anlegen, um zu sortieren, z. B. in Kunden, Mitbewerber, Verbände. Personen, denen Sie folgen und die gleichzeitig Ihnen folgen, können Sie Direktnachrichten schreiben. Hierfür stehen Ihnen wieder die twitter-üblichen 140 Zeichen zur Verfügung.

Ein zentraler Punkt Ihrer Twitter-Seite ist das Eingabefenster. Das ist Ihre Nachrichtenzentrale. Von hieraus können Sie alles rund um Ihr Unternehmen und Ihre Produkte senden. Bilder werden als Links gesetzt, und externe Links, z. B. auf Ihre Website, werden automatisch gekürzt, so dass diese Ihnen nicht Ihre einhundertvierzig Zeichen rauben. Sie benötigen dafür keine zusätzlichen Hilfsmittel.

Twitter stellt eine für den mobilen Gebrauch optimierte Internetseite zur Verfügung (http://m.Twitter.com). Eine große Zahl der Beiträge wird von unterwegs von Smartphones mit Programmen wie „Twitterific" oder „Tweetie" versendet. Diese komfortable Software ermöglicht den Versand von Bildern und sogar die Verwaltung mehrerer Twitter-Konten gleichzeitig. Twitterific, Tweetie und andere Apps gibt es z. B. im Appstore von Apple.

Wenn Sie zusätzliche Informationen zu einzelnen Funktionen von Twitter möchten, können Sie die Twitter-Hilfe unter https://support.Twitter.com ansteuern. Inzwischen ist die Hilfefunktion größtenteils auch in deutscher Sprache verfasst. Wenn Sie das Thema Twitter weiter vertiefen wollen, besuchen Sie die Literaturempfehlungen auf der Website www.weinmarekting.org.

4.4.4 Experteninterview: Prof. Dr. Klemens Skibicki

Prof. Dr. Klemens Skibicki
Brain Injection Ltd. & Co. KG
Stadtwaldgürtel 6
D-50931 Köln
E-Mail: info@brain-injection.com
Internet: www.brain-injection.com

Dr. Klemens Skibicki ist Autor, Unternehmer und Professor für Marketing und Marktforschung an der Cologne Business School. Seine Kernkompetenzen liegen in den Bereichen Social Media Marketing und Social Commerce sowie gesellschaftliche Auswirkungen der sozialen Medien wie Facebook oder Twitter. 2010 gründete Dr. Skibicki gemeinsam mit Frank Mühlenbeck und den Rechtsanwälten Christian Solmecke und Ralf Höcker das Deutsche Institut für Kommunikation und Recht im Internet (DIKRI) an der Cologne Business School. Es ist das erste Forschungsinstitut mit speziellem Fokus auf Social-Media-Marketingforschung an einer deutschen Hochschule.

Herr Professor Skibicki, Facebook, XING, GOOGLE+ und Twitter sind interessante Kommunikationskanäle für alle Unternehmen. Welchen Nutzen können speziell Winzer oder Weinhändler von Twitter generieren?

Was alle Social Media wie die genannten von klassischen Medien unterscheidet, ist, dass hier nicht nur die einseitige Mitteilung von Botschaften, sondern ein Rückkanal in alle Richtungen besteht. Dies führt dazu, dass hier direkte „Gespräche" unter Beteiligung von sehr vielen Menschen entstehen können. Diesen Gesprächen kann man zunächst zuhören und erfahren, was die andere Marktseite möchte und was sie interessiert. Darauf basierend kann man selbst Vorschläge für Gespräche oder Produkte machen und erhält direkte Reaktion, ob man auf Interesse stößt oder eben nicht. Dieses Feedback hatte man in den klassischen Kommunikationsmedien nicht. Die Möglichkeiten, im direkten Dialog von Konsumenten zu lernen, was sie wollen, bestand für Händler oder Hersteller in der Regel nur im sehr kleinen Kreis im Offline-Gespräch vor Ort mit einzelnen Kunden. Von diesen war aber unklar, wie repräsentativ sie waren. Also zuhören, lernen und darauf basierend in Dialog kommen sind die Hauptnutzen für Anbieter. Darüber hinaus können sie sich in diesen transparenten öffentlichen Gesprächen als kompetenter Ansprechpartner positionieren. Twitter ist dadurch charakterisiert, dass hier nur sehr kurze Nachrichten mit maximal einhundertvierzig Zeichen versendet und empfangen werden können. Spezielle Anwendungen von Twitter finden sich in vielen Unternehmen, zum Beispiel als Kundenservice oder als Ticker für Neuigkeiten oder Sonderangebote. Es gilt aber, im Einzelfall zu prüfen, was für ein Unternehmen passend ist.

Ein Sprichwort sagt: „Tue Gutes und sprich darüber." Hilfreich auf Twitter ist dies jedoch nur, wenn man auch gehört wird. Welche Strategie empfehlen Sie dem Winzer oder Weinhändler, um Follower für sich zu gewinnen?

Hier gibt es kein Allheilmittel, und die Grundregel ist genauso einfach, wie sie schwierig ist: Wenn man nichts Interessantes zu erzählen hat, wird einem niemand zu hören. Was „interessant" ist, liegt aber alleine in den Augen der jeweiligen Zielgruppe, und die kann weitaus vielfältiger sein als nur Kunden. Man muss sich gut überlegen, wer potenzielle Zielgruppen sind, z. B. neben Kunden auch Händler, Journalisten, Bewerber usw. Als nächstes muss man sich fragen, welche die richtige Social-Media-Plattform für diese Zielgruppe ist. So sind in Deutschland zum Beispiel die Endkonsumenten vor allem bei Facebook und nicht bei Twitter zu finden. Bei Twitter hingegen findet man aber wiederum viele Multiplikatoren und Journalisten. Ob Ihre Inhalte interessant sind oder nicht, sehen Sie sehr schnell daran, ob Sie Follower gewinnen oder verlieren oder ob Ihre Botschaften weitergeleitet werden. Was ich auf keinen Fall empfehle, ist, sich bei suspekten Diensten Follower zu „kaufen". Dadurch gewinnen Sie reine Fake-Accounts, die nichts wert sind. Es geht nicht darum, viele, sondern die richtigen Follower zu bekommen!

Seit Kurzem können Unternehmen Pages auf GOOGLE+ erstellen, die möglicherweise auch Auswirkungen auf die Suchergebnisse in der GOOGLE-Suche haben werden. Microsoft plant eine neue Social-Media-Plattform mit dem Namen „Microsoft Socl". Welche Empfehlungen haben Sie für den Winzer oder Weinhändler hinsichtlich einer erfolgreichen Social-Media-Strategie?

Wie eben schon beschrieben, sollte man sich zunächst Gedanken machen und testen, wem man überhaupt zuhören und mit wem man ins Gespräch kommen will. Für Endkonsumenten ist hier Facebook noch sehr dominant. GOOGLE+ hat eine recht rasante Entwicklung gemacht, aber Ende 2012 kann man festhalten, dass hier vor allem noch die in Social Media versierten „Freaks" zu finden sind, die auch durchaus sehr wertvoll sein können. Google Inc. nutzt geschickt die Synergieeffekte mit der Suchmaschine, so dass Unternehmen bei GOOGLE+ eine Seite anlegen sollten – nicht unbedingt, weil dort zwangsläufig schon die richtigen Zielgruppen vertreten sind, sondern weil Sie in den GOOGLE-Suchergebnissen prominent sehr weit vorne platziert werden. Die Entwicklung der einzelnen großen Plattformen ist jedenfalls ständig genau zu beobachten und entsprechend an die Zielgruppe anzupassen.

Haben Sie Erkenntnisse, wie das Web 2.0 das Konsumverhalten der Kunden beeinflusst? Wie kann ein Winzer oder Weinhändler darauf erfolgreich reagieren?

Das Konsumentenverhalten verändert sich gerade massiv, denn die Kaufentscheidungen werden zunehmend durch die Meinung der eigenen Bekannten in sozialen Netzwerken beeinflusst. Im Kleinen war dies immer schon so, dass Menschen eher Menschen, die sie kannten, gefragt haben als Werbung oder Anbieter. Vor Social Media hatten sie aber in den meisten Fällen der Entscheidungen keinen Zugriff auf ihre Bekannten oder wussten gar nicht, wer sich in einem Themengebiet gut auskennt. Deswegen mussten sie auf „Verbraucherinformationen" der Werbung zurückgreifen. Jetzt haben sie über Social Media direkt oder indirekt über die „Gefällt mir"-Bekundungen ihrer Bekannten eine Orientierung von den Menschen, die nicht Geld verdienen wollen. Winzer oder Weinhändler müssen sich darauf konzentrieren, diese Empfehlungsbekundungen zu bekommen, die andere beeinflussen.
Im Kleinen war das immer schon so, aber dieses Empfehlungsmarketing war früher eher ein „Nice-to-have", heute wird es das Normale. Klassische Werbung verpufft zunehmend, da Menschen eben jetzt immer und überall Zugriff darauf haben, was ihre Bekannten ihnen empfehlen. Wen würden Sie denn lieber fragen, ob ein Wein seinen Preis wert ist? Einen Bekannten, der bestenfalls sogar Ihren Geschmack kennt, oder einen Händler, der mit Ihnen Gewinn machen will? Der Bekannte wird ein Angebot jedoch nur empfehlen, wenn er es wirklich gut findet, nicht, weil der Händler es so will.

Als Inhaber des Unternehmens Brain Injection bieten Sie neben Workshops und Vorträgen auch Beratungsleistungen im Bereich Social-Media-Marketing an. Dafür haben Sie einen 100-Punkte-Plan entwickelt. Können Sie uns Ihre Dienstleistungen kurz skizzieren, erklären, welchen Nutzen der Winzer oder Weinhändler davon hat und welches Budget dafür eingeplant werden muss?

In erster Linie unterscheiden wir uns bei Brain Injection dadurch, dass wir Social Media als einen ganzheitlichen Strukturwandel begreifen, der es ermöglicht, entlang der gesamten Wertschöpfungskette eines Unternehmens bessere Entscheidungen zu treffen. Dies gelingt, weil man über Social Media mit den jeweiligen Zielgruppen dauerhaft kommuniziert und dadurch Entscheidungen nicht durch „raten", sondern auf Basis der Präferenzen derjenigen trifft, die eine Zahlungsbereitschaft entwickeln sollen. Die meisten Unternehmen machen den Fehler, dass sie sich keine Zeit nehmen, die Situation, die Ziele, die Zielgruppen und die Plattformen genau zu analysieren. Viele lassen sich von Agenturen eine Facebook-Seite aufschwatzen ohne zu verstehen, welche Werte dadurch geschaffen werden können. Bei Social Media geht es nicht um ein bisschen „Gequatsche" oder um eine Visitenkarte auf Facebook, hier können und müssen handfeste und messbare Werte geschaffen

werden – entweder mittelbar durch höhere Umsätze oder durch Kostensenkungen durch interne Anwendungen. Den meisten sind die Potenziale aber noch gar nicht klar, und deswegen geben sie primär Geld aus und wissen nicht richtig, warum. Diese Zeit nehmen wir uns mit unseren Kunden und passen die Strukturen und Unternehmenskulturen an die neuen Rahmenbedingungen des Social-Media-Zeitalters an. Dabei gibt es aber nicht eine „One-size-fits-all"-Lösung, sondern für jedes Unternehmen muss es spezifische Analysen geben, bevor Lösungen gebaut werden können.
Social Media ist keine Technik oder ein Verkaufskanal, sondern eine Haltung, wie Menschen kommunizieren. Unternehmen werden sich daran anpassen müssen und sollten dies tun. Dies erfordert aber eine tiefgehende Analyse und Bereitschaft zum Wandel statt Aktionismus!

Herr Professor Skibicki, vielen Dank für das Gespräch.

4.5 Youtube

Ein Medium, das sich zunehmender Beliebtheit bei den Konsumenten erfreut, sind sogenannte Webvideos. Sie kennen das bereits zitierte Sprichwort: „Ein Bild sagt mehr als tausend Worte." Für Webvideos gilt das natürlich umso mehr. Die bekannteste Videoplattform ist YouTube.

Bis vor einigen Jahren war YouTube mehr das Zuhause für witzige Homevideos von Hobbyfilmern und für Musikclips. Heute ist Youtube eine Videoplattform für alle Bereiche, also auch für (werbliche) Videos von Unternehmen. Die Möglichkeit, mit Videos Ihr Unternehmen oder Ihre Produkte visuell ansprechend zu präsentieren und emotional erlebbar zu machen, sollten Sie sich nicht entgehen lassen.

4.5.1 YouTube als Suchmaschine

YouTube ist aber nicht mehr nur eine Videoplattform, sondern eine ernstzunehmende Suchmaschine, denn viele Menschen suchen entweder direkt bei YouTube oder klicken die Youtube-Videos in den Suchergebnissen der GOOGLE-Suchmaschine an. Viele Experten sehen YouTube deshalb als zweitwichtigste Suchmaschine hinter der GOOGLE-Websuche. Sind Sie also nicht bei YouTube vertreten, sind Sie es auch nicht in der zweitwichtigsten Suchmaschine. Eine Abfrage nach dem undefinierten Suchbegriff „Riesling" ergab in der GOOGLE-Suche im März 2012 15,4 Millionen organische Suchergebnisse und Anzeigen.

Auf YouTube werden zum gleichen Suchbegriff nur 5.400 Ergebnisse gelistet. Wenn Sie also geeignete Videos geschickt mit entsprechenden Keywords versehen, können Sie auf YouTube Ihre Nische besetzen und Spitzenpositionen in den Suchergebnissen bei YouTube einnehmen. Dabei profitieren Sie auch davon, dass Ihr Video in den GOOGLE-Suchergebnissen angezeigt wird. So steigern Sie nicht nur Ihren Bekanntheitsgrad, sondern gewinnen auch neue Besucher für Ihre Website und verbessern dadurch möglicherweise Ihre Position in der GOOGLE-Suche.

Der Trend zu Videos wird in den nächsten Jahren weiter steigen. Die Budgets für Videomarketing werden sich vervielfachen und fester Bestandteil jeder Marketingstrategie sein. Videomarketing heißt dabei nicht, dass Sie professionelle Imagevideos (Corporate Videos) für mehrere tausend Euro produzieren müssen. Eine vernünftige HD-Kamera im mittleren dreistelligen Eurobereich mit mitgelieferter Schnittsoftware kann Ihr Start ins Videomarketing sein.

Geeignete Themenfelder für Weinmarketing mit Videos lassen sich beliebig finden. Ob Sie Aufnahmen des Wein-Events machen, an dem Sie teilnehmen, die Verkostung im Haus filmen oder Impressionen aus dem Weingarten oder -keller zeigen – es gibt viele Möglichkeiten, Ihr Unternehmen und Ihre Produkte zu visualisieren.

Erstellen Sie Ihre Videos in HD-Qualität (Auflösung von 1280 x 720 Pixel oder mehr) mit maximal fünfzehn Minuten Spieldauer. Lange Videos schrecken eher ab, deshalb halte ich Videos mit drei Minuten Spieldauer für ideal. Versehen Sie Ihr Video mit einem Intro und Ihrem Logo als Wasserzeichen. Platzieren Sie das Logo nicht in der rechten unteren Ecke, denn dort kann das YouTube-Logo Ihr Firmenlogo überblenden. Ihr Schnittprogramm kann Logos und andere grafische Elemente in der Regel gezielt positionieren. Entscheiden Sie sich für ein aussagekräftiges Standbild. Dies ist der erste Eindruck des Videos und entscheidet darüber, ob der Betrachter Ihr Video abspielt. Wenn Sie Ihr Video fertiggestellt haben, verwenden Sie einen Dateinamen, in dem Ihre Keywords vorkommen. Damit wird Ihre Position bei den Suchergebnissen bei YouTube gestärkt, aber auch in der GOOGLE-Websuche. Am besten nennen Sie die Datei gleichlautend mit dem Titel Ihres Videos.

Bevor Sie Videos auf YouTube veröffentlichen können, müssen Sie zuerst auf der Startseite von YouTube ein Konto erstellen. Sie können sich auch mit Ihrem GOOGLE-Konto anmelden, da YouTube seit 2006 zu GOOGLE Inc. gehört. Nach der erfolgreichen Kontoeinrichtung können Sie Ihre Videos hochladen, Ihr Profil bearbeiten und weitere Konten anderer sozialer Netzwerke wie z. B. Twitter,

Facebook oder GOOGLE+ mit Ihrem YouTube-Konto verknüpfen. Ihr Profil bzw. Ihren Kanal können Sie im Look Ihres Corporate Designs erscheinen lassen. Laden Sie dazu Ihr Logo und ein Hintergrundbild hoch. Bei der Farbwahl greifen Sie ebenfalls auf Farben Ihres Corporate Designs zurück.

Nach dem Hochladen eines Videos ergänzen Sie die wichtigen Felder, z. B. Titel, Beschreibung und Tags (Keywords). Dafür stehen Ihnen einhundertzwanzig Zeichen zur Verfügung, für die Beschreibung tausend. Danach entscheiden Sie über die Datenschutzeinstellungen. Da Sie gefunden werden wollen, kommt nur die Option „öffentlich" in Betracht. Wählen Sie noch eine Kategorie und die gewünschte Lizenz. Die Informationen rund um Ihr Video sind sehr wichtig für die Auffindbarkeit bei YouTube und in der GOOGLE-Websuche und damit für Ihre Kunden. Es gibt jedoch noch weitere Faktoren, die wohl Einfluss auf Ihr Ranking und die Auffindbarkeit Ihrer Videos bei YouTube haben:

- Wie oft ist das Video in Playlists?
- Wie oft und in welcher Frequenz wurde das Video angesehen?
- Wie viele Abonnenten hat Ihr Kanal?
- Wie viele Videoantworten hat das Video?
- Wie oft wurde es auf Websites eingebunden?
- Welche und wie viele Bewertungen gibt es?

Diese Faktoren können Sie positiv beeinflussen: Verlinken Sie Ihr Video und Ihre Website! Der Link sollte jedoch nicht auf Ihre Startseite leiten, sondern zu einer themenverwandten Seite. Nehmen wir an, Ihr Video berichtet über Ihren Weingarten, dann verlinken Sie auf eine Seite auf Ihrer Homepage, auf der der Besucher mehr Informationen über Ihren Weingarten, Lage, Boden usw. erhält. Wenn Sie in einem Video über einen speziellen Wein berichten, verlinken Sie direkt auf Ihren Shop oder eine Informationsseite, auf der Ihr Kunde den Wein sofort findet. Idealerweise kann der Kunde diesen Wein dort auch bestellen.

Natürlich sollten Sie Ihre Videos auch in die jeweiligen Unterseiten Ihrer Website einbinden. Den Link zur Ihrer Informationsseite mit Ihrem Video können Sie auf XING, Twitter und Facebook usw. veröffentlichen.

YouTube bietet auf der Seite http://www.youtube.com/create eine Auswahl von Programmen, mit denen Sie kleinere Animationsvideos erstellen können. Weitere zum Teil externe Angebote wie das Programm „Xtranormal Movie Maker" generiert Clips aus dem Text, den Sie eingegeben haben. Mit „Stupeflix Video Maker" können Sie Videos aus Fotos, Musik, Karten, Text und anderen digitalen

Inhalten erstellen. GoAnimate ermöglicht es, kleine Animationsfilme zu erstellen. Sie wählen z. B. den passenden Hintergrund und eine Figur aus und geben Texte ein, die die ausgewählten Comicfiguren sprechen sollen. Daraus generiert GoAnimate ein Comicvideo. Alle erstellten Videos bzw. Animationen können dann direkt bei YouTube veröffentlicht werden. Ein selbst aufgenommenes und persönliches Video über Sie, Ihre Arbeit und Ihre Weine sollte diesen Optionen jedoch vorgezogen werden.

Neben YouTube gibt es noch eine Reihe anderer Videoportale. Auch hier können Sie Ihre Videos veröffentlichen:

- www.businessworld.de
- www.clipfish.de
- de.sevenload.com
- www.myvideo.de

4.5.2 Experteninterview: Richard Buettner

Richard Buettner
Weever Media
6-8 Cole Street
UK - London, SE1 4YH
E-Mail: info@weevermedia.com
Internet: weevermedia.com

Richard Buettner ist Direktor und Mitgründer von Weever Media in London und hat mehr als zwölf Jahre globale Erfahrung in Internet-Marketing, strategischem Marketing und Social Media. Er hat sowohl in Führungspositionen für Yahoo, Microsoft und IBM gearbeitet als auch innovative Start-Ups im Bereich Social Commerce und Search-Technologie aufgebaut.

Herr Buettner, letztendlich ist das Ziel, interessierte Besucher auf die eigene Internetseite zu bekommen. Sie sprechen von den zwei Säulen des Internetverkehrs: Besucher von Suchmaschinen und aus den sozialen Medien. Ein Zuträger könnte YouTube sein. Welche Rolle spielt dieser Baustein im Gesamtorchester?

Videos spielen derzeit im Internetmarketing und in der Markenbildung sowie in der Kundengewinnung eine sehr wichtige Rolle. Zum einen steht hier die schiere Masse an potenziellen Käufern, die ich erreichen kann; dies kann man sich leicht vorstellen bei fünfunddreißig Stunden Video-Uploads jede Minute und zwei Milliarden

angeschauten Videos jeden Tag. Zum anderen lässt die GOOGLE-Suche bei Suchergebnissen mittlerweile sehr häufig Videos mit einfließen, um so die Relevanz der Ergebnisse zu erhöhen. Das heißt, die User müssen sich nicht einmal unbedingt auf YouTube aufhalten, um Videos zu themenrelevanten Inhalten zu erhalten. Eine wichtige Information, wenn man bedenkt, dass achtzig Prozent der User pro Internet-Session mindestens einmal über die GOOGLE-Suchmaschine suchen.
Des Weiteren sind YouTube-Videos über andere Social-Media-Plattformen wie Facebook sehr leicht teilbar. Gut gemachte Videos werden heutzutage sehr häufig im Netzwerk mit anderen Freunden geteilt, und bei durchschnittlich hundertdreißig Freunden eines Facebook-Users kann das schnell zu viralen Effekten führen.

Welchen Nutzen kann ein Winzer oder Weinhändler von der Nutzung der Plattform Youtube darüber hinaus ziehen?

Weine sind von sich aus erklärungsbedürftige und oft hochpreisige Premiumprodukte, d. h. potenzielle Käufer betreiben häufig OnlineRecherchen, um die für sie passenden Weine herauszufinden. Videos sind durch ihr multimediales Format hervorragend geeignet, Erklärungen in Bild und Ton zu liefern, und darüber hinaus können durch geeignete Mittel und Inhalte auch markenbildende Emotionen vermittelt werden. Ein 30-Sekunden-Video kann also ohne Weiteres lebenslang treue Kunden erzeugen.

Wie könnte eine Kampagne auf YouTube für einen Winzer oder Weinhändler aussehen und praktisch umgesetzt werden?

Wenn ich die erfolgreichen und viralen Videos der letzten Jahre auf YouTube anschaue (z. B. T-Mobile oder auch Old Spice), fällt mir auf, dass die für die traditionelle Fernsehwerbung typischen unmittelbaren Werbebotschaften viel weniger eingesetzt werden oder ganz fehlen. Der Grund ist, dass YouTube eine Social-Media-Plattform ist, auf der User kommunizieren und sich unterhalten und weniger mit verkaufsfördernder Reklame bombardiert werden wollen; da tritt schnell der „Fernsehwerbung-Weiterzapp-Effekt" ein. Vielmehr wirkt auf YouTube das sozusagen klassische Geschichtenerzählen, frei von Propaganda. Darüber hinaus spielt Authentizität eine wichtige Rolle, d. h. das Video muss vertrauenswürdig und echt sein, wobei die Qualität der Aufnahmen oder das Produktionsbudget eine wesentlich geringere Rolle spielen. Daher ist die praktische Umsetzbarkeit ohne Weiteres mit einem herkömmlichen Smartphone möglich. Warum z. B. nicht einen typischen Arbeitstag eines Winzers mit der Kamera verfolgen und eine kleine Geschichte darum erzählen?

Sie bieten Suchmaschinenoptimierung und -marketing wie auch Strategie und Umsetzung von Social-Media-Kampagnen an. Wie kann der Winzer oder Weinhändler von Ihrem Know-How profitieren, und welches Budget wird für eine Umsetzung benötigt?

In Deutschland werden jeden Monat 2,7 Millionen Suchen für den Begriff „Wein" durchgeführt, für z. B. „Mosel Wein" sind es immerhin noch 15.000 und für „Franken Wein" 10.000 Suchen pro Monat. Da User in der GOOGLE-Websuche generell ihr Informationsbedürfnis befriedigen wollen oder nach zu kaufenden Produkten suchen, ist es für Winzer oder Weinhändler von hoher Bedeutung, mit ihrer Website für diese Suchbegriffe hochgerankt und von den Suchenden gefunden zu werden. Diesen Suchverkehr abzugreifen, d. h. die Website für z. B. „Franken Wein" als Nummer 1 in der GOOGLE-Websuche zu ranken und so den zielgruppenspezifischen und konvertierenden Verkehr auf die Seite zu leiten, bieten wir als Service an. Das Budget hängt stark vom Wettbewerb der bestimmten Suchbegriffe ab und variiert von 500 bis (bei großen Onlineshops) 10.000 Euro pro Monat.
Im Social-Media-Bereich bieten wir eher Beratungsleistungen hinsichtlich der Plattformen, wichtigen Beeinflusser sowie Mundpropaganda, viralen Themenstrategien usw. an. Auch hier hängt das benötigte Budget stark vom erwünschten Engagement des Interessenten ab und kann von einem Telefonat über die Ausarbeitung der Social-Media-Strategie oder Social-Media-Workshops bis hin zur eigentlichen Inhaltserstellung (z. B. Videos) reichen.

Herr Buettner, vielen Dank für das Gespräch.

4.6 GOOGLE+

GOOGLE+ ist das jüngste soziale Netzwerk und wurde von Google Inc. Mitte 2011 ins Leben gerufen. Einige Brancheninsider interpretieren GOOGLE+ als eine Reaktion auf die sehr erfolgreichen Portale von Facebook und Twitter. Für einen Erfolg muss Google Inc. in Zukunft jedoch seine gesamte Marktmacht ausspielen, um dem Konkurrenten Facebook Paroli zu bieten. Nach Angaben von Google Inc. sind Anfang 2012 rund hundert Millionen Menschen weltweit Mitglied bei GOOGLE+. Im Herbst desselben Jahres überschritt der 2003 gegründete Konkurrent Facebook die Mitgliederzahl von einer Milliarde. Jedoch wächst GOOGLE+ in einem rasanten Tempo.

Kritiker befürchten, dass Google Inc. vor allem die Position von GOOGLE+ stärken könnte, indem es in den Suchergebnissen Seiten von GOOGLE+ bevorzugt. Darüber hinaus könnte ein ähnlich ungünstiges Szenario entstehen, wenn dem Einzelnen personalisierte Suchergebnisse präsentiert werden, die ebenfalls stark durch Einflüsse von GOOGLE+ geprägt sind. Einige sehen darin einen förmlichen Zwang zur Verwendung von GOOGLE+.

Ich möchte jedoch diese kritische Meinung nicht vollumfänglich teilen, da es durch die massive Werbung und diverse manipulierbare Faktoren ohnehin kaum objektive Suchergebnisse gibt. Zum anderen sehe ich das Netzwerk GOOGLE+ als durchaus positiv an und kann Ihnen aufgrund vieler Vorteile die Nutzung für Ihr Weinmarketing empfehlen.

4.6.1 GOOGLE+ verwenden

Grundsätzlich sind sich die sozialen Netzwerke GOOGLE+ und Facebook in einigen Bereichen ähnlich. Jedoch sollte GOOGLE+ nicht als Facebook-Konkurrent degradiert werden. GOOGLE+ wird als kommende Zentrale für viele bereits bestehende GOOGLE-Produkte fungieren. Diese Integration wird viele Anwendungen vereinfachen und für viele Internetakteure Dreh- und Angelpunkt Ihrer Webaktivität werden. GOOGLE+ entwickelt sich dynamisch und sehr schnell. Dies lässt sich an den rasant wachsenden Nutzerzahlen ablesen, aber auch an der stetig steigenden Zahl an Möglichkeiten, die Google Inc. in GOOGLE+ zur Verfügung stellt. Beim Start von GOOGLE+ bestand nur die Möglichkeit, ein persönliches Profil anzulegen. Wenige Monate später folgten Profile für Unternehmen. Ein überraschend früher und umfangreicher Relaunch machte die Bedienung und das Arbeiten mit GOOGLE+ einfacher und intuitiver. Inzwischen sind erste GOOGLE-Produkte in GOOGLE+ integriert. Weitere werden folgen und damit unverzichtbares Instrument für Ihr Weinmarketing werden.

GOOGLE+-Quickstart

Der Start in GOOGLE+ ist denkbar einfach. Dabei folgt GOOGLE+ der Vorgehensweise von Facebook. Zuerst legen Sie ein persönliches Profil an und erstellen damit eine Seite für Ihr Unternehmen. Mit Ihrem GOOGLE-Konto, das Sie für die in Kapitel 4.5 vorgestellten GOOGLE-Produkte benötigen, ist das Erstellen Ihres GOOGLE+-Profils schon halb erledigt. Ergänzen Sie Ihr Profil um die fehlenden Angaben sowie mit einem Profilfoto, und Sie können mit Ihrem Weinmarketing über GOOGLE+ bereits beginnen.

Die Startseite von GOOGLE+ ist dem Grunddesign einer ursprünglichen Facebook-Seite vor dem Start der Chronik ähnlich. Allerdings empfinde ich sie nach dem 2012 erfolgten Relaunch als deutlich übersichtlicher und besser strukturiert. Zentrales Element ist wie bei Facebook der Nachrichtenstrom, der sogenannte Stream, oder bei Twitter die Timeline. Hier können Sie alle Nachrichten und Updates der Personen lesen, die Sie zu Ihren Kreisen (Circles) hinzugefügt haben.

Eine wechselseitige Zustimmung der Kontaktverknüpfung muss nicht erfolgen. Wenn Sie wollen, können Sie den „Folger" aber „zurück einkreisen". Vergleichbar ist dies z. B. mit der Systematik bei Twitter.

Bei GOOGLE+ können Sie bestimmen, wer Ihre Mitteilungen oder Statusmeldungen lesen können soll. Sie definieren, für wen der gepostete Inhalt sichtbar sein soll. Zudem können Sie festlegen, dass Ihre Mitteilung (Posting) zum Thema „Neues aus dem Weinkeller" z. B. nur dem vorher definierten „Kreis" Kundengruppe1 oder Presseverteiler2 angezeigt wird. Dies ist ein großer Vorteil gegenüber anderen sozialen Netzwerken, wo dies nicht oder nur mit einigem Aufwand möglich ist.

Für Ihr Weinmarketing ist dies eine gute Möglichkeit der zielgruppenspezifischen Ansprache. Definieren Sie z. B. einen Circle für Kunden1, Kunden2, Presse, Kollegen usw. Wenn Sie eine neue Information veröffentlichen wollen, legen Sie gezielt fest, wer diese lesen darf oder ob es ein öffentliches Posting sein soll, das auch in Suchmaschinen erscheinen kann.

Wie in der Einleitung des Kapitels angedeutet, ist es durchaus vorstellbar, dass sich die optimale Positionierung und Nutzung von GOOGLE+ stark auf das „öffentliche" Ranking Ihrer Website auswirken kann und Sie in den personalisierten Suchergebnissen Ihrer (GOOGLE+)-Kontakte prominenter erscheinen.

Der „+1"-Button ist dabei ein zentraler Baustein im Konzept von GOOGLE+. Diese Funktion erinnert stark an den „Gefällt mir"-Button von Facebook. Der „+1"-Button ist aus meiner Sicht aber deutlich mächtiger und signalisiert nicht nur bei Beiträgen, dass Ihnen der Artikel „gefällt", er taucht auch in den Suchergebnissen der GOOGLE-Suche auf.

Suchen Sie z. B. in der GOOGLE-Websuche nach „Weinmarketing", findet die Suchmaschine meinen Eintrag mit einem „+1"-Button dahinter:

Abb. 23: Weinmarketing.org in der GOOGLE-Websuche

Je mehr Menschen die Seite mit „+1" versehen, desto positiver ist dies für das „offizielle" Ranking der Seite. In den Suchergebnissen der Menschen, die in meinen GOOGLE+-Kreisen sind, wird diese Seite noch deutlich besser rangieren. Damit haben Sie eine weitere Möglichkeit, auf die Position Ihrer Website in den GOOGLE-Suchergebnissen Einfluss zu nehmen und mehr Besucher für sich zu gewinnen.

Obwohl das noch rechte junge soziale Netzwerk GOOGLE+ noch am Anfang steht, hat es Zuwachsraten, die kaum hinter denen von Facebook zurückstehen. GOOGLE stützt diese Entwicklung mit aller Marktmacht. Seit Januar 2012 wird jeder Nutzer, der sich für ein neues GOOGLE-Konto entscheidet, z. B. weil er ein Produkt wie das GOOGLE ADWORDS-Werbeprogramm nutzen möchte, automatisch für GOOGLE+ registriert. Langfristig soll GOOGLE+ das Herzstück und die „Kommandozentrale" für alle GOOGLE-Produkte werden.

Sehen wir uns die GOOGLE+-Startseite näher an:
Im oberen Bereich befindet sich der sogenannte Kopfbereich. Diese schwarze GOOGLE-Leiste und deren Elemente kennen Sie schon aus der GOOGLE-Suche. Hier können Sie die Produkte, die wir bereits kennengelernt haben, ansteuern, aber auch z. B. den GOOGLE MAIL-Webmailservice.

GOOGLE+ ist prominent an erster Stelle eingepflegt und sofort im Blickfeld. Unter dem Kopfbereich ist das GOOGLE+-Logo, das Sie von überall durch Anklicken auf die Startseite von GOOGLE+ leitet. Daneben befindet sich das Suchfeld, mit dem Sie Personen, Beiträge und News innerhalb von GOOGLE+ suchen können.

In der Folge finden Sie Ihren Namen. Durch einen Klick darauf öffnet sich ein weiteres Fenster, über das Sie zu den Kontoeinstellungen kommen, angelegte Unternehmensseiten verwalten oder zu Ihrem Profil springen können. Der Benachrichtigungszähler zeigt Ihnen die Anzahl von Veränderungen im Vergleich mit dem letzten Besuch an, z. B. wenn ein anderer Nutzer Sie zu seinen Kreisen hinzugefügt hat oder einer Ihrer Beiträge kommentiert wurde.

Rechts am Seitenrand befinden sich der Videochat, der sogenannte Hangout und Vorschläge zu möglichen Kontakten sowie anstehende Termine und Seitenempfehlungen.

Meine Startseite in GOOGLE™+ sieht wie folgt aus:

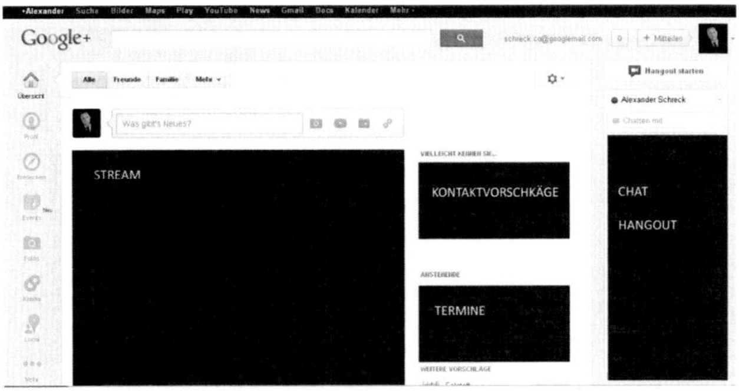

Abb. 24: GOOGLE+-Profil Alexander Schreck, Juni 2012

In der Mitte befindet sich das Kernelement von GOOGLE+, der Nachrichtenstrom. Hier erscheinen Ihre Beiträge und die Ihrer „eingekreisten" Kontakte. Für Ihr Weinmarketing bietet sich hier die Möglichkeit, Texte, Bilder, Videos oder Links rund um Ihr Unternehmen und Ihre Produkte zu veröffentlichen.

Richtig gut gelöst hat GOOGLE+ die Einstellungsmöglichkeiten hinsichtlich der Sichtbarkeit von Beiträgen im Nachrichtenstrom. Bei jedem Beitrag können Sie festlegen, für wen dieser lesbar sein soll, z. B. „Öffentlich" (auch außerhalb von GOOGLE+), „Meine Kreise" (nur Ihre Kontakte), „Erweiterte Kreise" (Ihre Kontakte und deren Kontakte), aber auch einzelne definierte Personen(-gruppen).
Die GOOGLE+-Hauptnavigation befindet sich links am Rand und beinhaltet derzeit sieben Menüpunkte sowie drei weitere, die sichtbar werden, wenn Sie auf „Mehr" klicken. Die Anordnung und die Funktionen werden ständig überarbeitet und erweitert und können dadurch gegebenenfalls von Ihrer Ansicht abweichen. Die Elemente können Sie beliebig anordnen, indem Sie diese mit gedrückter Maustaste verschieben.

Die Navigationsleiste beinhaltet folgende Elemente:

Übersicht: Sie gelangen auf die Startseite mit Ihrem Nachrichtenstrom als Kernelement.

Profil: Ihr GOOGLE+-Profil ist, wie bei allen anderen sozialen Medien auch, der Dreh- und Angelpunkt.

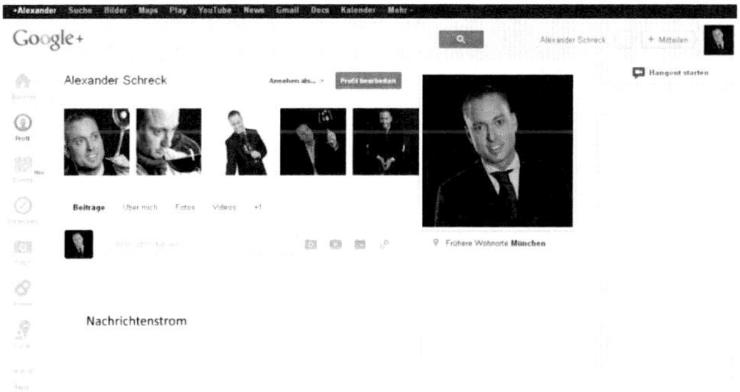

Abb. 25: Mein GOOGLE+-Profil, Juli 2012

Je nachdem, für welche Layout-Variante Sie sich entscheiden, könnte Ihr Profil meinem ähnlich sein. Im Bereich Profil bietet Ihnen GOOGLE+ die Möglichkeit, Ihr Profil als Dritter zu betrachten. Wählen Sie dazu mit „Ansehen als" eine Person aus, und Sie wissen, wie Ihr Profil dieser Person angezeigt wird. Sie haben auch die Möglichkeit, Ihr öffentliches Profil anzeigen zu lassen. Darunter können Sie auf „Beiträge" klicken, und alle vergangenen Beiträge werden Ihnen angezeigt. Daneben ist der wichtige Bereich „Über mich". Hier haben Sie die Möglichkeit, Angaben über sich zu machen. Bitte bearbeiten Sie diesen Bereich; ergänzen Sie alle Informationen umfangreich und detailliert. Die Empfehlungen für Netzwerkprofile, die Sie bereits in anderen Kapiteln erhalten haben, gelten natürlich in gleicher Weise für GOOGLE+. Direkt daneben finden Sie die Sammlung der Bilder und Videos sowie eine Übersicht der mit „+1" bewerteten Seiten des Profilinhabers.

Wenn Ihr Profil professionell und gut bearbeitet ist, kann die Netzwerkarbeit mit GOOGLE+ beginnen. Dafür bietet GOOGLE+ eine Reihe von Optionen:

Events: In diesem Bereich können Sie Veranstaltungen anlegen und veröffentlichen. Dabei können Sie auch sehr zielgerichtet zu Ihrem Event einladen, z. B. an Kreis X oder Y, Person Z oder öffentlich. Hiervon empfiehlt es sich ebenfalls, regen Gebrauch zu machen und alle Veranstaltungen, an denen Sie direkt oder indirekt beteiligt sind, anzulegen und dazu einzuladen.

Entdecken: Ein Nachrichtenstrom mit angesagten Beiträgen auf GOOGLE+.

Fotos: GOOGLE+ bietet die Möglichkeit, Fotos und Videos zu veröffentlichen. Auch hier haben Sie alle Einstellungsmöglichkeiten, was die Sichtbarkeit Ihrer Bilder und Videos betrifft.

Kreise (Circles): Die Kreise sind vielleicht der wichtigste Bereich. In Ihren Kreisen sammeln und kategorisieren Sie Ihre Kontakte. Sie können z. B. Pressevertreter in einem Kreis PR oder Presse bündeln usw. Neue Kontakte gewinnen Sie natürlich am besten, wenn Sie, wie in allen bisher besprochenen Bereichen, Ihr neues GOOGLE+-Profil in Ihrer Signatur, auf Visitenkarten, Briefpapier usw. führen.

Ihre URL zu Ihrem GOOGLE+-Profil ist leider sehr kryptisch. Meine URL, falls Sie mir folgen wollen, lautet https://plus.GOOGLE.com/111273123276526928331/.

Ich habe mir jedoch eine Subdomain eingerichtet und diese auf meine GOOGLE+-Adresse umgeleitet. Sie erreichen mein GOOGLE+-Profil nun auch unter der Adresse www.googleplus.schreck.co. Ich empfehle Ihnen, ebenfalls eine Subdomain anzulegen. Sollten Sie dazu keine Möglichkeit haben, können Sie auch den kostenfreien Dienst www.gplus.to verwenden. Er generiert Ihnen auch eine kurze und einprägsame URL, welche auf Ihr GOOGLE+-Konto leitet. Meine URL über gplus.to lautet: gplus.to/alexanderschreck.

Neue Kontakte für Ihre Kreise können Sie auch gezielt über die Personensuche von GOOGLE+ finden. Ihre hinzugefügten Kontakte ordnen Sie gleich von Anfang an in sinnvoll benannte Kreise. So können Sie zielgruppenorientiert Informationen versenden bzw. Ihren Stream filtern.

Local: GOOGLE+ LOCAL ist für Ihr Weinmarketing von besonderer Bedeutung, wenn Sie einen starken lokalen Bezug haben. Google Inc. hat mit diesem Tool das erste GOOGLE-Produkt in GOOGLE+ integriert. Die Integration des GOOGLE PLACES-Online-Branchenbuchs ermöglicht es, mit GOOGLE+ Unternehmen zu suchen und diese innerhalb des sozialen Netzwerks zu bewerten.

Seiten: In diesem Bereich können Sie eine Unternehmensseite erstellen und verwalten. Eine GOOGLE+-Page für Ihr Unternehmen können Sie dort oder über den Link https://plus.GOOGLE.com/pages/create erstellen.

4.6.2 GOOGLE+-Unternehmensseiten

Als sehr angenehm empfinde ich, dass die GOOGLE+-Unternehmensseiten den Personenprofilen sehr ähnlich sind. Es gibt jedoch Besonderheiten:

Kontaktverknüpfung: GOOGLE+-Unternehmensseiten können private Profile erst dann „einkreisen", wenn die Person Ihr Unternehmen zu ihren Kreisen hinzugefügt hat.

Sichtbarkeit: Wir sind daran interessiert, dass unsere Informationen möglichst viele Menschen erreichen. GOOGLE+ sieht dies für Unternehmen genauso und hat deshalb die Standard-Privatsphäre- Einstellung für alle Informationen und Beiträge Ihrer GOOGLE+-Seite auf „Öffentlich“ gesetzt. Die Beiträge sind für jeden innerhalb und außerhalb von GOOGLE+ sichtbar. Abweichende Einstellungen können Sie individuell vornehmen.

+1: Unternehmensseiten haben einen „+1“-Button und -Zähler, können aber weder „+1“ an andere Seiten verteilen noch Inhalte im Internet mit „+1“ bewerten.

Admin: Als Inhaber der GOOGLE+-Seite können Sie weitere Administratoren hinzufügen. Dies ist besonders von Vorteil, wenn Sie sich nicht oder nicht ausschließlich um die Verwaltung Ihrer sozialen Netzwerke bemühen.

GOOGLE+-Unternehmensseite erstellen

Wählen Sie zunächst eine Kategorie. In Betracht kommen für Ihr Weinmarketing:

- Lokales Geschäft
- Produkt oder Marke
- Unternehmen

Abb. 26: GOOGLE+-Pages einrichten

Unsere Expertin für das Kapitel GOOGLE+ hat sich für die Kategorie „Lokales Geschäft“ entschieden.

Abb. 27: GOOGLE+-Unternehmensprofil als lokales Geschäft, Natascha Ljubic

Vervollständigen Sie die notwendigen Angaben, und nutzen Sie die sich bietenden Möglichkeiten, um sich professionell zu präsentieren. Ihre Unternehmensseite ist danach erstellt. Halten Sie Ihr Profil stets aktuell. Nutzen Sie im Menüpunkt „Über mich“ die Eingabefelder auch hinsichtlich einer Suchmaschinenoptimierung.

Intro: Erstellen Sie eine Beschreibung über Ihr Unternehmen und Ihre Produkte. Denken Sie an mögliche Keywords und die Erkenntnisse aus dem Kapitel „Ihr Unternehmen“ und „Ihr Produkt“. Nutzen Sie die Gelegenheit, auch hier die Links zu Ihren Websites einzubauen.

Kontaktinfo: Tragen Sie hier alle Ihre Kommunikationskanäle ein. Definieren Sie, wer diese einsehen darf.

Empfohlene Links: Hier können Sie externe Links eintragen. In jedem Falle sollten Sie alle Ihre Angebote im Netz wie Facebook, XING, Twitter und natürlich Ihre Website eintragen.

Fotos & Videos: Laden Sie Fotos und Videos zu Ihrem Unternehmen hoch. Wie in anderen Kapiteln bereits angesprochen, nutzen Sie damit die Möglichkeit, Kunden und Partnern einen visuellen Eindruck über Ihr Unternehmen zu verschaffen.

In der Navigationsleiste finden Sie die Elemente, die Sie aus dem privaten Profil bereits kennen. Auch bei Unternehmensseiten ist der zentrale Bereich der Nachrichtenstrom.

Sofern Sie auch Ihr privates Profil nutzen, verwenden Sie dieses bitte ausschließlich für private Zwecke. Kommunizieren Sie mit und durch Ihre Unternehmensseite. Selbstverständlich dürfen und sollten Sie mit Ihrem privaten Profil „Werbung" für Ihre Unternehmensseite machen.

Bitte beachten Sie in diesem Zusammenhang die erweiterten Nutzungsbedingungen von GOOGLE+ unter www.GOOGLE.com/intl/de/+/policy/pagesterm.html.

Weiterführende Literatur gab es zum Zeitpunkt der Erstellung dieses Buchs nur sehr eingeschränkt oder in englischer Sprache. Tipps und weiterführende Literatur finden Sie auf www.Weinmarketing.org oder auf der Website unserer Expertin Natascha Ljubic unter www.wds7.at/buecher/.

4.6.3 Experteninterview mit Natascha Ljubic

Mag. Natascha Ljubic, BSc
IT-Business Development GmbH
Seeparkstraße 34/9/18
A-2331 Vösendorf
E-Mail: NL@wds7.at
Internet: www.wds7.at

Mag. Natascha Ljubic, BSc, ist seit 2004 Unternehmensberaterin, Lehrbeauftragte, Trainerin und Vortragende zu Social Media Themen in Österreich (www.wds7.at/blog/). Sie selbst nutzt täglich mit Leidenschaft soziale Medien wie Facebook, GOOGLE+, XING, Twitter & Co zum Markenaufbau, zur Kundenakquisition und Kundenbindung. Basierend auf ihren Praxiserfahrungen unterstützt sie Unternehmen bei der strategischen Planung und beim Aufbau einer Social Media Community rund um ihre Marken.

Natascha Ljubic hat Wirtschaftsinformatik und Betriebswirtschaftslehre studiert und bringt wirtschaftliches, strategisches und technologisches Wissen in ihre zahlreichen Workshops, Beratungen und Vorträge mit ein. Sie ist unter den Top 300 im Social-Media-Ranking Österreich und unter den Top 10 im GOOGLE+-Ranking Österreich.

Frau Ljubic, ist GOOGLE+ mehr als eine Reaktion von Google Inc. auf den Erfolg von Facebook und Twitter?

Auch Google Inc. hat erkannt, dass soziale Netzwerke ein zentraler Bestandteil im Leben vieler Menschen sind. Sie haben aus den Erfahrungen der Mitbewerber Twitter und Facebook gelernt und darauf basierend ein eigenes Netzwerk entwickelt. Dieses vereint viele Funktionen und Vorteile der Mitbewerber und bietet zusätzliche neue Funktionen an wie z. B. die Hangouts.
Die GOOGLE-Suchmaschine wird täglich von Menschen weltweit zur Suche genutzt. Die Suchergebnisse werden zunehmend durch das persönliche Netzwerk gefiltert angezeigt und sollen den Nutzern als Entscheidungshilfe dienen.

GOOGLE+ bietet private Profile und seit Ende 2011 auch Unternehmensprofile, sogenannte Pages. Worin liegen die Unterschiede, und welchen Nutzen können Winzer oder Weinhändler für Ihre Arbeit durch GOOGLE+ ziehen?

GOOGLE+ bietet die Chance zum Aufbau einer Community (Kunden, Partner, Interessenten), die das Thema Wein beschäftigt. Durch die Nutzung von Kreisen kann man der jeweiligen Zielgruppe die gewünschten Informationen direkt zukommen lassen. Anhand der Hangouts ist es möglich, mit Menschen aus aller Welt über eine kostenlose Videokonferenz in Kontakt zu treten. Man kann den Erfahrungsaustausch nutzen oder persönliche Beziehungen aufbauen, die mit keinem anderen Kommunikationswerkzeug in dieser Art kostenfrei möglich wären. Es gibt z. B. schon zahlreiche Köche, die so mit mehreren Menschen weltweit ihre Erfahrungen rund um das Thema Kochen teilen.

Welche Vorteile bieten die Pages von GOOGLE+ dem Winzer oder Händler gegenüber den Konkurrenten Facebook und Twitter?

Durch eine Präsenz auf GOOGLE+ werden die Inhalte in den Suchmaschinenergebnissen des Suchmaschinen-Giganten GOOGLE sukzessive hervorgehoben. Die Vorteile sind somit die bessere Auffindbarkeit in der GOOGLE-Suchmaschine, weil die GOOGLE-Websuche die Darstellung der Beiträge aus dem GOOGLE+-Netzwerk gegenüber den Mitbewerbern bevorzugt.
GOOGLE+ ist sehr übersichtlich und benutzerfreundlich aufgebaut. Es bietet viel Zukunftspotenzial und zeigt im Vergleich zu Facebook ähnliche Funktionen, jedoch auch viele Unterschiede. Viele Unternehmen nutzen die kostenlosen GOGGLE+-Hangouts (Videochaträume bis zu zehn Personen) zum Kundenkontakt und -service. Die Organisation der Kontakte in praktischen GOOGLE+-Kreisen (Circles) erlaubt den Unternehmen, ihre Zielgruppen viel spezifischer in der Kommunikation anzusprechen als auf Facebook. Auch werden die CPC-Kosten für Anzeigen über

das GOOGLE ADWORDS-Werbeprogramm durch die Integration der „+1"-Funktion als Qualitätsfaktor gesenkt.

Welche Strategie empfehlen Sie, um die eigenen Kreise auszubauen, und wie könnte ein gelungenes Marketing mit GOOGLE+ für den Winzer oder Weinhändler aussehen?

Zuerst beginnt man mit der Erstellung einer eigenen professionellen Präsenz (Texte, Foto, Inhalte, Suchbegriffe auf der Profilseite) auf GOOGLE+. Danach sucht man seine Zielgruppe (Menschen, die das Thema Wein interessiert) entsprechend dem Marketingplan. Die Suche wird durch die eingebaute GOOGLE-Websuche innerhalb von GOOGLE+ erleichtert. Im Regelfall beginnt man, seine bestehenden Kunden, Partner und Interessenten aus dem realen Geschäftsleben auf GOOGLE+ zu suchen und auf die eigene Präsenz in GOOGLE+ hinzuweisen. Man sollte zunächst durch aktives Zuhören herausfinden, was die Menschen interessiert und welche Personen ein großes Netzwerk besitzen. Diese Personen nennen sich auch Influencer. Beeinflusser mit einer großen Reichweite können so manche Nachricht aufgrund der Größe ihres Netzwerks sehr weit tragen. Mit diesem Wissen beginnt man die zahlreichen GOOGLE+-Funktionalitäten zur Kommunikation mit der Zielgruppe einzusetzen. Auf jeden Fall sollte man immer mit Mehrwert (Publikum kann über Hangout mit Anbietern in Kontakt treten) versuchen, eine soziale Beziehung aufzubauen, die durch Offenheit, Transparenz und gegenseitiges Verständnis geprägt sein sollte. Als lokaler Winzer oder Weinhändler sollte man sich unbedingt im GOOGLE MAPS-Kartenservice als Ort eintragen, das nennt sich GOOGLE PLACES-Online-Branchenbuch. Dieser Ort bzw. Eintrag kann innerhalb von GOOGLE+ im GOOGLE+ LOCAL durch die Nutzer bewertet werden. Diese Bewertungen werden den Freunden angezeigt und verhelfen dem Ort zu mehr Reichweite bei der Kundenakquisition. Andere Bewertungsplattformen wie Qype, Yelp und Zagat laufen auch in GOOGLE+ LOCAL zusammen und geben Relevanz und Entscheidungshilfe. Wenn Sie Social-Media-Marketing passiv nutzen wollen, dann empfiehlt sich ein Monitoring der GOOGLE PLACES-Branchenbucheinträge zum Schutz der Reputation.

Inzwischen gibt es eine Reihe von Apps, um GOOGLE+ zu erweitern. Haben Sie hierfür Empfehlungen?

In Hangouts nutze ich gerne das gemeinsame Zusammenarbeiten an Dokumenten aller Art (Texte, Präsentationen, Tabellen, Zeichnen), teilweise in Echtzeit. Die Online-Kollaborationsmöglichkeiten sparen Zeit und Kosten. Ich habe Unternehmensberatungen und Webseminare, wo ich im Hangout über Screensharing anderen meinen Desktop präsentiere und so Lösungen zu Problemen aufzeige. Auch You-

Tube-Videos lassen sich gemeinsam betrachten. Zur rascheren Projektumsetzung kann man sich das gegenseitige Zusenden von E-Mails mit Dokumenten ersparen und sie an einem Ort nutzen.
Der GOOGLE CHROME-Webbrowser bietet viele Erweiterungsmöglichkeiten, um Beiträge z. B in mehreren Netzwerken gleichzeitig zu verteilen oder zu managen.

Was sind Ihre Top-Ten-Tipps und -Tricks im Umgang mit GOOGLE+?

Meine Erfahrungen zeigen, dass Unternehmen gerne vergessen, dass es in den sozialen Netzwerken vor allem um die Kommunikation mit Menschen geht und das Soziale im Vordergrund stehen sollte. Es hilft nichts, die gleichen Inhalte von der Website einfach hineinzuposten und zu hoffen, dass jemand vorbei kommt, der das mit „+1" bewertet. Es geht vor allem um Engagement, um gemeinsames, wertschätzendes, aufeinander eingehendes Kommunizieren, was auch Zeit kostet. Wer einfach nur Links postet und nicht den Dialog fördert, wird in keinem Netzwerk den gewünschten Erfolg finden. Es geht um das Teilen von Wissen und Erfahrungen und vielleicht auch darum, ein gemeinsames Produkt zu entwickeln. Besonders auf GOOGLE+ findet man zurzeit ein sehr anspruchsvolles Publikum mit einem hohen Ausbildungsgrad, das man nicht durch plumpe Werbung beeindrucken kann.

Wie wird sich GOOGLE+ aus Ihrer Sicht entwickeln? Wird es ein ernstzunehmender Kommunikationskanal und eine Alternative zu den Facebook-Pages?

GOOGLE+ ist im Vergleich zu anderen Netzwerken wie Facebook und Twitter das am schnellsten wachsende Netzwerk auf der Welt. GOOGLE+ hat innerhalb eines Jahres die dritte Position unter allen Netzwerken (gemessen an den Nutzerzahlen) eingenommen. Gründe dafür könnten das übersichtliche Design, der Funktionsumfang, die Abwesenheit von Werbeanzeigen, Spieleanfragen und andere Dinge sein, die Menschen weltweit zusammenführen.
Google Inc. vereint in seinem sozialen Netzwerk GOOGLE+ immer mehr seiner zahlreichen GOOGLE-Dienste wie YouTube, Bilder, Mails, Docs, News, Kalender usw. in einem System. Aus meiner Sicht wird GOOGLE+ stetig wachsen und gegenüber seinem größten Mitbewerber Facebook weiterhin zulegen. Facebook ist mehr ein Netzwerk für Freunde, Bekannte und Arbeitskollegen. Hingegen ist GOOGLE+ ein Netzwerk, um Menschen mit gleichem Interesse für ein Thema weltweit zu finden. Durch Nutzung des Hashtags (Rautezeichen #) mit anschließenden Suchwort finde ich Menschen auf der ganzen Welt, die zum Beispiel #Bordeaux im Beitrag nutzen. Dies bietet die Möglichkeit, direkt zu einem Thema ins Gespräch zu kommen. Diese Funktionalität findet man auch auf Twitter, und sie ermöglicht das rasche Auffinden von Menschen, die ein Thema beschäftigt.

Frau Ljubic, vielen Dank für das Gespräch.

Natascha Ljubic war neben dem Interview auch beratend bei der Erstellung des Kapitels GOOGLE+ tätig.

4.7 Expertentipp von Utz Graafmann, Wein-Plus

In sozialen Medien sprechen Menschen, keine Unternehmen. Die Gespräche sind offen, ehrlich und natürlich. Das ist eine völlig andere Sprache und eine andere Kultur als diejenige in Marketingbroschüren. In diesem Umfeld werden Sie nur dann erfolgreich sein, wenn Sie sich zu hundert Prozent auf diese Welt einstellen und einlassen. Dazu gehen Sie so vor wie auch bei realen sozialen Gruppen, in die Sie aufgenommen werden möchten: Nähern Sie sich vorsichtig; hören Sie erst zu, bis Sie die Gesprächskultur und die spezifische Sprache verstanden haben, ehe Sie selbst aktiv werden und das Wort ergreifen.

5. Wein-Plus – Das europäische Weinnetzwerk

Die bisher genannten Online-Dienste und sozialen Netzwerke erlauben zwar den Zugang zu weininteressierten Menschen, sind jedoch nicht auf das Thema Wein spezialisiert. Auf Facebook, XING, Twitter und GOOGLE+ müssen Weinanbieter sich zunächst die entsprechenden Nutzer suchen, die für Wein- und Genussthemen aufgeschlossen sind. Manche haben sich in entsprechenden virtuellen Interessengruppen (Communities) zusammengeschlossen, die es in allen genannten sozialen Medien gibt.

Die beste Möglichkeit, über das Internet gezielt potenzielle Weinkäufer, Vermarkter und Branchenkenner zu finden und anzusprechen, ist Wein-Plus, Europas führende unabhängige Internetplattform zum Thema Wein. Das offene Informations- und Kommunikationsnetzwerk für mehr als 200.000 registrierte private und professionelle Weinliebhaber wurde 1998 gegründet und wird nach eigenen Angaben täglich von über sechstausend Menschen genutzt. Die Nutzer können sich über Wein informieren, Kontakte knüpfen, Unterstützung finden und ihr Weingeschäft fördern. Alle Menschen, die diese Plattform nutzen, interessieren sich für Wein oder haben sogar täglich damit zu tun. So muss ein Anbieter nicht darauf warten, dass Weinfreunde in sozialen Netzwerken ihn finden, sondern er kann sofort auf Internetnutzer zugehen, die ihr Interesse am Produkt Wein bereits durch ihre Registrierung bei Wein-Plus bekundet haben.

Wer Mitglied im Netzwerk von Wein-Plus ist, gehört somit zu einer europaweiten Gemeinschaft, die das Interesse am Thema Wein vereint. Die Mitglieder haben Zugang zu allen Informationen auf der Plattform und können sich untereinander austauschen. Insofern bringt Wein-Plus Fragen und Antworten, Angebot und Nachfrage zusammen und schafft neben dem virtuellen auch ein reales Netzwerk, in dem Winzer, Händler, Journalisten und private Weinliebhaber miteinander ins Gespräch und ins Geschäft kommen können. Neben den Mitgliedsbeiträgen finanziert sich Wein-Plus über den Verkauf von Werbe-, Marketing- und Web-Services rund um die Plattform.

Für ein erfolgreiches Weinmarketing halte ich eine Mitgliedschaft im Netzwerk von Wein-Plus für nahezu unverzichtbar. Mit seiner Marketing- und Weinkompetenz hat Wein-Plus auch bei der Erstellung dieses Buchs geholfen, wie Sie am Vorwort und an den Expertentipps von Wein-Plus-Geschäftsführer Utz Graafmann sehen.

5.1 Wein-Plus im Überblick: Wissen, Marktplatz, Service

Im Frühjahr 2012 wurde der komplette Internetauftritt unter der Domain Wein-Plus.eu neu gestaltet. Damit wurden die früheren acht einzelnen Länderseiten (Deutschland, Italien, Spanien, Frankreich, Griechenland, Schweiz, Slowenien und international in englischer Sprache) in eine gemeinsame europäische Plattform für alle Binnen- und Außenmärkte überführt. Sie wird mittelfristig in den wichtigsten europäischen Sprachen und mit länderspezifischen Inhalten verfügbar sein, wobei die Sprach- und die Ländereinstellung unabhängig voneinander gewählt werden können. So kann sich jeder Besucher die spezifischen Inhalte für jedes Land in jeder Sprache ansehen – ein niederländischer Weinhändler kann sich beispielsweise gezielt über den österreichischen Markt informieren. In den meisten Fällen werden Sprach- und Ländereinstellung übereinstimmend genutzt, doch etwa in mehrsprachigen Ländern wie der Schweiz oder in Belgien ist die getrennte Wahlmöglichkeit von Sprache und Land von großem Vorteil.

Weinführer

Der Weinführer von Wein-Plus wird werktäglich aktualisiert und enthält professionelle Beurteilungen von mehr als 100.000 Weinen. Damit ist er der größte seiner Art. Alle Weine werden ausschließlich im neutralen Verkostungsraum der Wein-Plus-Redaktion in Erlangen grundsätzlich blind probiert und bewertet, wobei ein bedeutender Teil der Proben mindestens zweimal verkostet wird. So wird auch der Einfluss der Luft auf den Wein berücksichtigt und in die Bewertung einbezogen. Dadurch unterscheidet sich der Wein-Plus-Weinführer von der Verkostungspraxis anderer Medien und unterliegt strengeren, differenzierteren Richtlinien.

Weinglossar, Magazin und Newsletter

Das Weinglossar ist mit über 16.000 Begriffen das umfangreichste Online-Weinlexikon weltweit. Es enthält Einträge zu Rebsorten, Regionen, Weinen und Erzeugern sowie zu Fachbegriffen aus Weinbau und Weinbereitung, Persönlichkeiten aus der Weinwelt und Geschichten rund um den Wein. Das Wein-Plus-Magazin liefert aktuelle News und Hintergrundartikel zu Weinregionen, Winzern und Weinen, Weinrecht und -wirtschaft sowie zu Events und neuen Jahrgängen. Jeden Monat erscheint ein sogenanntes BEST OF mit den Top-Weinen zu einem bestimmten Verkostungsthema. Mit diesen und vielen weiteren Rubriken umfasst Wein-Plus insgesamt über eine halbe Million Internetseiten. Der Newsletter informiert über 160.000 internationale Empfänger einmal im Monat per E-Mail über Neuigkeiten auf Wein-Plus.eu, etwa über die neuesten Magazinartikel oder aktuelle Verkostungsnotizen.

Verkostungspaket

Fünfmal pro Jahr stellt die Wein-Plus-Redaktion ein Verkostungspaket mit Weinen zusammen, das Weinfreunde bestellen können. Es enthält eine Selektion von Weinen, die für ihre Herkunft besonders typisch und während der Proben für den Weinführer besonders positiv aufgefallen sind – sowohl wegen ihrer außergewöhnlichen Qualität als auch wegen ihres unverwechselbaren Charakters. Das Paket erhalten die Besteller nach Hause geliefert und können so die Weine in einem Chat gemeinsam mit dem Verkostungsteam probieren.

Webkatalog und Shopping

Der Webkatalog ist ein umfassendes Verzeichnis von mehreren tausend Internetseiten rund um das Thema Wein. Er lässt sich nach Rubriken durchsuchen und liefert gezielt Informationsquellen zu konkreten Stichwörtern – von Erzeugern und Regionen über Gastronomie und Tourismus bis zu Weiterbildung, Fachmedien und Winzerbedarf. Im Shopping-Bereich sind rund 180.000 Weine von über dreihundertfünfzig Weinanbietern in einer Datenbank zusammengefasst, die die Weinangebote zentral abrufbar macht und eine systematische Suche nach Bezugsquellen ermöglicht. Sie wird regelmäßig aktualisiert.

Leserforum

Jede Seite der Plattform Wein-Plus.eu besteht aus zwei Ebenen, die über Reiter aufrufbar sind: Information und Forum. Der Reiter „Information" beinhaltet in jeder Rubrik Fakten, Wissen und Tipps, also die Inhalte, die Wein-Plus als Medium ausmachen. Der Reiter „Forum" steht für das Leserforum, in dem Weinthemen aus den einzelnen Rubriken (Weinführer, Glossar, Magazin, Webkatalog, Shopping und Business) und darüber hinaus diskutiert werden. So sind auf jeder Seite die redaktionellen Inhalte und die Diskussionen der Nutzer thematisch direkt miteinander verknüpft.

Rahmenverträge für Weinprofis

Wein-Plus-Nutzer, die selbst in der Weinwirtschaft tätig sind, finden im Business-Bereich praktische Unterstützung für ihren Geschäftsalltag. Knapp viertausend Mitglieder aus der Weinbranche haben sich bereits unter dem Dach des Netzwerks zusammengeschlossen und nutzen zahlreiche Marketing- und Kostenvorteile, die sich durch die starke Gemeinschaft ergeben und die für die Weinbranche optimiert sind. So ist Wein-Plus beispielsweise in Deutschland einer der größten Rahmenvertragskunden von UPS mit einem Versandvolumen von über einer halben Million Weinpaketen pro Jahr. Ziel der Interessensbündelung sind auch bürokratische Hilfen, etwa im Bereich der Verpackungsverordnung oder der Biozertifizierung. Weitere Services der von Wein-Plus ausgewählten Rahmenvertragspartner sind unter anderem die Zahlungsabwicklung im Onlineshop, Inkasso-Dienstleistungen und Rechtsberatung.

Werbung, Marketingunterstützung und Web-Lösungen

Wer Wein verkaufen will, erhält über Wein-Plus den unkomplizierten Zugang zu Kunden, Fachhändlern und Multiplikatoren. Werbung über das Netzwerk erreicht mehr weininteressierte Leser als jedes andere Online-Medium. Mit individuellem Zielgruppen-Targeting können Marketing- und Werbemaßnahmen nahezu ohne Streuverluste umgesetzt werden. Weinhandel und Produzenten profitieren gleichermaßen vom Siegel „Klassifizierter Erzeuger", das online ebenso wie im Ladengeschäft ganz einfach genutzt werden kann, um dem Konsumenten eine verlässliche Orientierung in Sachen Qualität zu geben. Wein-Plus unterstützt darüber hinaus mit einem Rundumpaket aus Homepage, Onlineshop und Marketingleistungen Weinerzeuger und Händler auch technisch beim Verkauf.

5.2 Online-Werbung auf Wein-Plus

Von den über 200.000 registrierten Nutzern von Wein-Plus sind rund 149.000 private Weinliebhaber, 10.000 Weinhändler und 21.000 Weinerzeuger; dazu kommen Weinjournalisten, Zubehörhandel, Gastronomie und andere Weinprofis. Viele dieser registrierten Nutzer sind bereit, für den vollen Zugriff auf alle Inhalte der Plattform zu bezahlen, was im „Kostenlos-Internet" einen erheblichen Vertrauensbeweis darstellt.

Ende 2007 hat sich Wein-Plus an der NetObserver-Nutzerstudie beteiligt. Dabei wurden fast 13.000 Internetnutzer zu ihren demographischen Merkmalen befragt. Ein Vergleich der Wein-Plus-Nutzer mit den Besuchern anderer Internetseiten ergab, dass die Nutzer von Wein-Plus eine deutlich überdurchschnittliche Kaufkraft und einen überdurchschnittlichen Bildungsstand haben:

- Mehr als die Hälfte der Wein-Plus-Nutzer sind Männer zwischen 35 und 54 Jahren; knapp ein Drittel sind Männer über 55 Jahren.
- Etwa drei Viertel der Wein-Plus-Nutzer sind erwerbstätige Männer, weniger als ein Fünftel der Nutzer sind nicht erwerbstätig.
- Deutlich über die Hälfte der Wein-Plus-Nutzer sind Erwerbstätige zwischen 35 und 54 Jahren. Auch der Anteil der Nutzer, die einen Hochschulabschluss haben, liegt bei über der Hälfte.
- Mehr als ein Viertel der Wein-Plus-Nutzer haben ein monatliches Netto-Haushaltseinkommen von 2.300 bis unter 3.500 Euro, knapp ein Drittel von 3.500 bis unter 5.000 Euro und rund ein Fünftel von mindestens 5.000 Euro netto pro Monat.

Diese Nutzerstruktur bietet gute Voraussetzungen für ein erfolgreiches, zielgruppenspezifisches Internetmarketing rund um Wein und Genuss. Dafür hält Wein-Plus ein breites Leistungsspektrum bereit:

- Bannerwerbung
- E-Mail-Werbung
- Veröffentlichung von PR-Artikeln
- Bannertausch
- Eintrag im Webkatalog mit Top-Platzierung
- Eintrag in der Weinsuchmaschine (Shopping-Bereich)
- Gemeinschaftsanzeigen in deutschen Weinzeitschriften

- Produktplatzierung im Verkostungspaket
- Medienpartnerschaft bei Veranstaltungen

Die Preise für alle Werbeleistungen sind übersichtlich und stets aktuell in den Mediadaten von Wein-Plus (www.wein-plus.eu/mediadaten) zusammengestellt.

5.2.1 Bannerwerbung

Banner sind die klassische Werbeform im Internet. Bei der Bannerwerbung werden auf Internetseiten Werbeflächen (Banner) geschaltet, die mit der Website des Werbenden über einen Link verbunden sind. Der Internetnutzer, der auf diesen Banner klickt, wird damit direkt zur Homepage bzw. zum Onlineshop des Anbieters geleitet.

Mit einem Banner können Sie sowohl zusätzliche Besucher (Klicks) als auch einen zusätzlichen Bekanntheitsgrad durch das Erscheinen Ihres Logos oder Firmennamens (Branding) erreichen. Darüber hinaus erhöhen Sie die sogenannte Linkrelevanz (Pagerank) Ihrer Homepage für Suchmaschinen wie die GOOGLE-Websuche, was Ihnen eine bessere Platzierung dort und damit noch mehr Aufmerksamkeit und Besucher sichert, weil Sie schneller im Netz gefunden werden können.

Wein-Plus bietet Bannerwerbung auf allen Seiten an – ob Weinführer, Glossar, Magazin, Webkatalog oder Shopping. Dabei stehen Ihnen verschiedene Bannerplätze und Größen zur Verfügung, die in den Mediadaten (www.wein-plus.eu/mediadaten) detailliert beschrieben sind. Der wesentliche Vorteil der Bannerwerbung auf Wein-Plus ist das detaillierte Targeting. Sie können separate Banner für einzelne Zielgruppen erstellen und beispielsweise nach Kundengruppe (z. B. Fachhandel, Gastronomie, Endkunden, Journalisten, usw.) oder regionaler Herkunft (Stadt, Landkreis, Bundesland usw.) differenzieren. Weitere Targeting-Kriterien sind etwa die Sprache, der Mitgliedsstatus oder die Ländereinstellung der Nutzer.

Über das Targeting sprechen Sie nur die Kunden an, für die Ihr Angebot wirklich interessant ist, und werben fast ohne Streuverluste, denn mit Hilfe dieser Selektionsmöglichkeiten bezahlen Sie nur für Werbung an die Empfänger, die genau Ihrer ausgewählten Zielgruppe entsprechen. Nach dem Abschluss Ihrer Bannerwerbung erhalten Sie von Wein-Plus eine detaillierte Analyse der Einblendungen und Klicks, so dass der Erfolg konkret messbar ist.

5.2.2 E-Mail-Werbung

Bei der E-Mail-Werbung kommt es auf den richtigen Verteiler an. Die Adressaten mussen ausdrucklich zugestimmt haben, dass sie Werbung per E-Mail erhalten wollen, und die Inhalte der Werbemail müssen genau auf die Zielgruppe zugeschnitten sein. Über Wein-Plus können Sie unterschiedliche Kundengruppen gezielt mit relevanten Inhalten ansprechen und sind dabei rechtlich auf der sicheren Seite. Denn alle Empfänger haben eingewilligt, Werbung auf elektronischem Weg zu erhalten, so dass Sie nicht wegen unerlaubter Werbemails abgemahnt werden können.

Wein-Plus bietet zwei Möglichkeiten der E-Mail-Werbung an:

Premium-Mail

Die Premium-Mail ist eine eine individuell gestaltete E-Mail exklusiv mit Ihrer Botschaft, die an einen ausgewählten Empfängerkreis versandt wird. Dabei können Sie die Zielgruppe frei aus dem Datenbestand von Wein-Plus selektieren. Die Selektion ist möglich nach regionalen (Land, PLZ-Bereich) oder funktionalen Aspekten (Verbraucher, Weinjournalisten, Weinhändler und Weinimporteure, Restaurants/Hotels, Schulungsunternehmen) sowie nach vielen weiteren Kriterien. Mit der Premium-Mail werben Sie wiederum ohne Streuverluste.

Newsletter-Werbung

Der Newsletter von Wein-Plus erscheint einmal im Monat und ist für die Empfänger kostenlos. Derzeit haben ihn mehr als 160.000 Weininteressierte aus ganz Europa abonniert, davon rund achtzig Prozent Endkunden. Sie werden kompakt und übersichtlich per E-Mail über die neuesten Artikel im Magazin und aktuelle Verkostungsnotizen informiert und erhalten viele weitere nützliche Hinweise. Der Newsletter hat eine hohe Akzeptanz und wird erst nach ausdrücklicher Anmeldung und Bestätigung versandt.

5.2.3 PR-Artikel im Magazin

Das Online-Magazin von Wein-Plus zählt zu den am meisten gelesenen Publikationen zum Thema Wein. In diesem Umfeld können Sie mit eigenen Artikeln vertreten sein, deren Inhalte ausschließlich von Ihnen stammen. Diese Artikel werden als Werbung gekennzeichnet, doch sie erscheinen im redaktionellen Bereich und sind für alle Wein-Plus-Nutzer sichtbar, so dass eine große Streuung gesichert ist. Abgesehen vom maximalen Umfang bestehen keine Vorgaben;

Sie können beliebig viele Fotos integrieren und vom Artikel auf Ihre Homepage verlinken, was die Platzierung Ihrer Homepage in den Ergebnissen von Suchmaschinen verbessern kann. Außerdem kann Ihr Artikel in den Wein-Plus-Newsletter aufgenommen werden, um eine zusätzliche Verbreitung zu schaffen.

5.2.4 Bannertausch

Wein-Plus bietet einen kostenlosen Bannertausch an. Dabei wird Ihr Banner so oft auf Wein-Plus.eu angezeigt, wie das Wein-Plus-Banner oder -Logo auf Ihrer Homepage erscheint. Es erfolgt also ein Tausch im Verhältnis der Seitenabrufzahlen von 1:1. Neben dem Werbeeffekt erhöht ein Bannertausch auch noch automatisch die beiderseitige Linkrelevanz und verbessert damit die Positionierung in Suchmaschinen.

Der Bannertausch ist nicht auf die Startseite beschränkt. Je mehr Unterseiten auf Ihrer Homepage Sie mit Wein-Plus-Bannern bestücken und je mehr Besucher diese Seiten haben, desto häufiger wird auch Ihr Banner angezeigt. Darüber hinaus können Sie zusätzliche Einblendungen erwerben und so nach Belieben die Frequenz erhöhen, um etwa auf besondere Aktionen aufmerksam zu machen.

Wein-Plus bietet auch an, individuelle Banner zu erstellen, so dass der gesamte Prozess in einer Hand bleibt und Sie weder selbst ein Banner basteln noch einen weiteren Dienstleister in Anspruch nehmen müssen.

5.2.5 Eintrag im Webkatalog

Als ebenso umfangreiches wie differenziertes Verzeichnis von Websites zum Thema Wein richtet sich der Webkatalog von Wein-Plus explizit an Nutzer, die gezielt nach Angeboten im Internet suchen, und ist daher für viele Weinliebhaber der Startpunkt für die Suche im Netz nach Weinen. Ihr Eintrag hier wird nicht „zufällig" wahrgenommen. Wer den Webkatalog nutzt, sucht konkret nach anderen Internetseiten zu bestimmten Themen oder Produkten. Sie profitieren durch einen Link auf Ihre Homepage, eine bessere Platzierungsmöglichkeit in Suchmaschinen und mehr Besucher auf Ihrer Website.

Der Basiseintrag im Webkatalog ist kostenlos, doch es gibt auch die Möglichkeit einer sogenannten Top-Platzierung. Damit schalten Sie einen Banner im Webkatalog, mit dem Sie in Ihrer Kategorie (z. B. Weinerzeuger Deutschland,

Ökologischer Weinbau, Importeur mit Sitz in Europa, Weinagenturen und Kommissionäre) unter den ersten Einträgen und besonders auffällig erscheinen. Mit der kostenpflichtigen Top-Platzierung (Preis siehe Mediadaten) sind – speziell für die Mitglieder im Wein-Plus-Netzwerk – zahlreiche Vorteile verbunden, darunter die Produktion des Banners, Links zum Weinführer und zum Shopping-Bereich, ein Porträtfoto und ein Kontaktformular.

5.2.6 Eintrag im Shopping-Bereich

Als Weinhändler oder Erzeuger können Sie Ihre Weine in die Weinsuchmaschine, den Shopping-Bereich von Wein-Plus, aufnehmen lassen. Das funktioniert ohne technischen Aufwand und ohne dass Sie spezielle Dateien bereitstellen müssen. Ein spezieller Spider (ein Suchmaschinenprogramm, das Internetseiten analysiert, auch als Webcrawler oder Searchbot bekannt) holt sich regelmäßig die aktuellen Weine und Preise aus Ihrem Shop und übernimmt diese in die Shopping-Datenbank. Dort werden Ihre Weine von kaufinteressierten Nutzern gefunden.

Der Preis für den Eintrag im Shopping-Bereich ist ebenfalls in den Mediadaten (www.wein-plus.eu/mediadaten) angegeben.

5.2.7 Gemeinschaftsanzeige in Weinzeitschriften

Wenngleich Wein-Plus ein reines Online-Medium ist, ermöglicht es auch Printwerbung, denn viele Weinliebhaber informieren sich regelmäßig in gedruckten Publikationen. Daher schaltet Wein-Plus mehrfach im Jahr eine Gemeinschaftsanzeige in drei führenden deutschen Weinzeitschriften (derzeit: Vinum, Der Feinschmecker, Selection), die jeweils hochkant auf einer Viertelseite im redaktionellen Teil untergebracht ist.

Als Teilnehmer an dieser Gemeinschaftsanzeige können Sie Ihre Internetadresse und bis zu drei Zeilen zusätzlichen Text veröffentlichen. Dieser Eintrag erscheint dann innerhalb der Anzeige in einer bestimmten Kategorie, von Weinen aus einzelnen Ländern über Weininfos bis zu Weinzubehör. Pro Jahr werden drei Anzeigenstaffeln geschaltet, die jeweils ein gleich hohes Volumen beinhalten. Somit sind Sie in fast jeder Ausgabe der genannten Zeitschriften präsent.

Der Vorteil dieser Werbemöglichkeit liegt insbesondere im Verhältnis zwischen Preis und Wirkung: Da die Kosten der großen Werbefläche auf alle Beteiligten umgelegt werden, kann der Einzelne deutlich günstiger werben als bei einer direkten Buchung und profitiert trotzdem von einer sehr hohen Aufmerksamkeit.

5.2.8 Produkte im Verkostungspaket

Als Wein- und Feinkostanbieter können Sie hochwertige Warenproben (Wein, Spirituosen, Öl, Essig, Schokolade, Gewürze usw.) aus Ihrem Sortiment zur Verfügung stellen, die dem fünfmal im Jahr versandten Verkostungspaket von Wein-Plus beigefügt werden. Damit erreichen Sie einen exklusiven Kreis von Weinliebhabern und Genießern, die besonders offen für neue Entdeckungen sind. Da diese sich beispielsweise im Verkostungschat oder auch im Leserforum untereinander austauschen, wird dem Inhalt des Verkostungspakets große Aufmerksamkeit zuteil.

Zu dieser Werbemöglichkeit unterbreitet Ihnen Wein-Plus auf Anfrage ein individuelles Angebot.

5.2.9 Medienpartnerschaft bei Veranstaltungen

Wenn Sie Weinmessen, Degustationen oder andere Veranstaltungen organisieren, können Sie Wein-Plus als Medienpartner nutzen und Vorzugskonditionen von bis zu hundert Prozent Rabatt für Ihre Veranstaltungswerbung nutzen. Die möglichen Leistungen umfassen dabei gut frequentierte Werbeflächen und Newsletter-Werbung ebenso wie eine Premium-Mail an potenzielle Interessenten in Ihrer Region. Darüber hinaus bietet Wein-Plus die Erstellung von Print- und Online-Werbemitteln an. Im Gegenzug nehmen Sie Wein-Plus mit Logo als Partner oder Sponsor in Ihre Veranstaltungskommunikation (Internetseite, Flyer, Broschüren, Plakate usw.) oder mit einer Anzeige in Ihren Katalog auf.

Wie bei jedem seriösen Medium kann allerdings ein redaktioneller Veranstaltungsbericht nicht Gegenstand von Marketingleistungen sein. Eine eventuelle Berichterstattung liegt allein im Ermessen der Wein-Plus-Redaktion und ist stets vollkommen unabhängig von einer Medienpartnerschaft.

5.3 Internet- und Marketingservices

Nachdem Wein-Plus seit fast fünfzehn Jahren Jahren Wein- und Internetkompetenz verbindet, verfügt das Unternehmen aus Erlangen über umfassendes, praxiserprobtes Know-How in Suchmaschinen- und Online-Marketing. Weinanbieter können sich daher auch einen individuellen Internetauftritt von Wein-Plus erstellen lassen. Das Festpreisangebot umfasst die Erstellung einer modernen und für Suchmaschinen optimierten Homepage über das Hosting mit eigener Adresse und E-Mail-Postfächern bis hin zu einem integrierten Marketingpaket für die Bewerbung der Website.

5.3.1 Individuelle Internetpräsenz

Wein-Plus entwirft und programmiert Ihren Internetauftritt nach Ihren Vorstellungen und Vorgaben. Falls Sie noch kein fertiges Konzept oder nur einen Grundgedanken zum Aussehen und zu den Funktionalitäten Ihrer Website haben, wird das Projekt maßgeschneidert geplant.

Im Einzelnen beinhalten die Leistungen die Beratung bis zum fertigen Entwicklungskonzept, eine eigene Internetadresse, Speicherplatz auf dem leistungsfähigen und mehrfach abgesicherten Wein-Plus-Server, E-Mail-Postfächer sowie kostenlosen E-Mail-Support bei Fragen oder Problemen. Es fallen weder zusätzliche Kosten für Aktualisierung und Pflege an, noch ist eine zusätzliche Software erforderlich.

5.3.2 Internetpräsenz mit Shop

Für Weinanbieter bietet Wein-Plus auch eine individuelle Internetpräsenz mit integriertem Onlineshop zur monatlichen Miete an. Die Shopbetreiber können dabei die Infrastruktur von Europas führender Weinplattform nutzen und erhalten die gesamte technische Abwicklung aus einer Hand, etwa Hosting, eigene Internetadresse, E-Mail-Service mit mehreren Postfächern, Datentransfer, unbegrenzten Speicherplatz für shoprelevante Daten wie Bilder und Artikel, unbegrenzten Datenverkehr, PHP- und Datenbankunterstützung sowie eine fast hundertprozentige Server-Verfügbarkeit.

Der Shop beinhaltet unter anderem ein Redaktionssystem zur Pflege und Erweiterung der Inhalte, Suchmaschinenoptimierung und die Anbindung an Produktsuchmaschinen, eine unbegrenzte Anzahl an Kategorien und Produkten sowie zahlreiche Artikeloptionen, die Unterstützung aller gängigen Zahlungsarten, Kunden-, Kundengruppen- und Bestellungsverwaltung, Statistiken, integrierte Versandmodule, die Anbindung an verschiedene Warenwirtschaftssysteme und die Datensicherung (Backup) per Knopfdruck. Als Starthilfe ist im Angebot von Wein-Plus auch ein Marketingpaket enthalten, das den automatischen Eintrag im Webkatalog, den Bannertausch samt tausend zusätzlicher Einblendungen sowie den integrierten Zugriff auf das Weinglossar umfasst.

Ein wesentlicher Vorteil am Shopsystem von Wein-Plus besteht darin, dass es gezielt auf die Weinbranche zugeschnitten ist, denn als Anbieter von Wein haben Sie eine Reihe von Besonderheiten zu beachten. So lässt sich beispielsweise der Literpreis, dessen Angabe gesetzlich vorgeschrieben ist, automatisch berechnen und in der Artikelauflistung bzw. in den Artikeldetails anzeigen. Zusätzlich bestehen Eingabe-, Such- und Anzeigemöglichkeiten für Weinart, Geschmacksrichtung, Herkunftsland, Anbauregion, Rebsorte(n), Jahrgang, Flaschengröße und empfohlene Trinktemperatur sowie für analytische Werte (Alkohol, Restzucker, Säure) und empfohlenen Trinkzeitpunkt.

Das komplette Webpaket mit allen Leistungen kostet 69 Euro netto im Monat (Stand: September 2012), für Mitglieder im Wein-Plus-Netzwerk nur 49 Euro netto monatlich. Weitere Kosten oder eine Einmalzahlung fallen nicht an.

5.3.3 Erstellung von Werbebannern

Als Internetdienstleister gestaltet Wein-Plus auch Online-Werbemittel nach Wunsch. Die Banner lassen sich in jeder benötigten Größe erstellen und können sowohl auf Wein-Plus.eu als auch auf anderen Websites eingesetzt werden. Informationen zu technischen Details und Preisen erhalten Sie auf Anfrage bei Wein-Plus.

5.4 Marketing- und Kostenvorteile für Mitglieder

Außer den genannten Werbemöglichkeiten bietet Wein-Plus Winzern, Händlern und anderen Anbietern von Produkten rund um den Wein im Rahmen ihrer Mitgliedschaft noch besondere Vorteile. Viele davon haben unmittelbaren Marketingeffekt. So können Sie, wenn Sie Mitglied im Wein-Plus-Netzwerk sind,

- als Erzeuger jederzeit unbegrenzt Weine für den Weinführer einsenden,
- Ihren Weinführer-Eintrag als Erzeuger durch ein multimediales Porträt aufwerten,

- mit dem Siegel „Klassifizierter Erzeuger" Vertrauen schaffen,
- Ihr Geschäft durch die Angabe von Bezugsquellen im Weinführer ausweiten,
- auf Wein-Plus.eu günstiger werben,
- Ihren Internetauftritt mit Shop zum Sonderpreis erhalten.

Diese Marketingvorteile werden nachfolgend genauer beschrieben.

Darüber hinaus nutzt Wein-Plus die Marktmacht von knapp viertausend Mitgliedern aus der Weinwirtschaft und hat exklusive Rahmenverträge mit kompetenten Partnern vereinbart, die auf die Weinbranche spezialisiert sind. Speziell Mitglieder mit Sitz in Deutschland haben so eine Reihe von Kosten- und Bürokratievorteilen und können im Einzelnen

- bis zu siebzig Prozent beim Paketversand sparen,
- Rabatte auf Versandverpackungen nutzen,
- Paletten günstig abholen und liefern lassen,
- die Verpackungsverordnung einfach und günstig umsetzen,
- die Biozertifizierung erleichtern,
- Zahlungsausfälle verringern durch Forderungsmanagement,
- kompetente Rechtsberatung erhalten,
- betriebswirtschaftliche Prozesse vereinfachen,
- den Shop-Umsatz steigern mit beliebten Zahlungsarten,
- den Kauf auf Rechnung ohne Ausfallrisiko anbieten,
- Einkaufsrabatte für Wein-Accessoires nutzen.

Mehr Informationen zu diesen – nicht primär marketingrelevanten – Vorteilen finden Sie im Business-Bereich auf der Wein-Plus-Website.

5.4.1 Die Mitgliedschaft

Die Website Wein-Plus.eu ist öffentlich, doch sind bestimmte Informationen und Funktionen den registrierten Nutzern und Mitgliedern vorbehalten. Um individuell auf Ihren Bedarf abgestimmte Inhalte angezeigt zu bekommen (und nicht z. B. als Weinhändler Angebote zu erhalten, die nur Winzer nutzen können), sollten Sie sich regis-trieren. Die Registrierung ist kostenlos und unverbindlich und führt nicht automatisch zu einer kostenpflichtigen Mitgliedschaft. Im Zuge der Registrierung, die einfach über die Homepage (Kasten oben links) funktioniert, legen Sie Ihre Benutzerdaten (Benutzername, Passwort) fest, mit denen Sie sich dann jederzeit an- und abmelden können. Ihre E-Mail-Adresse bestätigen Sie über das Double-Opt-In-Verfahren, so dass eine unbefugte Anmeldung mit Ihrer E-Mail-Adresse ausgeschlossen ist.

Vollen Zugriff auf die kompletten Inhalte in Glossar, Weinführer und Magazin haben Sie jedoch nur als Mitglied im Wein-Plus-Netzwerk. Während Nutzer ohne Mitgliedschaft nur einen Teil des Informations- und Leistungsangebots in Anspruch nehmen können, haben Sie dann unter anderem Zugang zu allen ausführlichen Verkostungsnotizen und Bewertungen im Weinführer, zu sämtlichen Stichwörtern und Erklärungen im Glossar sowie zum gesamten Magazin einschließlich Archiv, und Sie profitieren von einer verbesserten Bildschirmkonfiguration der Wein-Plus-Website. Darüber hinaus stehen Ihnen die erwähnten Marketing- und Kostenvorteile offen.

Die Mitgliedsgebühr ist von mehreren Faktoren abhängig, liegt aber deutlich unter 200 Euro pro Jahr (netto, Stand 09/2012). Dabei rechnet Wein-Plus tagesgenau ab, so dass die Leistungen der Mitgliedschaft unabhängig vom Abschlusszeitpunkt stets ein volles Jahr genutzt werden können und kein Geld verloren geht. Den konkreten Beitragssatz, der für Sie gilt, erfahren Sie auf der Wein-Plus-Website oder durch die Kundenbetreuung, deren Kontaktdaten ebenfalls auf der Homepage angegeben sind.

5.4.2 Einsendung von Weinen zur Verkostung

Die Verkostung von Weinen durch die Redaktion von Wein-Plus und die Veröffentlichung der Ergebnisse im Weinführer sind grundsätzlich kostenfrei und nicht an eine Mitgliedschaft gebunden. Üblicherweise können Weinerzeuger und Händler jedoch nur auf Einladung Weine für bestimmte Verkostungsschwerpunkte (z. B. für das monatliche „BEST OF") einreichen. Mitglieder im Netzwerk können dagegen jederzeit in unbegrenzter Zahl Weine einsenden, die dann vom professionellen Verkosterteam um Weinkritiker Marcus Hofschuster nach strengsten Kriterien blind probiert und beurteilt werden. Die Verkostungsnotizen und Bewertungen erscheinen schon wenige Tage später im Weinführer.

Abgesehen von der besonders gewissenhaften und fachkundigen Prüfung hat der Online-Weinführer von Wein-Plus somit den Vorteil, dass weder Sie als Erzeuger oder Händler noch die Verbraucher wie bei einem gedruckten Führer unter Umständen Monate auf dessen Erscheinen warten müssen, sondern die Beurteilung lässt sich bereits kurz nach Abschluss der Verkostung abrufen und werblich nutzen.

5.4.3 Multimediales Porträt im Weinführer

Im Weinführer von Wein-Plus wird jeder Erzeugerbetrieb mit Kontaktdaten vorgestellt. Als Mitglied hat der Winzer jedoch die Möglichkeit, sein Porträt aufzuwerten und damit deutlich mehr Informationen zu vermitteln. Dabei können nicht nur Texte, sondern auch Fotos, Audiodateien oder Videos eingestellt werden, so dass sich eine eigene, persönlich und multimedial gestaltete Marketingplattform im Rahmen von Wein-Plus ergibt.
Beispielsweise lassen sich Betriebs- und Lagenbeschreibungen, Personenvorstellungen, Preislisten oder Veranstaltungshinweise als Textdokumente einfügen. Flaschen- oder Etikettenfotos können ebenso wie das Betriebslogo zusammen mit den Verkostungsergebnissen abgebildet werden. So erhöht sich der optische Wiedererkennungseffekt der Weine – auch im Einzelhandel und im Restaurant. Mit Bildern, Videos und Audiodateien lässt sich zeigen, wie sich die Reben entwickeln, wie die Arbeit in Weinberg und Keller vonstatten geht oder wie man bei Ihnen auf dem Weingut feiert und genießt.

5.4.4 Das Siegel „Klassifizierter Erzeuger"

Weinkonsumenten brauchen und wünschen sich Orientierung. Diese können Sie als Mitglied bei Wein-Plus mit dem Siegel „Klassifizierter Erzeuger" deutlich verbessern. Die Erzeugerklassifikation im Weinführer, die diesem Siegel zugrunde liegt, ergibt sich aus den repräsentativen Weinbewertungen, die ein Weingut langfristig erzielt hat. Sie reicht von einem bis zu fünf Sternen und wird ständig anhand der neu verkosteten Weine überprüft und aktualisiert. Die Kunden profitieren davon, dass ein bei Wein-Plus klassifizierter Erzeuger im Weinführer über mehrere Jahrgänge ein hohes Qualitätsniveau gezeigt hat; das schafft noch mehr Vertrauen.

Dass mit dem Wein-Plus-Siegel der Erzeuger und kein einzelner Wein ausgezeichnet wird, ist durchaus etwas Besonderes. Die Auszeichnung eines Weins fördert zwar dessen Verkauf, ist jedoch hinfällig, sobald er ausverkauft ist. Das Siegel „Klassifizierter Erzeuger" bürgt dagegen grundsätzlich für die Qualität der Weine des betreffenden Produzenten und entfaltet dauerhaft eine verkaufsfördernde Wirkung. Es ist daher langfristig einsetzbar, und mit seiner Hilfe können Sie – sowohl als Erzeuger als auch als Händler – ein unabhängiges Fachurteil über Ihr Können und Ihre Leistung dokumentieren, was einen positiven Impuls für Ihr Image bedeutet.

Das Wein-Plus-Siegel lässt sich sehr einfach in verschiedene Marketingmaßnahmen einbinden, ob im Internet, in Drucksachen oder im persönlichen Kundenkontakt am „Point of Sale". Es ist in digitaler Form sowie als Aufkleber und als Flaschenanhänger verfügbar und bietet vielfältige Verwendungsmöglichkeiten:

- auf Ihrer Homepage,
- in Ihrem Webshop,
- bei Verkostungen, Präsentationen und Messen,
- in Ihrem Verkaufsraum,
- bei der Preisauszeichnung,
- auf Weinkartons,
- in gedruckten Preislisten, Broschüren, Flyern und Katalogen.

So schafft das Siegel „Klassifizierter Erzeuger" gewissermaßen eine Win-Win-Win-Situation:

- Kunden bekommen mehr Sicherheit und eine anschauliche Entscheidungshilfe.
- Händler werten ihr Marketing auf und unterstützen aktiv „ihre" Produzenten, da diese einen Verkaufsvorteil haben.
- Erzeuger erhalten mehr Aufmerksamkeit und vergrößern die Absatzchancen für ihre Weine, da sie von einer neutralen Instanz empfohlen werden.

5.4.5 Bezugsquellenangabe im Weinführer

Als Mitglied bei Wein-Plus können Sie sich im Weinführer kostenlos bei den Erzeugern, deren Weine Sie im Sortiment führen, als Bezugsquelle eintragen. Damit können Interessenten, die einen Wein von diesem Erzeuger kaufen möchten, mit einem Mausklick direkt in Ihren Onlineshop oder auf Ihre Homepage gelangen und den gewünschten Wein bestellen.

5.4.6 Vergünstigungen für Werbung und Webservices

Mitglieder bei Wein-Plus erhalten fünfzehn Prozent Preisnachlass auf die folgenden, oben beschriebenen Werbeleistungen:

- Bannerwerbung
- Premium-Mail
- Newsletterwerbung
- PR-Artikel im Magazin

6. Weinmessen

Ein wichtiger Baustein im Kommunikationsmix für Ihr erfolgreiches Weinmarketing sind Events. Messen, Roadshows, Verkostungen oder Weinfeste sind eine optimale Gelegenheit, mit Ihrer Zielgruppe in Kontakt zu kommen. Eventmarketing bedeutet für Sie, Kundenbeziehungen zu pflegen, neue Interessenten, Kunden oder Multiplikatoren wie Wiederverkäufer oder Journalisten für Ihre Produkte zu gewinnen. Ich beschäftige mich hier ausschließlich mit Weinmessen, da ich viele Erfahrungen damit gesammelt habe.

Warum ist eine Messebeteiligung im Kommunikationsmix wichtig für Ihr Weinmarketing? Als Hauptvorteil sehe ich den persönlichen Kontakt. Bis zu dieser Stelle dreht sich in diesem Buch alles um Werbe- und Marketingformen ohne persönlichen (Face-to-Face-)Kontakt. Das ist so, weil mittlerweile fast jede Zielgruppe im Internet erreichbar ist und Marketingaktivitäten dort auch wirken. Aber je mehr sich Marketing im Internet abspielt, desto bedeutender wird der persönliche Kontakt, da er als etwas Besonderes wahrgenommen wird. Sie können noch so viele Fotos von sich auf Facebook einstellen – eine persönliche, „leibhaftige" Begegnung mit Ihren Kunden kann das nicht ersetzen. Ein weiterer Vorteil ist, dass Ihre Produkte auf Messen mit allen Sinnen wahrgenommen werden können. Ist im Internet nur eine Kommunikation über (bewegte) Bilder und Texte möglich, so kann der Messebesucher das tun, was man mit Ihrem Wein am besten tun sollte: ihn verkosten. Außerdem kann man hier nicht nur Endverbraucher treffen, sondern auch Kollegen zum Erfahrungsaustausch und Multiplikatoren wie z. B. Journalisten oder Wiederverkäufer.

Möglicherweise gehen Sie bereits auf Messen. Gerade für diesen Fall möchte ich Ihnen dieses Kapitel besonders ans Herz legen. Sie werden einige Tipps erhalten, wie Sie noch mehr von Messebeteiligungen profitieren.

Ich habe die Erfahrung gemacht, dass einige Winzer und Händler nur einen sehr geringen Teil der Vorteile und Potenziale von Messen nutzen. Die gezielte Auswahl, eine Vor- und Nachbereitung sowie ein ehrliches Controlling des Events finden zumeist nicht statt. Folgende Aussagen von Ausstellern, die ich öfter gehört habe, haben mich in dieser Hinsicht bestärkt:

- „Ich besuche die Messe XY schon seit 20 Jahren."
- „Die Messe XY war ganz gut für uns, wir hatten gute Gespräche."
- „Die Messe war ein Erfolg. Wir haben 2.000 Euro umgesetzt und somit ein Plus von 250 Euro gemacht."
- „Die Messe hat mir gut gefallen, jetzt müssen wir mal abwarten, was kommt."

Aus diesem Grund ist eine sorgfältige Planung einer Messe das A und O für Ihren Erfolg.

6.1 Messeplanung

In der Planungsphase werden die meisten Erfolgspozentiale verschenkt. Wesentliche Gründe dafür sind

- unklare oder undefinierte Ziele,
- falsche oder ungenaue Auswahl der Messe,
- mangelhafte Durchführung und Nachbearbeitung.

Bevor Sie mit der Planung oder Vorbereitung für eine Messebeteiligung beginnen, stellen Sie sich zuerst die Frage, weshalb sie auf eine Messe gehen wollen. Mögliche Ziele könnten sein:

- Intensivierung und Pflege bestehender Kundenbeziehungen
- Image- oder Reputationssteigerung
- Präsentation neuer Produkte oder Produktlinien
- Gewinnung von Wiederverkäufern
- Erschließung neuer geografischer Märkte, national oder international
- Adress- und Neukundengewinnung
- Zielgruppe (Alter, Einkommen, Bildung, Herkunft, Lifestyle)

Seien Sie präzise und verbindlich. Wenn Sie keine verbindlichen Ziele ausgeben, wie wollen Sie dann am Ende feststellen, ob Sie diese erreicht haben? Es reicht somit nicht, als Ziel zu formulieren: „Ich möchte mich bei meinen Berliner Kunden mal wieder sehen lassen und neue Kunden gewinnen." Im Prinzip gilt hier das Gleiche wie bei den Unternehmenszielen. Formulieren Sie Ihre Ziele nach dem SMART-Prinzip: spezifisch, messbar, akzeptiert, realistisch und terminiert.

Wenn Sie diese Fragen geklärt und schriftlich notiert haben, können Sie damit beginnen, Veranstaltungen zu suchen, die Ihre Anforderungen erfüllen könnten. Berücksichtigen Sie dabei nicht nur bestehende Kontakte, sondern verschaffen Sie sich einen Gesamtüberblick über die möglichen Anbieter. Kontaktieren Sie alle Veranstalter, und lassen Sie sich Informationsunterlagen schicken. Fordern Sie Daten über die Besucherstruktur der letzten Jahre an.

Wenn Sie sich dann für eine Veranstaltung näher interessieren, bringen Sie in Erfahrung, welche Dienstleistungen der Veranstalter für Sie als Aussteller erbringt. Außerdem klären Sie, ob es Marketingkooperationen gibt, an denen Sie sich beteiligen können. Die Anzahl der Besucher ist nicht unbedingt ein Qualitätsfaktor. Je nach Zielsetzung kann eine gut besuchte Veranstaltung zwar vorteilhaft sein, aber in erster Linie ist es wichtig, welche Besucher auf die Messe kommen.

Natürlich ist auch die Standgebühr ein Faktor bei der Auswahl. Hier muss man jedoch streng unternehmerisch denken und die möglichen Erträge der Messe deren Kosten gegenüberstellen. Kennen Sie den Veranstalter bereits länger und arbeiten mit ihm zusammen, kann das vorteilhaft sein, sollte aber nicht überbewertet werden.

Erst wenn Sie alles für sich definiert, geprüft und schriftlich niedergelegt haben, entscheiden Sie sich für eine Veranstaltung bzw. einen Anbieter. Mit dieser Entscheidung ist die Arbeit jedoch nicht abgeschlossen, sondern hat erst begonnen.

Die schriftliche Fixierung Ihrer Messeziele hat den Vorteil, dass Sie eine klare Orientierung haben, Ihre Mitarbeiter im Vorfeld briefen und nur so später ein ernsthaftes Messecontrolling betreiben können.

6.2 Messevorbereitung

Wenn Sie sich für die Teilnahme an einer Veranstaltung entschieden haben, gilt es, etliche Dinge zu planen. Erstellen Sie eine Roadmap (Projektplan), in der die folgenden Fragen beantwortet werden sollten:

- Wer macht was und (bis) wann?
- Wie und wodurch kommuniziere ich mit meiner Zielgruppe im Vorfeld? (Online- und Offlinekanäle)
- Welche Kunden werden von wem und wie eingeladen? Gibt es mehrstufige Kampagnen? Wie stelle ich sicher, dass diese auch an den Stand kommen? (Gutscheine, Gewinnspiele oder Aktionen)
- Wie präsentiere ich mich auf der Veranstaltung, wie stellen sich die Mitbewerber dar, wie kann ich mich davon abgrenzen?
- Was ist dafür an Ausrüstung notwendig? Was davon ist vorhanden, was muss beschafft werden?
- Welche Unterlagen benötige ich? Was ist vorhanden, was muss produziert werden? Sind dieUnterlagen aktuell? (Visitenkarten, Prospekte, Preislisten, Gewinnspielkarten usw.)
- Wer ist im Vorfeld für diese Dinge verantwortlich? Wer auf der Messe?
- Sind diese Personen informiert, was mit der Messebeteiligung erreicht werden soll? Verfügen sie über die notwendigen Fähigkeiten und Kenntnisse?
- Gibt es zeitgleich zur Veranstaltung weitere Termine oder Verpflichtungen? Wer nimmt diese auf welche Art und Weise wahr? Gibt es dadurch qualitative Auswirkungen?

- Wer ist für organisatorische Dinge wie z. B. Personal, Logistik, Stand, Technik (z. B. Bildschirme, Beamer, Kühlung) und Übernachtung zuständig?
- Gibt es einen Notfallplan für Erkrankung, Witterungsumstände oder Fluktuation?
- Welche Weine und sonstigen Exponate werden gemäß der Zielstellung benötigt? Sind diese in ausreichender Quantität und Qualität pünktlich zum Veranstaltungszeitpunkt verfügbar?
- Bietet der Veranstalter ein Rahmenprogramm? Gibt es Workshops oder Vorträge, an denen ich mich beteiligen kann, um mich als Experte zu positionieren oder Reputations- oder Imagemanagement zu betreiben? Wer plant, koordiniert und führt diese durch?
- Welche Instrumente zur Adressengewinnung will ich verwenden, z. B. Gewinn- oder Schätzspiele?
- Wie und wer erhebt Daten über Besucher und das Mitbewerberumfeld während der Veranstaltung? Wer ist für die Auswertung, das Controlling und Reporting verantwortlich?
- Wer ist für die Messenachbereitung zuständig? Was erhalten Bestandskunden, die auf der Messe waren? Was erhalten Neukunden? Wer fasst die Kontakte der neu gewonnenen Adressen? Wann erhalten sie das? Wer fasst diese Aktionen wann nach?

6.3 Messeumsetzung

Wenn der Termin steht, müssen Sie diesen kommunizieren. Überlegen Sie sich, wo sich Ihre Zielgruppe aufhält und wie diese angesprochen werden kann. Nutzen Sie dafür alle Ihre Online- und Offline-Kanäle. Pflegen Sie den Termin auf Ihrer Website ein, und legen Sie eine Veranstaltung auf Facebook und XING und GOOGLE+ an. Laden Sie bestehende Kontakte, Freunde und Fans ein. Berücksichtigen Sie anstehende Veranstaltungstermine bei Ihren Newsletter- oder Mailing-Aussendungen. Posten Sie regelmäßig bis zur Veranstaltung interessante News im Zusammenhang damit auf XING, Facebook, GOOGLE+ und Twitter. Mit einer Automatisierung, z. B. mit den vorgestellten Tools RSS Graffiti oder Gplus, können Sie – wenn gewünscht – Ihren Aufwand erheblich reduzieren. Wenn Briefe oder Rechnungen verschickt werden, weisen Sie dort auf Ihre Messeteilnahme hin.

Sie sollten bei allen Maßnahmen dabei so zielgruppenspezifisch wie möglich vorgehen. Es hat keinen Sinn, den Kunden in München über Ihren Termin in Hamburg informieren. Im Gegenteil: Der Münchner Kunde wird eher verwundert sein und die Information als unpersönlich empfinden. Sollten Sie derzeit technisch noch nicht in der Lage sein, zielgruppenspezifische Selektionen innerhalb Ihres Kundenstamms und -potenzials durchzuführen, lege ich Ihnen das folgende Kapitel „Adress- und Kundenbeziehungsmanagement" ans Herz.

Planen Sie Ihre Kampagnen rechtzeitig. Nur so haben Ihre Kunden oder Interessenten die Möglichkeit, den Termin zu berücksichtigen und Sie auf der Messe bzw. an Ihrem Stand zu besuchen. Stellen Sie verschiedene Überlegungen an und entscheiden Sie, ob es für Ihre Planungen, z. B. für Aktionen, Incentives o. Ä., sinnvoll ist, eine Rückmeldung von Ihren Kunden zu erbitten. Es ergeben sich z. B. folgende Fragstellungen:

- Wollen Sie, dass sich Ihre Kunden bei Ihnen anmelden?
- Planen Sie darüber hinaus den Versand von Gutscheinen oder vergünstigten Eintrittskarten für die Messe?
- Soll sich Ihr Kunde online auf Ihrer Website registrieren?
- Wollen Sie eine Facebook-Aktion durchführen?

Visualisieren Sie sich Ihren Messeauftritt! Gehen Sie in Gedanken die Veranstaltung durch, sehen Sie sich und Ihren Stand auf der Messe. Berücksichtigen Sie dabei auch Ihre Mitbewerber. Achten Sie auf markante Wiedererkennungsmerkmale. An Ihren Stand sollte sich ein Kunde auch nach der Veranstaltung gut erinnern können.

Sind Ihr Stand, die Messematerialien und das Messepersonal in Übereinstimmung mit Ihrem Corporate Design? Insbesondere sollte die Kleidung des Messepersonals einheitlich und z. B. mit Ihrem Logo versehen sein, dass sofort erkennbar ist, um welches Unternehmen es sich handelt. Überlegen Sie, wie Sie sich nicht nur inhaltlich von Mitbewerbern unterscheiden können. Nutzen Sie dafür alle Sinneskanäle (hören, sehen, riechen, fühlen, schmecken). Das bedeutet aber nicht, dass Ihr Stand wie ein Blumenladen aussehen muss.

Signalisieren Sie zu jederzeit dem Veranstalter, den Mitbewerbern, aber vor allem Ihren Kunden gegenüber, dass Sie Profi sind. Dies zeigt sich in Ihrem souveränen Auftritt: in der Standgestaltung, im Personal, aber auch darin, dass Sie gut vorbereitet sind und alle Preislisten, Prospekte und Gewinnspielkarten in ausreichender Zahl und in guter Qualität parat haben.

Planen Sie das Unplanbare! Verkehrsbedingte Ausfälle beim Personal oder Krankheit, Unfall oder Fluktuation im Unternehmen müssen ohne Qualitätsverlust behoben werden können. Wenn Sie einen Puffer einbauen, kostet dies möglicherweise etwas Geld; wenn Ihr Auftritt deswegen unprofessionell wirkt, kostet Sie dies viel Geld. Gleiches gilt für eine mögliche Mehrfachbelastung durch andere zeitgleiche Termine wie Hoffeste, weitere Messebeteiligungen und Ähnliches. Stellen Sie sicher, dass dies zu keinem Qualitätsverlust führt.
Das gilt auch für Ihr Personal. Die Qualität und die Leistung der Menschen am Stand werden mit Ihnen, Ihrem Unternehmen und Ihren Produkten gleichgestellt. Wählen Sie Ihr Standpersonal sorgfältig aus; schulen Sie es hinsichtlich Ihrer Zielsetzung bei der Messe.

Beauftragen Sie eine Person, die sich um die Logistik und um Organisatorisches kümmert. Die rechtzeitige Planung sichert Ihnen z. B. bei der Übernachtung die beste Auswahl an Hotels und meistens Preisvorteile.

Idealerweise verwenden Sie eine Checkliste, damit Sie vor Ort nicht noch schnell eine Verteilerdose oder Korkenzieher usw. kaufen müssen. In diese Liste nehmen Sie auch die Art und Anzahl der Weine und Exponate auf, die Sie mitnehmen wollen. Am Abend vor der Abreise gleichen Sie diese Liste mit der Beladung ab. Mein Tipp: Reisen Sie so an, dass Sie aufbauen, wenn die anderen es nicht tun, z. B. in der ersten Stunde, die der Veranstalter als Aufbauzeit angibt. Nutzen Sie die mögliche überschüssige Zeit – wenn Ihre Mitbewerber im Stress sind und sich beeilen müssen – zum Reflektieren und um mit Ihrem Team zu besprechen, warum Sie da sind, was das Ziel ist und worauf geachtet werden soll, aber auch zum Ausruhen.

Bestimmen Sie die Zuständigkeiten, delegieren Sie sinnvoll. Nutzen Sie eine Checkliste über die Besucherstruktur, damit Sie diese mit den Daten vergleichen können, die Ihnen der Veranstalter gegeben hat. Bestimmen Sie, wer dafür verantwortlich ist. Am besten ist diese Person auch in die Messeauswertung und das Controlling eingebunden.

Wenn der Veranstalter die Möglichkeit dazu bietet, werden Sie Bestandteil des Rahmenprogramms. Bieten Sie Workshops oder Sonderverkostungen an. Organisieren Sie zusammen mit einem anderen Aussteller Vergleichs- oder Kombinationsverkostungen, möglicherweise aus einem anderen Bereich oder einer anderen Region. Bieten Sie dem Kunden Erlebnisse an, Dinge, an die er sich erinnert, die er noch nie gesehen, gehört, erlebt oder erschmeckt hat. Positionieren Sie sich als Experte durch einen Vortrag, und verweisen Sie darin auf Ihren Stand.

Auf der Messe beginnt bereits die Vorbereitung für Ihr Messenachgeschäft. Verwenden Sie unbedingt ein Kundenkontaktblatt. Drei Tage später weiß nämlich niemand mehr, was der einzelne Besucher wollte.

Das Einsammeln von Visitenkarten ist hilfreich, erzielt aber nicht den gleichen Effekt. Das Kundenkontaktblatt muss neben den Adress- und Kommunikationsdaten mit E-Mail-Adresse auch Zusatzinformationen enthalten, die für Ihre Messenachbearbeitung und die spätere Pflege in ein CRM- oder Adressmanagement-Programm von entscheidender Bedeutung sind:

- Bearbeiter
- Bestehender Kunde oder Neukunde
- Alter (idealerweise das Geburtsdatum)
- Besucherart: Fachbesucher, Endverbraucher, Presse, Kooperationspartner usw.
- Produktinteressen (z. B. Seccos, Brände, Bioprodukte, Grauburgunder usw.)
- Investitionsbereitschaft (z. B. Preis pro Flasche > 12 Euro)
- Abnahmemenge (eine Flasche oder fünfzig Kartons)
- Verbrauch und Bestellfrequenz
- Gesprächsergebnis (z. B. Bestellung, Informationsmaterial, Newsletter, Anruf wegen XYZ usw.)
- Nächste Schritte, die nach der Messe durchgeführt werden müssen

Fertigen Sie unbedingt ein Kontaktdatenblatt in Ihrem Corporate Design an. überlegen Sie sich einen kurzen Gesprächsleitfaden, durch den Sie automatisch die Antworten auf diese Fragen erhalten.

Notieren Sie alle Informationen auf diesem Kundenkontaktblatt. Haben Sie die Informationen nicht festgehalten, ist der Kontakt nahezu wertlos. Möglicherweise müssen Sie sich am Anfang zu diesem Schritt zwingen und Ihre Mitarbeiter am Stand entsprechend schulen und motivieren. Das System wird zur Folge haben, dass Sie eventuell weniger Kunden bedienen können, aber am Ende werden Sie mehr Umsatz machen. Sie gewinnen dadurch loyale Kunden und nicht nur Einmalkäufer.

6.4 Messenachbereitung

Die Messenachbearbeitung ist mindestens genauso wichtig wie die Messe selbst, denn jetzt beginnt das eigentliche Messegeschäft, und die Abschlüsse werden gemacht. Warten Sie nicht auf die versprochenen Bestellungen. Diese werden in geringem Umfang oder gar nicht kommen – es sein denn, Sie arbeiten die Messe konsequent nach.

Die Nachbearbeitung muss unmittelbar nach der Messe erfolgen. Nach ein paar Wochen erinnern Sie und Ihr Kunde sich trotz des Kundenkontaktblattes nicht mehr an das Besprochene. Oder schlimmer: Ein Mitbewerber hat das Geschäft bereits eingefahren.

Für diese Nachbearbeitung und ein zielgruppengerechtes Marketing ist nun ein CRM- oder Adressmanagement unverzichtbar. Die Vorteile und Möglichkeiten werden wir uns im nächsten Kapitel genauer anschauen.

Sichten Sie als erstes alle Kundenkontaktblätter, und nehmen Sie eine Erstsortierung vor. Ordnen Sie z. B. nach Bestellungen, Rückrufen oder Informationsversand. Überlegen Sie sich, von wem und wie die Kontakte bearbeitet werden. Wenn möglich, standardisieren und delegieren Sie gewisse Vorgänge. Wichtige Kunden oder aussichtsreiche Gesprächspartner betreuen und kontaktieren Sie sehr zeitnah und persönlich.

Wenn drängende Termine eine sehr zeitnahe Bearbeitung unmöglich machen, kategorisieren Sie die Kundenkontakte in drei Bereiche:

- Bestellung
- Informationsmaterial
- Sonstiges

Senden Sie trotz möglicher Zeitnot vorab zumindest ein Dankeschön-Schreiben. Bestätigen Sie darin den Inhalt Ihres Gesprächs auf der Messe, z. B. „Ihre Bestellung / Ihren Terminwunsch haben wir bereits vorgemerkt und bearbeiten sie/ihn in den nächsten XY Tagen."

Halten Sie diese Zusagen unbedingt ein. Seien Sie verbindlich, und beziehen Sie sich auf Ihren Kontaktbogen: „Wir haben auf der Messe ABC am XYZ besprochen, dass... Heute melde ich mich bei Ihnen, um..."

Setzen Sie sich Wiedervorlagetermine! Halten Sie diese ein!

Versenden Sie die Bestellung, und melden Sie sich beim Kunden. Holen Sie sich Feedback, festigen und bauen Sie die Kundenbeziehung aus.

Das Ziel kann ein weiterer Verkauf sein, muss aber nicht. Der Verweis auf Ihre Facebook-Seite, weitere Termine oder die Ankündigung eines Quartalsbriefs ebnen den Folgeverkauf in der Zukunft und binden den Kunden an Ihr Unternehmen.

6.5 Messecontrolling

„Die Messe war toll. Es waren viele Besucher da." Derartige Aussagen haben nichts mit Controlling zu tun. Gleiches gilt für die Addierung der Verkäufe und die Gegenrechnung offensichtlicher Kosten.

Controlling kann mit „steuern" oder „regeln" übersetzt werden und ist die Erhebung und Aufbereitung wichtiger Daten bzw. Informationen. Es ist somit die Grundlage, auf der dann zielsetzungsgerechte Entscheidungen getroffen werden können.

Folgende Daten lassen sich im Laufe und nach einer Messe erheben:

- **Besucherstruktur und Qualität** (Fachbesucher/Endverbraucher, Alter, Einkommen, Kaufbereitschaft, Interessenlage)
- **Veranstaltungsqualität** (Service- und Marketingkooperationsmöglichkeiten des Veranstalters, professionelles Veranstaltungsmanagement, Einhaltung von Zusagen des Veranstalters, öffentliche Wahrnehmung der Veranstaltung)
- **Zielerreichung gemäß Vorgabe** (Umsatz, Leadgenerierung, B2B-Kontakte, Nachmessegeschäft, Expertenpositionierung)
- **Kostenanalyse** (offensichtliche Kosten und Nebenkosten, z. B. für Aktionen, unmittelbar erzielte Umsätze)

Eine Kosten- und Nutzenanalyse sollte auch das Messenachgeschäft einbeziehen. Dies stellt allerdings nur einen unverbindlichen Wert dar, da Sie Umsätze, die z. B. nach sechs Monaten kommen, nicht mehr eindeutig zuordnen können. Eine stichhaltige Betrachtung sollte bei intensiver Nachbearbeitung der Kundenkontakte nach etwa sechs Wochen möglich sein.

Überlegen Sie sich, wie Sie unterschiedliche Größen messbar machen können. Nehmen wir an, Ihr Ziel ist die Gewinnung neuer Fachbesucherkontakte in einer Stadt oder Region, in der Sie bisher unterrepräsentiert sind. Geben Sie diesem Ziel eine Bewertungsgröße in Euro. Bewerten Sie einen neuen Fachbesucherkontakt z. B. mit je 50 Euro. Legen Sie hier die Kosten zugrunde, die entstanden wären, wenn Sie diesen Kontakt über andere Kanäle wie z. B. das GOOGLE ADWORDS-Werbeprogramm gewonnen hätten, und verbuchen Sie diesen beispielsweise als Marketingumsatz der Veranstaltung. Je nach Zielsetzung und Wertigkeit vergeben Sie individuelle Werte, z. B. Endverbraucherkontakt X Euro, Wiederverkäuferkontakt Y Euro. In Ihrem Controllingbericht wird der Marketingumsatz selbstverständlich nicht dem Umsatz aus Direktverkauf oder Messenachgeschäft zugeordnet, sondern separat ausgewiesen. Dieses System können Sie um andere Faktoren wie z. B. Zeitungsberichte erweitern.

Für die Entscheidung über eine Wiederteilnahme, eine Verringerung oder Vergrößerung des Engagements ist die Rechnung „Kosten minus Umsatz" nicht zielführend. Oft beeinflussen z. B. große Geschäfte diese Rechnung und tragen so zu falschen Schlüssen bei. Lassen Sie deshalb solche einmaligen Umsatzspitzen unberücksichtigt, oder weisen Sie diese getrennt aus.

6.6 Kosten- und Nutzen-Check

Beim Controlling Ihres Messeauftritts müssen Sie jedoch nicht ohne Hilfe auskommen. Der AUMA (Ausstellungs- und Messeausschuss der deutschen Wirtschaft e.V.) bietet dazu ein hervorragendes computergestütztes Tool an. Der „Messe-Nutzen-Check 2.0" ist eine Software zur Planung, Berechnung und Bewertung einer Messebeteiligung, deren Ziel es ist, den Nutzen der Messebeteiligung zu quantifizieren. Dabei ist die Grundlage die Frage:

Welche Kosten würden entstehen, um die Ziele einer Messebeteiligung mit anderen Instrumenten zu erreichen?

Sie finden das Tool auf der Website des AUMA unter http://www.auma.de/mnc/mnc.html.

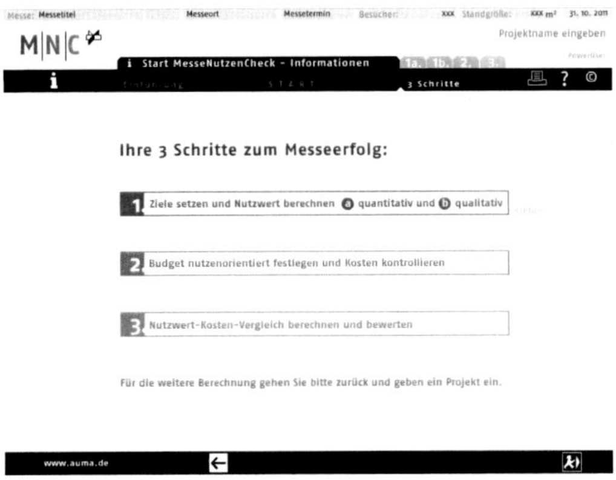

Abb. 28: Messe-Nutzen-Check 2.0 des AUMA

Auf der AUMA-Website im Bereich Marketing finden Sie darüber hinaus auch sehr hilfreiche Publikationen für Ihr Eventmarketing:

- CD-ROM „Messe fit. Ready for Trade Fairs"; alle Aspekte einer Messebeteiligung für den PC auf CD-ROM
- „Erfolgreiche Messebeteiligung – Teil 1: Grundlagen", Broschüre und Powerpoint-Präsentation
- „Erfolgreiche Messebeteiligung – Teil 2: Spezial Auslandsmessen", Broschüre und Powerpoint-Präsentation

Wenn Sie Ihre Kosten einer Veranstaltung berechnen, egal, ob mit oder ohne den „Kosten-Nutzen-Check 2.0", berücksichtigen Sie bitte alle Nebenkosten. Prüfen Sie gegebenenfalls versteckte Kosten. An dieser nicht abschließenden Auflistung können Sie sich orientieren:

- Standmiete inkl. Anschluss- und Betriebskosten
- Standbau
- Personal-, Reise-, Verpflegungs- und Hotelkosten
- Transport und Logistik
- Eintragung Messekatalog und Werbebeiträge (Kundeneinladungen, Streuartikel, Geschenke usw.)
- Aktionskosten (Verkostungen, Workshops usw.)
- Verbrauchsmaterialien
- Versicherungen

Reduzieren Sie Ihre Kosten z. B. durch gezieltes Kooperationsmarketing. Schließen Sie sich mit Partnern zusammen, und vereinbaren Sie einen gemeinsamen Messeauftritt. Sie können so die Kosten für Standmiete und Standbau teilen; dies kann je nach Messe vierzig Prozent und mehr der Gesamtkosten ausmachen. Aber auch andere Aktivitäten wie z. B. gemeinsame Gewinnspielaktionen – offline wie online – können gemeinsam veranstaltet werden. Ihr Kooperationspartner kann dabei auch aus einer unterschiedlichen Teilbranche kommen. Nutzen Sie die daraus entstehenden Synergien z. B. für Vergleichstastings. Dabei können Sie all Ihre Kreativität aufbieten. Wein und Schokolade oder Wein und Käse sind zwar immer eine gute Kombination, aber auch bereits tausendfach umgesetzt worden.

Suchen Sie sich Kooperationspartner, mit denen Sie langfristig kooperieren können. Möglichkeiten gibt es viele:

- Hotels/Restaurants in Ihrer Nähe
- Feinkosthändler (süß oder herzhaft)
- Küchenhersteller und -händler
- Kochschulen
- Wasserproduzenten
- Zeitungsverlage
- Autohäuser
- Golfclubs
- Künstler
- Musiker

Möglicherweise kommen Sie als Kooperationspartner sogar auf eine Messe, die Ihnen sonst verwehrt geblieben wäre. Manchmal sind Sie dort dann der einzige Winzer oder Weinanbieter. Die Aufmerksamkeit ist Ihnen dann sicher.

6.7 Experteninterview: Michael Degen

Michael Degen
Messe Düsseldorf GmbH
Bereichsleiter ProWein
E-Mail: degenm@messe-duesseldorf.de
Internet: www.prowein.de

Michael Degen ist seit 2007 der verantwortliche Bereichsleiter für die ProWein, Leitmesse der internationalen Wein- und Spirituosenwirtschaft. Die ProWein ist jährlicher Treffpunkt für Experten aus aller Welt. In professioneller Atmosphäre präsentieren viertausend Aussteller ihre Erzeugnisse: Weine für jeden Geschmack und in allen Preislagen aus den klassischen Anbaugebieten sowie aus neuen Regionen, traditionelle Spirituosen und topaktuelle Kreationen.

Herr Degen, Messen sind ein wichtiges Instrument im Marketingmix. Welche Vorteile sehen Sie gegenüber anderen Instrumenten in einer Messebeteiligung für Winzer und Händler?

Messen als Marketinginstrument zeichnen sich dadurch aus, dass vielseitige Ziele erreicht werden können. Das ausstellende Unternehmen kann sich in seinem wettbewerbsrelevanten Umfeld positionieren. Damit erreichen Betriebe nicht nur bestehende Kunden, sondern können auch qualitativ hochwertige Neukundenkontakte knüpfen. Produktinnovationen werden den (potenziellen) Kunden im direkten Dialog präsentiert. Das ermöglicht den unmittelbaren Kontakt zwischen Kunde und Produkt/Unternehmen und die persönliche Kundenansprache – gerade beim Produkt Wein ein wesentlicher Aspekt. Zudem nutzen international relevante Medien Messen intensiv für die Recherche von aktuellen Brancheninformationen, Trends und Innovationen. Damit hat auch der Aussteller die Möglichkeit, Unternehmens- oder Produkt-PR bei seinen Zielmedien zu platzieren.
Der Mehrwert einer Messe wie der ProWein in einem Satz: Innerhalb kürzester Zeit an einem Ort qualifizierte Kontakte zu Kunden und Medien aus aller Welt knüpfen.

Sie zeichnen als Bereichsleiter der ProWein verantwortlich für die größte B2B-Messe der Wein- und Spirituosenwirtschaft. Darüber hinaus gibt es aber auch eine Reihe von Endverbrauchermessen. Welche Strategie bei der Auswahl geeigneter Messen würden Sie dem Winzer und Händler empfehlen?

Machen Sie sich Ihre eigenen Ziele bewusst. Beispielsweise was und wen wollen Sie durch die Messeteilnahme erreichen? Verschaffen Sie sich einen Überblick über die verschiedenen Branchenveranstaltungen, um unter anderem zu klären, wie sich die Besucherstruktur darstellt. Der Abgleich zwischen den eigenen Zielen und den speziellen Charakteristika der Veranstaltungen bringt dann die für das jeweilige Unternehmen richtige Auswahl hervor. Wer deutsche und internationale Entscheidungsträger aus Handel, Gastronomie und Hotellerie ansprechen möchte, erreicht das bei der ProWein auf einzigartige Weise.

Die Vorbereitung ist entscheidend für den Erfolg einer Messebeteiligung. Was empfehlen Sie einem Winzer oder Händler im Vorfeld, damit sein Messeauftritt ein Erfolg wird?

Das Wichtigste ist: Bei der Messevorbereitung geht es nicht nur um die Reservierung und den Aufbau des Standes. Unternehmen müssen ihre Ziele klar formulieren und danach die Entscheidung für eine bestimmte Messeteilnahme treffen. Ich gebe Ihnen ein Beispiel: Wir möchten unsere neue Weinlinie XY dem internationalen Weinfachhandel vorstellen mit besonderem Fokus auf den Absatzmärkten Deutschland, Benelux, USA und Japan. Dann ist die ProWein mit Sicherheit eine optimale Messeplattform. Zielformulierung kann auch sein: Wir möchten die neue Weinlinie unter dem Aspekt Herkunft vermarkten. In diesem Fall lohnt sich gegebenenfalls eine Teilnahme im Rahmen eines Gemeinschaftsstands der entsprechenden Region. Soll der Aspekt Markenbildung (des Weins oder des Unternehmens) stärker im Vordergrund stehen, bietet sich die Teilnahme mit einem individuellen eigenen Stand an, da der Standbau gute Möglichkeiten für eine Identitätsbildung mit Markencharakter bietet.

Grundsätzlich steht und fällt eine erfolgreiche Messebeteiligung mit der Kommunikation bereits vor der Veranstaltung. Die internationalen Fachbesucher der ProWein bereiten sich nachweislich sehr gut auf ihren Messebesuch vor. Und damit sind nicht nur organisatorische Aspekte wie Flug-/Hotelbuchung und Eintrittskarte gemeint. Aufgrund des sehr umfassenden Ausstellerangebots der ProWein wählen viele Besucher frühzeitig relevante Aussteller, Anbaugebiete oder Konzepte aus und erstellen sich einen persönlichen Besuchsplan. Das geht dank der Ausstellerdatenbank der ProWein unter www.prowein.de besonders einfach. Gut beraten sind also die Aussteller, die ihrerseits bereits im Vorfeld ihre relevanten Unternehmens- und Produktinformationen in diese Ausstellerdatenbank einstellen und auch im News-Bereich von www.prowein.de von den Innovationen und aktuellen Produkten berichten, die die Besucher an ihrem Messestand erwarten. Über diesen Weg kann der Aussteller neben seinen bekannten Kunden insbesondere auch potenzielle Neukunden erreichen.

Mailings bzw. Einladungen besonders wichtiger Kunden zur Messe gehören ebenso dazu. Wir stellen hierfür unseren Ausstellern umfangreiche Werbematerialien zur Verfügung – angefangen bei Broschüren mit wesentlichen Informationen zur ProWein bis zu individualisierten Einladungskarten und Eintrittskartengutscheinen für Kunden. Auch für die Pressearbeit unserer Aussteller stehen wir unterstützend und beratend mit vielseitigen Services zur Verfügung.
Ziel aller messevorbereitenden Maßnahmen muss es sein, sowohl die Bestandskunden als auch potenzielle Kunden auf die eigene Messepräsenz aufmerksam zu machen und für die Produktpräsentation zu interessieren.
Auch die Nachbereitung einer Messe ist enorm wichtig. Nach der Messe müssen gewonnene Kundenkontakte nachhaltig weiterverfolgt und gepflegt werden. Denn es gilt: Die Messe muss integraler Bestandteil der ganzjährigen Marketingstrategie eines Unternehmens sein.
Für Aussteller bietet die Messe Düsseldorf die Teilnahme an grundlegenden Seminaren und Kursen an, die von der „Seminar-Allianz" veranstaltet werden. Dabei geben Experten ihr Wissen über erfolgreiche Marketingaktivitäten, professionelle Standgestaltung bis hin zur Entwicklung individueller Messekonzepte und der Erfolgskontrolle weiter.

Eine Beteiligung als Aussteller bei der ProWein ist mit Sicherheit eine sehr interessante und gute Möglichkeit, sich zu präsentieren. Wie kann ein Winzer oder Händler Aussteller werden? Was gibt es zu beachten, und welches Budget sollte zur Verfügung stehen?

Interessierte Betriebe können sich jederzeit von uns beraten lassen; außerdem sind alle notwendigen Unterlagen unter www.prowein.de abrufbar. Der Anmeldeschluss liegt jedes Jahr Ende Juli. Wichtig ist also zunächst, sich rechtzeitig zu entscheiden, denn nach Anmeldeschluss können Anfragen nur noch begrenzt berücksichtigt werden. Außerdem muss jedes Unternehmen für sich festlegen, wie und in welchem Umfang es sich bei der ProWein präsentieren will. Wie schon angesprochen sind die Gemeinschaftsstände eine gute Möglichkeit, um sich im Rahmen einer bestimmten Region zu präsentieren. Wer als einzelne Marke auftreten möchte, sollte einen eigenen Stand wählen. Das Budget hängt natürlich maßgeblich von dieser Entscheidung ab ebenso wie vom Standbau und den messevorbereitenden, -begleitenden und -nachbereitenden Marketingaktivitäten. Darum kann man keine pauschale Summe angeben, aber wir beraten natürlich gerne und machen jedem Interessenten ein entsprechendes Angebot, das auf seine individuellen Bedürfnisse zugeschnitten ist. Und klar ist: Die ProWein ist die richtige Plattform für Winzer und Händler, um deutsche und internationale Entscheidungsträger aus Handel, Gastronomie und Hotellerie zu erreichen.

Herr Degen, vielen Dank für das Gespräch.

6.8 Expertentipp von Utz Graafmann, Wein-Plus

Auf der Messe sind Sie – aus Sicht der Besucher – einer von vielen oft völlig gleichartigen Weinerzeugern oder Händlern, die ihre Weine dort vorstellen. Wichtig ist, dass Sie dem Besucher durch die Standkommunikation gut erkennbar die unausgesprochene Frage beantworten, warum er ausgerechnet zu Ihnen kommen soll. Was macht Sie einzigartig? Was unterscheidet Sie von anderen Ausstellern? Die Antwort auf diese Frage finden Sie insbesondere in Kapitel 3 „Unternehmen und Produkt".

7 CRM – Kundenbeziehungs- und Adressmanagement

Seit vielen Jahren bestelle ich meinen Traubensaft bei einem Weingut in der Pfalz. Regelmäßig erhalte ich Briefe und Prospekte zu Weinprodukten und Bränden. Aber noch nie habe ich Informationen oder Werbung zu dem Traubensaft erhalten, den ich seit Jahren dort kaufe.

Könnte der Winzer eine Selektion über seine gesammelten Adressen machen und eine Ausgabeliste aller Kunden erstellen, die in den letzten fünf Jahren Saft bestellt haben, deren Bestellung länger als sechs Monate zurückliegt und die in keinem Mahnlauf waren, so könnte er mir die Werbung senden, die mich wirklich interessiert.

CRM steht für Customer Relationship Management und kann als Kundenbeziehungsmanagement übersetzt werden. Eine CRM-Software ist ein System, das nicht nur die Adressdaten, sondern alle dem Kunden zugeordneten Faktoren und Attribute speichert, in Beziehung setzt und auswertet. Somit ist es nicht mit einer reinen Adressverwaltung gleichzusetzen.

Welche Vorteile dies für Sie hat und warum es für Sie in Zukunft wichtig sein wird, sich mit diesem Thema zu beschäftigen, stelle ich in diesem Kapitel kurz vor.

Zurück zu meinem Eingangsbeispiel: Wüsste mein Winzer, dass ich ein Kunde bin, der sich nachhaltig für das Thema Traubensaft interessiert, könnte er mich besser bedienen. Er könnte mir zielgerichtete Werbung und Informationen übermitteln (online wie offline) und treffsicher Produktangebote unterbreiten. Eine CRM-Software kann Ihnen also nicht nur mehr Umsatz bei deutlich geringeren Kosten bescheren, sondern vor allem eine höhere Kundenzufriedenheit. Dabei sollten Sie berücksichtigen, dass Kundenzufriedenheit ein Synonym für den Umsatz von morgen ist.

Der italienische Ökonom Wilfredo Pareto stellte im 19. Jahrhundert fest, dass zwanzig Prozent der italienischen Bevölkerung achtzig Prozent des italienischen Kapitals besitzen. Interessanterweise lässt sich das sogenannte Pareto-Prinzip in sehr vielen Bereichen feststellen. Machen Sie vielleicht auch mit einem Fünftel Ihrer Kunden den größten Teil Ihres Umsatzes? Wissen Sie, wer diese Kunden sind? Mit einer CRM-Lösung für Ihr Weingut oder Ihre Weinhandlung könnten Sie dies überprüfen und diese Kunden identifizieren.

Sie haben wahrscheinlich bereits eine Vielzahl von Kunden- und Adressdaten gesammelt und ein enormes Wissen aufgebaut. Sie und Ihre Mitarbeiter kennen Ihre Topkunden. Aber machen diese Topkunden auch Topumsatz? Was passiert, wenn dieses Wissen um Ihre besten Kunden verloren geht? Wenn Mitarbeiter und das damit verbundene Wissen – aus welchen Gründen auch immer – nicht mehr zur Verfügung stehen?

Sind diese Informationen in einem CRM-System gespeichert, können sie jederzeit und von jedem Berechtigten abgerufen werden. Neben den Kundenstammdaten (Adresse und Kommunikationsdaten) werden weitere Daten wie Adressherkunft, Gesprächs- und Versandhistorie, Umsatz- und Bestellzahlen, Wiedervorlage- und Marketingaktivitäten hinterlegt. Durch verschiedene Abfragen (Selektionen) können Sie eine Vielzahl von interessanten Informationen erhalten, die Sie für Ihr streuverlustarmes Marketing benötigen. Sie erhöhen damit die Wertschöpfung je Kunde, senken Ihre Marketing- und Vertriebskosten und erreichen am Ende eine höhere Kundenzufriedenheit und Kundenbindung.

In meinem Beispiel könnte der Winzer sich einige Kriterien überlegen, die seine Kunden in möglichst unterschiedliche Gruppen einteilen. Offensichtlich wäre z. B. die Unterscheidung nach Kunden, die überwiegend entweder alkoholische oder nichtalkoholische Getränke kaufen. Außerdem könnte er noch weitere Suchkriterien festlegen, z. B. „wohnt in ... / wohnt nicht in ...", „kein Kontakt mehr seit ...", „hat letztes Mal für mehr als XY Euro bestellt", Rotwein/Weißwein, Preisklasse usw.

Er würde dann eine Trefferliste aller Kunden mit den vergebenen Kriterien erhalten und könnte eine zweistufige Kampagne für diesen Personenkreis aufsetzen:

1. Selektion und Versand einer personalisierten E-Mail an diesen Kundenkreis mit interessanten Informationen über den jeweils bevorzugten Saft (Rebsorte, Lage, geographische Besonderheit, Klima im Jahrgang usw.).
2. Zeitversetzter Versand einer zweiten personalisierten E-Mail, die auf die Informations-Mail Bezug nimmt, mit einem konkreten Produkt- und Bestellangebot.

Was meinen Sie: Wird sich der Kunde, der seit Jahren dieses Produkt bestellt hat, angesprochen fühlen? Wie wird sich dies auf die Konversion und den Umsatz auswirken? Wie werden sich die Kosten für Werbemaßnahmen entwickeln?

Zusammenfassend hat die Einführung eines CRM-Systems folgende Vorteile:

- Kundenservice und Kundenzufriedenheit
- Erhöhung der Wertschöpfung je Kunde
- Umsatzsteigerung (Erhöhung der Konversion)
- Kostensenkung für Werbemaßnahmen
- Zielgerichte Werbung und Informationsweitergabe durch Zielgruppenorientierung
- Sicherung und Speicherung von Wissen über Kunden
- Sicherstellung, dass sämtliche Mitarbeiter alle (dieselben) Informationen haben
- Controlling- und Reportingmöglichkeiten für Messebeteiligungen

Leider ist die Einführung eines CRM-Systems erheblich aufwendiger als die Installation eines neuen Computerprogramms. Sie werden möglicherweise auf die Hilfe externer Berater zurückgreifen müssen. Diese haben die Möglichkeit, Ihre bestehenden Kundendaten in das neue System zu importieren und weitere ERP-Systeme (Enterprise Resource Planning) wie ein Warenwirtschaftssystem oder die Schnittstelle für Ihren Onlineshop zu integrieren. Idealerweise haben Sie dann nur noch ein System, das Sie pflegen müssen.

CRM-Systeme sind mit einer Investition verbunden. Diese scheint auf den ersten Blick nicht unerheblich zu sein. Trotzdem wird sie sich für Sie lohnen. Einige

Unternehmen bieten inzwischen Lösungen an, bei der Sie Software mieten können (Software as a Service – SaaS).

Eine Marktübersicht soll Ihnen einen Eindruck vermitteln.

CRM-Marktspiegel 2011 (Auszug)

Quelle: Angaben der Anbieter, www.it-matchmaker.com, Trovarit AG Stand: 25.03.2011		Allgemeine Informationen				Ziel-gruppe			Branchen-fokussierung			Web-Clients (Thin Client)		
Anbieter	System	Gründungsjahr	Mitarbeiter weltweit (Gesamt)	Erstinstallation	alle Installationen weltweit	Kleinere Unternehmen	Mittlere Unternehmen	Größere Unternehmen	Hochspezialisierte Branchenlösung (wenige Branchensegmente)	Mittlere Spezialisierung (ausgewähltes Branchenspektrum)	Branchenunabhängige Lösung	Webapplikation	Web (Thin) - Clients mit eingeschränkter Systemfunktionalität	Web (Thin) - Clients mit vollständiger Systemfunktionalität
Accenture CAS GmbH	CAS 8	1985	234	1999	200		●	●	●					
Actricity	Actricity CRM Portal	1995	75	2002	2	●	●	●		●		●	●	●
ADITO Software GmbH	ADITO online	1988	46	2004	650	●	●	●			●	●	●	●
AKD GmbH	AKD CRM	1993	30			●	●	●			●			
amapolis	amapolisCRM	1994	55	2006	26	●	●				●			
AS/point	CRM evo-one®	1995	37	2001	27	●	●				●			
audius GmbH	sales.net	1991	205	1996	25	●	●	●			●	●	●	●
Avature	Avature CRM	2003	200	2005	1500	●	●	●	●			●		
B&R GmbH	SMARTCRM	1992	40	1998	400	●	●			●				●
BigMachines AG	BigMachines	2000	240	2000	220		●	●			●			
BNS GmbH	BNS OnCRM	1994	30	2002	10	●					●	●		
bpi solutions	Sales Performer	1982	40	1996	150	●	●				●			
Brain Force	FINAS Suite	1983	1100	1995	6			●		●			●	
BSI AG	BSI CRM	1996	168	1992	17000			●			●			
C4 GmbH	SiT - Stay In Touch	1997	9	2002	21	●	●	●		●		●	●	●
camos GmbH	camos SalesCenter	1986	56	2009	70	●	●	●		●		●		
Candor Technologies GmbH	SalesInformationSystem SIS	1995	40	2003		●	●	●			●	●	●	●
CAS Software AG	CAS genesisWorld	1986	200	1998	3000	●	●	●			●	●	●	●
CAS Software AG	CAS PIA	1986	200	2008		●	●	●			●	●	●	●
CDC Software	Pivotal CRM	1987	1200	1987	2000	●	●	●		●			●	
Cegedim Deutschland GmbH	ad>direkt / TEAMS	1969	8000	1999	600			●	●					
chors GmbH	s@m sales & s@m campaign	1997	21	2000	16			●			●	●		●
Clients-Guide	CRm Software Clients-Guide	1999		2000	210	●					●			
cobra	cobra CRM PLUS	1985	50	1987	1600	●	●	●			●	●	●	
combit GmbH	combit Relationship Manager	1988		2004		●	●	●			●			
CompAS	CompAS Consumer	1993	12	1993	570	●	●	●		●			●	
ConSol* GmbH	ConSol*CM	1984	180	1997	180	●	●	●			●	●		
CONSOLIDATE Software	Consolidate	1996	1	1997	432	●	●	●			●	●	●	
CURSOR Software AG	CURSOR-CRM	1987	75	2004	50	●	●	●			●	●	●	
CURSOR Software AG	EVI / TINA	1987	75	1998	110	●	●	●		●				
Delta Access GmbH	ARGO	1994	30	1995	2000	●	●	●	●					●
Dimmel-Software GmbH	KORAKTOR®	1990	25	1998	1000	●	●				●			
Distler Company GmbH	TravelPro BEMA	1990	124	1994	44	●	●	●		●				
DocHouse GmbH	DocHouse	1995		1995	22000	●	●	●			●			
Dr. Glinz COVIS GmbH	COVIS	1983	70	1988	150	●	●	●		●		●	●	●
Dr. Maison & Partner GmbH	SalesManagerXT	1992	12	1997				●			●	●	●	●
enerpy GmbH	quisa web CRM	2005	20	2005	176	●					●	●		
Epicor Software	Epicor Clientele	1984	2700	1984	800	●	●	●	●					●
FlowFact AG	FlowFact	1985	86	1985	5500	●	●	●			●	●	●	
FrontRange Solutions	FrontRange CRM (Goldmine)	1989	750	2007	20000	●	●	●			●		●	
GEDYS IntraWare GmbH	GEDYS IntraWare CRM	1989	72	1987	900	●	●	●			●		●	
GIS	GIS CRM	1995	55	1997	150	●	●	●			●		●	
Glaux Soft AG	evidence CRM	1996		2002	250	●	●	●			●	●	●	●
GPN GmbH	PowerNet CRM	2006	4	2004	8	●	●	●			●	●	●	●
Grutzeck-Software GmbH	AG-VIP SQL	1979	10	2003	357	●	●	●			●			
Harmony Software AG	Harmony	1986	18	1986	3000	●					●			
Haus Weilgut GmbH	Weilgut CRM Suite	1985	25	1989	495	●	●			●				
IDV GmbH	ADDIS	1973	30		1250	●	●	●	●			●		
Infoman	Infoman CRM	1998	60	2004	22		●	●		●				
ISO Software Systeme	Touristisches CRM Emerald	1979	300	2003		●	●	●	●			●		●

Abb. 29-1: Marktüberblick CRM-Software, Angaben der Anbieter, www.it-matchmaker.com, Trovarit AG, Stand: 25.03.2011

CRM-Marktspiegel 2011 (Auszug)

Quelle: Angaben der Anbieter, www.it-matchmaker.com, Trovarit AG Stand: 25.03.2011		Allgemeine Informationen				Zielgruppe			Branchen-fokussierung			Web-Clients (Thin Client)		
Anbieter	System	Gründungsjahr	Mitarbeiter weltweit (Gesamt)	Erstinstallation	alle Installationen weltweit	Kleinere Unternehmen	Mittlere Unternehmen	Größere Unternehmen	Hochspezialisierte Branchenlösung (wenige Branchensegmente)	Mittlere Spezialisierung (ausgewähltes Branchenspektrum)	Branchenunabhängige Lösung	Webapplikation	Web (Thin) - Clients mit eingeschränkter Systemfunktionalität	Web (Thin) - Clients mit vollständiger Systemfunktionalität
IT Informatik GmbH	IT-CRM	1987	148	2000	945		●	●			●			
ITML GmbH	ITML > CRM	1998	100	2001	60	●	●	●		●		●		●
JBSoftware	CRM-Plus	1990	8	2006	1400	●	●				●			
julitec GmbH	julitecCRM	1999	20	2002	375	●	●				●			●
Laurus IT Inspiration AG	LAURUS CRM OFFICE MANAGER	2002		2002	30	●	●	●			●			
merkarion GmbH	ProfitSystem	1985	72	1993	1070		●	●		●			●	●
Microsoft	Microsoft Dynamics CRM	1983		2003	20000	●	●	●			●	●		●
midcom GmbH	www.kunde-online.de	2000	12	2002		●	●	●			●	●	●	●
MSP Systems GmbH	MX-Contact	1990	40	2000	431	●	●	●			●			
oceans GmbH	Oceans CRM	2004	34	1991	2140	●	●	●			●		●	
OMNINET GmbH	OMNITRACKER	1993	100	1997	300			●			●		●	
oPen Software GmbH	oPenCAS.NET mobile CRM	1992	7	1998	22		●	●		●				
ORACLE	Siebel CRM	1977	80000	1995	4250		●	●			●			
Orbitak Systems	contActive CRM	2006	30	2006	25	●	●				●	●	●	●
orgAnice Software GmbH	orgAnice CRM	1992	20	1992	20000	●	●				●	●		●
orgaplus Software	opus ware A8	1979	11	2002	5	●	●	●		●		●	●	●
Passus GmbH	PharmaData	1988	25	1988	20	●	●	●	●			●		
PAVONE AG	PAVONE Sales	1994	42	1999	1500	●	●	●			●	●		●
Pharmakon Software GmbH	C-World	1996	15	2001		●	●	●	●					●
PiSA sales GmbH	PiSA sales	1989	40	2003	50		●	●		●			●	●
PLANTA GmbH	PLANTA Sales	1980	50	2006	6	●	●	●			●			●
PRODATIS CONSULTING AG	avecrm	1999	33	2007		●	●	●			●			
PROTEAM GmbH	ORGASALES	1996	15	1996	2400			●			●		●	●
Raeder + Vogel GmbH	CAJAC II	1991	5	1991	60	●	●			●		●	●	●
rexx systems	rexx CRM	2000	60	2000		●	●	●			●	●	●	●
RightNow Technologies	RightNow CRM	1997	750	1997				●			●			
Sage Software	ACT!	1983	15000	1985	2,8 Mio	●					●	●		
Sage Software	Sage CRM	1983	15000	2006		●	●	●			●			
Sage Software	Sage SalesLogix	1983	15000	1996	7050	●	●	●			●	●		●
salesforce.com	salesforce.com	1999	2300	1999	92300	●	●	●			●		●	●
SalesGain	Ardexus Mode6 / WebMode	1998	20		88	●	●	●			●	●		
SAP	SAP CRM	1972	51000	1999		●	●	●		●			●	
scholz.msconsulting	Vemas	1978	20	1996	180	●	●			●		●	●	●
Selligent GmbH	Selligent X@	1990	115	1991	950	●	●	●			●	●		●
SERVICEPORTALS GmbH	CRM spo.ContactShare	2005	11	2005	83	●	●				●		●	●
Skill COMMERCIAL GmbH	COMMERCIAL Sales CRM	1985	10	1985	700	●	●		●					
SOBIS Software GmbH	Sales & CRM	1998	80	2002	4	●	●	●		●				
SoftConDev Ltd.	ABS Allfinanzbestandssystem	2005	13	1988	120	●	●	●	●					
solvito GmbH	solvito.CRM	2002	13	2002	30	●	●	●			●			
sopen GmbH	sopen Unternehmenssoftware	2009	5	2009	10	●	●	●			●	●		●
SugarCRM Deutschland	Sugar Professional	2004	180	2004	7000		●	●			●	●		●
Sumerasoft	Sumerasoft CRM-Kontaktmanager	2002	3	2005		●	●	●			●			
SuperOffice GmbH	SuperOffice CRM	1994	240	1994	1200	●	●	●			●		●	
Team4	Team4 CRM	1996	30	2001	100	●	●			●				
Tesla CRM Software GmbH	JTheseus	1987	17	2001	200	●	●	●			●	●	●	●
UNiQUARE GmbH	UNiQUARE FrontEnd	1988	170	1993	250		●	●	●					●
update software AG	CRM-Suite update.seven	1988	290	1988	1500	●	●	●		●		●	●	●
weburi.com GmbH	iExtensions CRM	2000	15	1993	600	●	●	●			●			●
WICE GmbH	WICE CRM-Groupware	2001	7	2004	200	●	●							●
YouAtNotes GmbH	YouAtNotes CRM	2000	15	2003	121	●	●	●			●			

Abb. 29-2: Marktüberblick CRM-Software, Angaben der Anbieter, www.it-matchmaker.com, Trovarit AG, Stand: 25.03.2011

Einen sehr hilfreichen Service bietet die Firma Trovarit aus Aachen mit ihrem Softwaretool CRM-Matchmaker an. Damit können Sie sich einen individuellen Marktüberblick gemäß Ihren Vorgaben und Wünschen erstellen. Die Suchmaschine bedient sich aus einem Portfolio von 298 CRM-Software-Lösungen. Sie können sie unter http://www.crm-matchmaker.com/ aufrufen.

Abb. 30: CRM-Matchmaker *(mit freundlicher Genehmigung der Trovarit AG)*

So recherchieren Sie eine geeignete Software für Ihr Weingut oder Ihre Weinhandlung:

Schritt 1: Eine kostenlose Registrierung vornehmen und Ihr Suchprofil erstellen.

Nach der kostenlosen Registrierung beschreiben Sie mit wenigen Klicks Ihr individuelles Projekt, z. B. hinsichtlich folgender Fragen:

- Welche Art von Lösung suchen Sie?
- In welchem Umfang sollen Ihre Geschäftsprozesse unterstützt werden?
- Welche technologischen Kriterien sind für Sie von Bedeutung?
- Welche Leistungen soll Ihr zukünftiger Systemlieferant und Dienstleister im Angebot haben?

Schritt 2: CRM-Softwarepakete recherchieren.

Ein weiterer Klick, und der CRM-Matchmaker erstellt eine Rangliste der CRM-Softwarepakete auf Basis Ihrer individuellen Anforderungen. Dabei wird nicht nur die CRM-Software analysiert, sondern auch die Erfahrung und das Know-How der CRM-Anbieter.

Schritt 3: Ihre Top CRM Software bestimmen und Top-20-Report bestellen

Sie erhalten ein Ranking mit Hintergrundinformationen zur CRM-Software und dem Anbieter. Bestimmen Sie Ihre Favoriten, und fordern Sie zum Abschluss Ihren persönlichen Top20 Report kostenlos an.

Ich freue mich besonders, dass ich für dieses komplexe Thema mit dem Jurist und Sozialwissenschaftler Alexander Schell vom Europäischen Institut für angewandtes Kundenmanagement (eifk) einen führenden CRM-Experten als Interviewpartner gewinnen konnte.

7.1 Experteninterview: Alexander Schell

Dipl.-Soz. (FH) Alexander Schell
Europäisches Institut für angewandtes Kundenmanagement
Institutsleitung
Karwinskistraße 54
D-81247 München
E-Mail: info@eifk.de
Internet: www.eifk.de

Der Jurist und Sozialwissenschaftler Alexander Schell ist geschäftsführender Gesellschafter und Leiter des Europäischen Instituts für angewandtes Kundenmanagement (eifk). Er gehört zu den führenden Experten für Kundenmanagement und CRM im deutschsprachigen Raum. Herr Schell bietet nicht nur in Deutschland, Schweiz und Italien (Südtirol), sondern auch in Österreich (hier in Kooperation mit den Wirtschaftsförderungsinstituten WIFI) einen in Europa bisher einzigartigen CRM-Diplom-Lehrgang, die berufsbegleitende Ausbildung zum/zur zertifizierten „Customer Relationship Manager/in", an.

Herr Schell, Neukundengewinnung ist teuer, und somit kommt der Festigung bestehender Kundenbeziehungen eine immer größere Bedeutung zu. Kundenzufriedenheit, Kundenloyalität, Optimierung der Marketingaktivitäten, Erhöhung der Wertschöpfung je Kunde sind nur einige Vorteile, die mit der Einführung von systematischem Kundenbeziehungsmangement im Winzerbetrieb erreicht werden können. Mit der Einführung von CRM sind etliche Überlegungen und Vorkehrungen im Betrieb zu treffen. Sie beschreiben in einer Ihrer Veröffentlichungen den Stufenplan zum CRM-Erfolg. Wie könnte eine solche Vorgehensweise für den Winzer oder Weinhändler aussehen?

Customer Relationship Management (CRM) für Weinvermarkter, also Winzer/Weinbauern und ihre Distributoren (Handelspartner), ist ein Management-Ansatz, eine Unternehmensführungskonzeption und eine Marketing-Strategie.
Auf jeden Fall ist CRM kein IT-Tool, das man einfach so ohne Vorbereitung und ohne Rücksicht auf die Kultur und das Verhalten des Betriebs gegenüber Kunden einführen kann. CRM ist eine schon fast philosophische Anleitung für mehr Effizienz in der Vermarktung der Weine und für mehr Wertschöpfung im Unternehmen. Informationstechnologien (CRM-Systeme) können die Umsetzung von CRM zwar unterstützen und viele Prozesse im Unternehmen beschleunigen, sorgen aber selbst nicht für Begeisterung und Bindung des gewerblichen oder privaten Weinabnehmers. Für die Zufriedenheit und die Loyalität der Kunden sind ein attraktives Angebot des Winzers oder Weinhändlers, eine emotional bewegende Markenpersönlichkeit, die Nähe des Betriebs zum kaufenden und konsumierenden Kunden, ein funktionierender Dialog mit den Kunden und ein möglichst hoher Beziehungsnutzen für den Kunden verantwortlich.
Egal, ob ein Händler oder ein privater Kunde an das Tor zum Winzerhof klopft – bei einer Entscheidung für oder gegen einen Winzer bzw. Weinhändler und für oder gegen einen Wein sind vor allem Gefühle und Emotionen des Kunden im Spiel. Die Kaufentscheidung des Kunden hängt davon ab, ob es dem Winzer bzw. Weinhändler gelingt, Erlebnisse und Geschichten rund um seinen Wein in die Kundenwelten zu transportieren und stabile Beziehungen zu den relevanten (sprich: richtigen und wertvollen) Kunden aufzubauen.
Die Einführung, Implementierung, Etablierung und Weiterentwicklung von CRM im Winzer- oder Weinhandelsbetrieb ist also ein Prozess und kein Projekt, das es mal eben in den Griff zu bekommen gilt. Die Anschaffung einer IT-Lösung allein reicht auf jeden Fall nicht!
Erfolgreiches CRM ist eine ganz spezifische Fähigkeit und Fertigkeit eines Unternehmens, die sich im Erfolgsfall nur schwer kopieren lässt. Ziel muss es daher sein, ein ganz unternehmenseigenes Verständnis vom Kunden zu entwickeln und ein individuell auf den Betrieb zugeschnittenes CRM-Verständnis auszubilden, um damit auch eine ganz typische CRM-Kompetenz zu erlangen.
Neue Zugänge zu den Kunden (Händler/Wiederverkäufer und private Käufer/Weinliebhaber, also Sammler und Genießer) und zu ihrer jeweiligen Einstellungs- und Lebenswelt sowie neue Erkenntnisse aus den Kundenbeziehungen des Winzerbetriebs bieten viele Möglichkeiten, sich konzeptionell und inhaltlich vom Wettbewerb eindeutig zu differenzieren.
Am Anfang steht im CRM immer der Kunde – und zwar der passende, für das Überleben des Weinbauern notwendige Abnehmer. Produkt- und technikorientiertes Denken und Handeln wird durch kundennutzen- und kundenwertorientiertes Denken und Handeln abgelöst.
Die Perspektive wechselt: Statt „von innen nach außen" heißt es nun „von außen

nach innen". Aus der Kundensicht erfolgt die kundenorientierte Prozessgestaltung im gesamten Betrieb. Die Kundenprozesse (also das typische relevante Kundenverhalten) sind der Ausgangspunkt für die Umstrukturierung des Unternehmens und seiner Geschäftsprozesse. Sie sollen zusammen mit den aus Unternehmersicht dringlichsten Vorhaben zu einer Win-Win-Situation für den Winzer- bzw. Weinhandelsbetrieb und seine Kunden führen.

Sechzig bis siebzig Prozent aller CRM-Einführungen scheitern, weil CRM nicht im Rahmen eines strategischen Ansatzes in Ableitung der Unternehmens- und Marketingziele erfolgreich auf allen Ebenen und in allen Bereichen des Unternehmens umgesetzt wurde. Hauptfehler: einseitige Fokussierung auf die IT und ihre (versprochenen) Nutzenvorteile für den User. Um den Erfolg eines CRM-Prozesses sicherzustellen, ist es notwendig, CRM als strategisches Konzept und nicht nur als IT-Projekt aufzufassen.

Schritt 1 heißt daher Aufklärung und Schulung. Der Winzer bzw. Weinhändler muss wissen, was CRM eigentlich für seinen Betrieb bedeutet, wie man CRM einführt und welche Vorteile CRM bietet. Ohne CRM-Wissen kann eine CRM-Einführung nicht funktionieren! Für diesen Schritt besucht der Winzer einen CRM-Einführungskurs (keine IT-Schulung) oder holt sich einen externen Trainer ins Haus, der ihn und seine Mannschaft mit den Vorteilen und Spezifika von CRM vertraut macht.

Schritt 2 ist die Sensibilisierung des Teams um den Winzer oder den Weinhändler, also aller Menschen, die im Auftrag des Winzers oder des Weinhändlers Kontakt zum Kunden haben, für den CRM-Ansatz. Ziel ist es, auch in der Mitarbeiterschaft ein klares Bekenntnis zur Kundenorientierung zu erreichen und das eigene Denken und Handeln einem Wandel zu unterwerfen. Dazu werden, neben dem Chef selbst, ein bis zwei besonders kundenorientierte Personen aus dem Team des Winzers bzw. Weinhändlers ausgewählt und intensiv im Rahmen eines Train-the-Trainer-Programms zu Multiplikatoren für CRM im Betrieb ausgebildet. So kann CRM vorgelebt und in alle Bereiche des Winzerbetriebs implementiert werden – eine wichtige Voraussetzung, um CRM-Software überhaupt einmal einführen zu können.

Schritt 3 sollte eine umfassende Analyse der Ausgangssituation vor Einführung von CRM sein. Hier sollten Fragen beantwortet werden wie z. B.:

Welche Produkte, Dienstleistungen und Services bzw. welchen relevanten Nutzen und Mehrwert bieten wir unseren Kunden überhaupt an?

Zu welchen Kunden (Ziel- und Stilgruppen) unterhalten wir überhaupt Beziehungen?

Wie zufrieden oder begeistert sind unsere Kunden von unseren Produkten und von unserem Betrieb?

Auf welchen Wegen und Kanälen erreichen uns unsere Kunden, und über welche sprechen wir unsere Kunden an und vertreiben unsere Produkte?

Welche Kundengruppen/Kundensegmente sind uns besonders wichtig?

Warum?

Mit wem und mit wie vielen Ansprechpartnern in welchen Abteilungen hat unser Kunde in der Regel zu tun?
Welche Kundeninformationen speichern wir?
Was wissen wir bereits über unsere Kunden?
Welche unserer Kunden haben einen positiven Kundendeckungsbeitrag und ein hohes Zukunftspotenzial und welche nicht?
Fühlt sich der Kunde bei uns individuell betreut?
Diese Bestandsaufnahme ist eine unbedingte Voraussetzung für alle weiteren Schritte. Sie dient dazu, die wirklich wichtigen To-Dos zu identifizieren, und hilft dabei, sich in der folgenden CRM-Umsetzung auf das wirklich Notwendigste zu konzentrieren.
Schritt 4 wäre die Durchsetzung einer kundenzentrierten Strategie im Winzer- bzw. Weinhandelsbetrieb. Dazu müssen meist viele Geschäftsprozesse, Routineabläufe und Organisationsschritte im Betrieb näher an die Ansprüche der Kunden und an ihr natürliches Verhalten gebracht, also angepasst, abgeändert oder aufgegeben werden.
Schritt 5 ist die Umsetzung des Customer-Relationship-Marketingmixes, also die Operationalisierung von CRM hinsichtlich
Produkt: Entsprechen unsere Angebote den oft sogar unausgesprochenen Bedürfnissen unserer Kunden? Passen sie in die Welt unserer Kunden?
Preis: Entsprechen die festgelegten Preise dem Wert und dem Nutzen, den der Kunde unseren Produkten zuschreibt?
Vertrieb/Verkauf und (Werbe-)Kommunikation: Entsprechen unsere Kommunikations- und Vertriebswege sowie die Verkaufs- und Werbemedien den vom Kunden gesuchten Zugängen zum Betrieb und den gewünschten Berührungspunkten mit der Unternehmens- bzw. Produktmarke? Führen wir einen intensiven Dialog mit unseren Kunden, oder setzen wir nur auf Werbemonologe?
Schritt 6 ist die Messung des CRM-Erfolgs von Anfang an. Diese kann man nur durchführen, wenn man auch klare und verständliche und für alle im Betrieb verständliche CRM-Ziele definiert hat, deren Erreichung man kontrollieren kann.

Bei der Auswahl eines CRM-Lösungspartners sieht sich der Winzer oder Weinhändler vor einer großen Herausforderung. Lizenzsoftware, „Software as a Service“ oder CRM Cloud sind Stichwörter, die möglicherweise überfordern. Welche Empfehlungen können Sie dem Winzer oder Weinhändler hinsichtlich Softwareauswahl und Lizenzmodell geben, und welche ungefähren Investitionen sind bei kleinen Unternehmen mit wenigen Mitarbeitern zu erwarten?

Diese Frage kann man nicht so einfach beantworten. Es gibt keine Standardlösung für jeden Winzer- oder Weinhandelsbetrieb – und auch kein Erfolgsrezept dafür, wie man durch mehr Kundennähe bessere Umsätze und mehr Gewinn macht.

In vielen kleinen und mittleren Betrieben reicht es manchmal schon aus, das Adressdaten-Management zu optimieren, die bestehende Kundendatenbank zu überarbeiten oder die Excel-Tabellen und Outlook-Funktionen effektiver einzusetzen. Nicht jeder Betrieb braucht gleich eine CRM-Software.
Zuerst einmal muss der Betrieb wissen, was er automatisieren und von der IT unterstützen lassen will und wo sich das auch wirklich auszahlt. Der Betrieb muss sich im Laufe der CRM-Einführung entscheiden, ob er vor allem ein besseres Kundendatenmanagement und damit eine bessere Analytik aufsetzen, ob er die Zusammenarbeit mit seinen Handelspartnern strukturierter angehen oder ob er den Dialog mit seinen gewerblichen und privaten Kunden optimieren möchte. In allen Fällen kann man nur davor warnen, sich voreilig eine teure und oft viel zu komplizierte Software-Lösung ins Haus zu holen, die weder zu den historisch gewachsenen Strukturen des Betriebs passt noch irgendeinen überragenden Nutzen für den Vertrieb und den Umgang mit den Kunden bietet.

Die bestehenden Kundendaten sind ein wichtiges Kapitel des Winzers oder Händlers. Diese Daten müssen in das neue System integriert werden. Was ist bei diesem wichtigen Schritt zu beachten?

Nicht in jedem Fall müssen alle Unternehmensdaten in ein neues System eingepflegt werden. CRM-Software beschäftigt sich in erster Linie mit den Kundendaten. Und nur diese gilt es sorgfältiger zu erheben, zu strukturieren, korrekt abzuspeichern und zeitnah einzusetzen. Dazu bedarf es manchmal nur einer klareren Kundendatenstrategie, mehr Disziplin bei der Dateneingabe und manchmal sogar nur einer Entschlackung der gesamten Stammkundendatei. Der Neuaufbau einer Kundendatenbank ist also nicht immer der wichtigste Schritt.

Kundenmanagement, Warenwirtschaftssystem, Bestell- und Rechnungswesen – oftmals werden mehrere Systeme nebeneinander gepflegt. Ist es für den Winzer oder Weinhändler sinnvoll, über die Einführung eines CRM- und ERP-Systems nachzudenken, und was gibt es zu beachten?

Es hängt von der Größe des Betriebs, vom Umfang der Angebotspalette, der Zahl der für die Kommunikation und den Vertrieb notwendigen Geschäftsprozesse und vom Umsatz bzw. vom Gewinn ab, ob ein Winzer oder Weinhändler solche Überlegungen anstellt. Dazu bedarf es einer Prozess- und IT-Analyse vor Ort. Vorschnelle Entscheidungen für ein ERP- oder gar ein um die CRM-Funktionen erweitertes ERP-System können im schlimmsten Fall sogar zur Lähmung des Betriebs führen!

Das Europäische Institut für angewandtes Kundenmanagement (eifk) bietet Unterstützung und Begleitung bei der Einführung, bei der Optimierung und beim Relaunch von CRM. Zum Thema Kunden(beziehungs)management" bieten Sie Einführungskurse, Seminare, Lehrgänge, aber auch Coaching, Beratung und Hilfe bei der Auswahl eines geeigneten Lösungspartners an. Wie kann der Winzer oder Weinhändler von Ihrem Know-How profitieren, und welches Budget sollte dafür eingeplant werden?

Wir arbeiten seit Jahren auch für Winzer und Weinhändler. Viele deutsche, österreichische und italienische Weinbaubetriebe sind uns inzwischen fast freundschaftlich verbunden. Wir bieten ja neben öffentlichen Seminaren und Kursen (zum Beispiel in Österreich und Südtirol über die Wirtschaftsförderungsinstitute WIFI) auch Inhouse-Lehrgänge und Workshops für die Betriebe an, in denen gemeinsam die Ausgangssituation bewertet, die CRM-Strategie erarbeitet und die ersten Schritte zur Umsetzung geplant werden. Wir begleiten die Betriebe aber auch bei der Durchsetzung ihrer Vorhaben und helfen ihnen, den besten Weg in Sachen CRM zu gehen. Die Teilnahme an öffentlichen Seminaren kostet etwa 100 bis 500 Euro pro Tag, der Preis für die Vorbereitung, Durchführung und Nachbearbeitung von Inhouse-Veranstaltungen (Training, Workshops, Beratung und Begleitung vor Ort) beträgt zwischen 800 und 1.500 Euro pro Tag und wird in den meisten Fällen sogar von Verbänden, vom Land, vom Staat oder von der EU gefördert.

Herr Schell, vielen Dank für das Gespräch.

7.2 Experteninterview: Dr. Karsten Sontow

Dr. Karsten Sontow
Trovarit AG
Pontdriesch 10/12
D-52062 Aachen
E-Mail: info@trovarit.com
Internet: www.trovarit.com

Dr. Karsten Sontow, Jahrgang 1967, ist seit Anfang 2001 Vorstand der Trovarit AG, Aachen, wo er die Bereiche Marketing, Account Management, Research und Finanzen verantwortet. Er hat die Software CRM-Matchmaker entwickelt. Dr. Sontow studierte Maschinenbau und Betriebswirtschaft an der RWTH Aachen und am Massachussetts Institute of Technology in Cambridge, USA.

Seinen Doktortitel im Maschinenbau erwarb er an der RWTH Aachen. Dort war er sieben Jahre Mitarbeiter am Forschungsinstitut für Rationalisierung (FIR) e.V., seit 1998 als Leiter des Bereichs Dienstleistungsorganisation. Die Tätigkeitsschwerpunkte des gebürtigen Gronauers lagen in der Forschung und Beratung zur Entwicklung und zum Management Technischer Dienstleistungen. Im September 2000 gründete Dr. Sontow gemeinsam mit Peter Treutlein die Concit AG, die im Juli 2001 zur Trovarit AG umfirmierte.

Herr Dr. Sontow, die Gewinnung neuer Kunden ist oft schwierig und mit hohen Kosten verbunden. Dabei liegen viele Potenziale im bestehenden Kundenumfeld brach. Ein Lösungsansatz, der mehr Kundenzufriedenheit, Kundenloyalität und Optimierung der Marketingaktivitäten verspricht, ist die Einführung eines CRM-Systems im Betrieb. Die Einführung von CRM setzt etliche Überlegungen und Vorkehrungen im Unternehmen voraus. Wie könnte aus Ihrer Sicht eine sinnvolle Vorgehensweise für den Weinerzeuger oder Weinhändler aussehen?

Gerade bei CRM gilt es zunächst einmal, den Fokus auf die Kundenbeziehung in der Unternehmenskultur zu verankern, d. h. in den Köpfen der Mitarbeiter sowie in der Organisation (Abläufe, Steuerungsgrößen). Dabei handelt es sich in hohem Maße um eine Führungsaufgabe. Erst vor diesem Hintergrund stellt sich die Frage nach einem geeigneten CRM-System, das als Werkzeug dabei hilft, CRM im Unternehmen in effizienter Weise umzusetzen und dauerhaft zu etablieren.
Wie eigentlich bei jeder Investition sollte man bei der Anschaffung einer CRM-Lösung dann nach einem klaren Ablauf vorgehen: Anforderungen definieren, Marktangebot sichten, möglichst konkrete Lösungsvorschläge und verbindliche Angebote einholen und miteinander vergleichen. Werkzeuge wie der IT-Matchmaker der Trovarit AG können hierbei umfassend Hilfestellung leisten (www.it-matchmaker.com) – angefangen von umfassenden Informationen zu mehr als dreihundert CRM-Lösungen über Vorlagen für belastbare Lastenhefte bis hin zur effizienten Abwicklung von CRM-Ausschreibungen. Insbesondere bei größeren CRM-Installationen (ab ca. 25 Benutzer aufwärts) sollte man vor der Beauftragung mit den besten Kandidaten die Implementierung der CRM-Lösung (Umfang und Vorgehen) erörtern und festschreiben.

Bei der Auswahl eines CRM-Lösungspartners sieht sich der Winzer oder Weinhändler vor einer großen Herausforderung. Unterschiedliche Modelle wie Software as a Service (SaaS), Cloud usw. geben weitere Rätsel auf. Welche Empfehlungen können Sie dem Winzer oder Weinhändler hinsichtlich Softwareauswahl und Lizenzmodell geben, und welche ungefähren Investitionen sind bei diesen kleinen Unternehmen mit wenigen Mitarbeitern zu erwarten?

Das Entscheidende bei der Software-Auswahl sind die eigenen Anforderungen. Egal, ob ein schlanker „Einkaufszettel" oder ein detailliertes Lastenheft – der Anwender sollte im Vorfeld dokumentieren: Welche Funktionalität muss die CRM-Lösung aufweisen, um das Geschäft sinnvoll zu unterstützen? Sind technologische Randbedingungen (z. B. Betriebssystem, Datenbanken, Mobile Clients oder auch Schnittstellen) zu bedienen? Verfügt der CRM-Anbieter idea-lerweise über Erfahrung in der Branche? Was gibt das Budget her?
Die Frage nach der „Darreichungsform" Lizenz oder SaaS (auch: Software aus der Cloud) stellt sich erst an zweiter Stelle. Hier gilt ganz allgemein: Je weniger fachliche Besonderheiten zu berücksichtigen sind, je weniger Integration zu anderen Software-Lösungen (z. B. Finanzbuchhaltung) notwendig ist und je geringer ein Höchstmaß an Vertraulichkeit in puncto Kundeninformation erforderlich ist, umso eher bietet sich die Nutzung von SaaS an. In diesen Fällen kann man dann weitgehend uneingeschränkt vom Konzept der Software aus dem Internet in Verbindung mit dem Bezahlmodell Software zur Miete bzw. gar mengenbezogene Abrechnung profitieren. Nach meiner Einschätzung ist dieses Modell gerade für kleinere Unternehmen durchaus attraktiv und stellt eine ernsthafte Alternative zum herkömmlichen Lizenzkauf in Verbindung mit dem Eigenbetrieb der Software dar.
Alleine aus Kostengründen – wie vielfach gerne argumentiert wird – rechnet sich dagegen das SaaS-Modell nicht unbedingt: Sehr einfache CRM-Lösungen (im Sinne einer elektronischen Kundenkartei) sind heute durchaus als Freeware kostenlos erhältlich. Aber auch recht leistungsfähige CRM-Lösungen kosten nicht unbedingt die Welt – oft liegen die Lizenzpreise für einen CRM-Arbeitsplatz deutlich unter 1.000 Euro. Aber auch bei den „Hochleistungs"-CRM-Lösungen, deren Lizenzpreise gerne bei 2.000 Euro je Arbeitsplatz rangieren und die oftmals zusätzliche Einführungsinvestitionen (Beratung, Anpassung, Schulung usw.) in ähnlicher Größenordnung mit sich bringen, amortisiert sich das Lizenzmodell im Vergleich zu SaaS oft in überschaubarer Zeit: Angesichts üblicher Nutzungspreise für CRM as a Service ist der Break-Even spätestens nach gut drei Jahren erreicht.

Bei einer Systemumstellung stellt sich auch die Frage nach der Übertragung der bestehenden Kundendaten in ein mögliches neues System. Was ist bei diesem wichtigen Schritt zu beachten?

Die Aufgabe der Datenmigration hängt sehr stark von der jeweiligen Ausgangssituation (Wie liegen die Kundendaten heute vor?) und der angestrebten Lösungskonstellation ab. Grundsätzlich gilt: Die Datenmigration wird häufig völlig unterschätzt und sollte daher möglichst früh mit dem CRM-Anbieter erörtert werden. Der Anbieter sollte nicht nur über entsprechende Erfahrung, sondern auch über geeignete Werkzeuge zur Aufbereitung und Konsolidierung der Kundendaten verfügen.

Viele Unternehmen verwenden für unterschiedliche Anwendungsbereiche verschiedene und autarke Softwarelösungen, z. B. für das Adressmanagement oder das Finanz- oder Bestellwesen. Ist es für den Winzer oder Weinhändler sinnvoll, über die Einführung eines CRM- und ERP-Systems nachzudenken, und was gibt es dabei zu beachten?

Wünschenswert ist sicherlich, dass Kundenmanagement, Warenwirtschaft und Finanzwesen Hand in Hand gehen. Dies legt eine integrierte Lösung für CRM und ERP nahe. Allerdings sind bei Weitem nicht alle ERP-Lösungen auch für CRM geeignet. Zudem ist die ERP-Lösung oft seit Jahren etabliert und eingespielt; eine Ablösung aus Anlass der CRM-Einführung steht oft nicht zur Disposition. Werden getrennte Systeme betrieben, sollte geprüft werden, welche der Lösungen für welche Daten „führend" ist. Gegebenenfalls kann dann eine – im Zweifel auch einseitige – Schnittstelle zwischen den Lösungen den Aufwand für die Datenpflege reduzieren. Anderenfalls müssen die Daten wohl oder übel doppelt gepflegt werden; dabei sollte man sich dann auf das zwingend Notwendige beschränken.

Im vorangegangenen Kapitel wurde bereits der IT-Matchmaker (http://www.it-matchmaker.com) aus Ihrem Hause vorgestellt. Wie kann der Winzer oder Weinhändler darüber hinaus von dem Know-How der Trovarit AG profitieren, und welches Budget sollte eingeplant werden?

Über den IT-Matchmaker-Service hinaus bietet Trovarit auch Beratung „vor Ort", wenn es um die Auswahl, die Einführung von CRM-Lösungen oder auch um die Neugestaltung der gesamten Anwendungslandschaft in einem Unternehmen geht. Das Beratungsbudget hängt dabei sehr stark davon ab, in welchem Umfang ein Anwenderunternehmen in der Lage ist, Fragestellungen unter Anleitung und unter Einsatz des IT-Matchmakers selbst zu bearbeiten. Im günstigen Fall beschränkt sich die Beratung der Trovarit auf punktuelle Unterstützung in kritischen Projektphasen (z. B. Formulierung des Lastenhefts). Dann kommt man bei wenigen Beratungstagen mit sehr geringem Beratungsbudget aus. Im Fall der CRM-Auswahl kann man als „Faustregel" sicherlich sagen: Die Auswahlberatung darf nicht mehr als zehn Prozent des Investitionsbudgets ausmachen.

Herr Dr. Sontow, vielen Dank für das Gespräch.

7.3 Expertentipp von Utz Graafmann, Wein-Plus

Idealerweise sind CRM, Warenwirtschaft, Internetshop, Buchhaltung und Newsletterversand eng miteinander verknüpft. Im besten Fall basieren alle Systeme auf einer gemeinsamen Datenbank, oder zumindest lassen sich die Daten zwischen den Systemen komfortabel in beide Richtungen abgleichen. Sie ersparen sich damit viel manuellen Doppelerfassungsaufwand, und nur so „weiß" Ihr CRM-System auch genug über Ihre Kunden, um wirklich eine kundenspezifische Ansprache zu ermöglichen.

8 Weinmarketing und Recht

Eine Website oder eine Facebook-Fanpage ist schnell angelegt. Doch damit ergeben sich für Sie auch rechtliche Fragen und Pflichten. Gerade der Gebrauch von sozialen Medien erfordert Ihre Aufmerksamkeit, denn vielfach sind Fragen aus diesem Bereich neu und werden erst durch Rechtsprechung geregelt.

Auch Datenschutz, Impressum, Markenrechte und Gewährleistungsansprüche sind Themen, die jeden Unternehmer betreffen. Deshalb habe ich zu diesem Thema ein Gespräch mit dem Kölner Rechtsanwalt Hans-Peter Kröger geführt, der auch Partneranwalt der Mitglieder von Wein-Plus ist. Der Jurist und Buchautor gilt als Internetexperte.

8.1 Experteninterview: Hans-Peter Kröger

Hans-Peter Kröger
Rechtsanwalt
Höhenring 98
D-53913 Heimerzheim
E-Mail: info@rechtsanwalt-kroeger.de
Internet: www.rechtsanwalt-kroeger.de

Herr Kröger, das Internet bietet riesige Chancen, aber auch einige Fallstricke. Was ist zu beachten, wenn Fotos oder Videos auf der Website veröffentlicht werden? Wie ist dabei die Rechtslage, wenn ich Fotos oder Videos verwende, die selbst erstellt wurden, auf denen aber dritte Personen zu sehen sind?

Der richtige Umgang mit Bildern im Internet ist nicht auf die leichte Schulter zu nehmen, wie die aktuelle Diskussion rings um das Urheberrecht zeigt. So werden kreative Grafiken, Zeichnungen und Fotografien – sogar auch Schnappschüsse – durch das Urhebergesetz geschützt und dürfen ohne Einverständnis der Urheber nicht verwendet werden; dies ist in § 2 Abs.1 Nr. 3, § 431, § 72 sowie § 19a des Urhebergesetzes (UrhG) geregelt. Alle Fotografien und fast alle Bilder, deren Urheber nicht schon seit über siebzig Jahren tot sind, genießen also urheberrechtlichen Schutz. Das bedeutet, zu deren Verwendung bedarf es einer Erlaubnis der Urheber. Diese Erlaubnis kann auch von anderen, z. B. einem Stock-Archiv, erteilt werden, wenn dieses die Bilder des Urhebers verwaltet.

Auch dürfen Sie nicht einfach Abbildungen von Personen ohne deren Einverständnis verwenden – das steht in § 22 und § 23 des Gesetzes, betreffend das Urheberrecht an Werken der bildenden Künste und der Photographie (KunstUrhG). Denn jeder Mensch hat ein sogenanntes Recht am eigenen Bild. Das bedeutet, dass man Fotografien von Menschen nur dann nutzen darf, wenn diese damit einverstanden sind.

Ausnahmen bestehen für den Fall, dass es sich um eine Person der Zeitgeschichte handelt – z. B. einen Politiker oder Schauspieler allerdings nicht zu Werbezwecken! – oder dass die Person nur ein Beiwerk ist, wie z. B. auf einem Foto von einer Messe, auf dem unauffällig im Hintergrund eine Person steht, die keine Bedeutung für das Bild hat und ebenso gut weggelassen werden könnte. Auch wenn die Person Teil einer Zusammenkunft von Personen ist, die ein Ziel verfolgen – die z. B. demonstrieren oder auf einem Konzert sind – geht man nicht von einer Urheberechtsverletzung aus. Im letzten Fall muss die Person jedoch als Teil der Veranstaltung abgebildet sein, also in der Menge. Ein „Herausschießen" von einer oder mehreren Personen ist nicht mehr von der Ausnahme erfasst.

Sind Sie also verführt, Bilder aus dem Internet durch ein einfaches Copy-and-Paste zu kopieren und für Ihre Zwecke zu nutzen, so können Ihnen bei einem nachgewiesenen Verstoß gegen das Urheberrecht ganz leicht Abmahnungen nebst Schadensersatzansprüchen drohen – so wie Sie sich natürlich auch gegen Verstöße gegen Ihr Urheberrecht zu Wehr setzen können.

Ein Beispiel: Auf der Internetplattform Facebook hat es eine erste Abmahnung wegen Urheberrechtsverletzung gegeben. Der Abmahner fordert darin das Übliche: die umgehende Entfernung des Lichtbilds, eine mit einer Vertragsstrafe bewehrte Unterlassungserklärung, Auskunft über die Dauer der Nutzung des Lichtbilds sowie Schadensersatz. Das Knifflige an dem Fall ist, dass es sich hierbei nicht um ein Foto handelte, welches der Abgemahnte selbst auf seine Facebook-Präsenz hochgeladen hat. Vielmehr hatte ein Dritter das Bild auf die Pinnwand des Abgemahnten hochgeladen. Und dennoch wird jetzt genau jener Betreiber der Facebook-Seite in Anspruch genommen!

Als Fazit lässt sich festhalten, dass selbst erstellte Bilder rechtlich am sichersten sind. Eine weitere Möglichkeit stellt die Nutzung von Bildern aus sogenannten Stock-Archiven dar, das sind Dienste im Internet, die Bilder für Fotografen verwalten.
Viele Menschen sind bereits in sozialen Medien wie z. B. Facebook organisiert. Welche Möglichkeiten gibt es unter dem Gesichtspunkt des Datenschutzes, bestehende Kontakte bzw. Adressen zu kontaktieren? Wie bewerten Sie die Möglichkeit, z. B. ein bestehendes digitales Adressbuch auf diese Plattformen hochzuladen, um nach jeweiligen Kontakten zu suchen?
Sicherlich üben soziale Netzwerke eine große Faszination auf viele Menschen aus, wie die rasant steigenden Mitgliedszahlen von Facebook, XING usw. zeigen. Aber auch, wenn die zum Teil sehr persönlichen Informationen, je nach Einstellung, nur den „Freunden" zur Verfügung gestellt werden können, besteht trotzdem die Gefahr, dass mit diesen Daten durch Dritte Missbrauch betrieben wird.
Weiterhin stellen soziale Netzwerke ihre Dienste grundsätzlich kostenlos zur Verfügung und müssen sich daher über Werbung finanzieren. Hierbei ist es für die Werbenden von unglaublichem Vorteil, durch die Profilseite des Nutzers relativ genaue Informationen über dessen Geschmack und sein Verhalten im Internet zu erhalten und dadurch eine auf den Einzelnen perfekt zugeschnittene Werbung schalten zu können.
Und genau hier liegt der Hund begraben: Einerseits will der Werbende natürlich seine Produkte gezielt anpreisen, andererseits möchte der Nutzer seine persönlichen Daten nur einem ausgewählten Kreis von Mitnutzern zugänglich machen und eben nicht der kommerziellen Nutzung zur Verfügung stellen – abgesehen davon, dass die Erhebung und Verwendung von sogenannten Bestands- und Nutzungsdaten zu Werbezwecken nach dem Telemediengesetz verboten ist. Darunter fallen alle Angaben des Nutzers, wie beispielsweise der Name, die E-Mail-Adresse, das Geburtsdatum, aber auch persönliche Interessen und Mitgliedschaften in Gruppen. Etwas anderes gilt natürlich, wenn der Nutzer in die entsprechende Mehrverwendung seiner Daten eingewilligt hat.
Datenschutzrechtlich äußerst bedenklich ist bei Facebook auch die Möglichkeit, Adressbücher hochzuladen, um Personen gezielt kontaktieren zu können. Insofern ist es insgesamt wichtig, dass die Aufklärung über den Datenschutz für den Nutzer auch verständlich und transparent ist.
Zugegebenermaßen bin ich ein sehr zurückhaltender Facebook-Befürworter, wenn Sie so wollen. Einen Vorteil für Unternehmer könnte ein Facebook-Account einzig dadurch sein, dass die Menschen, die den „Gefällt mir"-Button klicken, auf der entsprechenden Seite immer sehen können, wenn der Unternehmer etwas Neues veröffentlicht, verkauft usw. Hierdurch ist es möglich, regelmäßig die Aufmerksamkeit der Nutzer auf sich ziehen.

Unsicherheit herrscht nach wie vor bei sogenannten Werbeanrufen. Wie ist die Rechtslage, wenn der Winzer oder Händler eine Privatperson oder eine Firma anrufen möchte, um Produkte anzubieten? Macht es dabei einen Unterschied, ob es sich um einen bestehenden Kunden handelt oder ob mit der Person noch keine Geschäftsbeziehung besteht?

Unerlaubte Werbeanrufe – sogenannte Cold Calls – stellen eine „unzumutbare Belästigung" nach dem Gesetz gegen den unlauteren Wettbewerb (UWG) dar. Verbraucherinnen und Verbraucher müssen ausdrücklich in derartige Anrufe eingewilligt haben. Bei Gewerbetreibenden ist die Situation etwas anders, aber auch hier muss nach dem UWG zumindest die mutmaßliche Einwilligung in solche Anrufe erkennbar sein.
Wichtig ist auch, dass seit August 2009 bei Werbeanrufen die Rufnummer des Anrufers nicht mehr unterdrückt werden darf. Bei Verstößen können sich Verbraucher an die Bundesnetzagentur wenden und dort einen Missbrauchsfall über ein Formular melden. Die Bundesnetzagentur kann gegen rechtswidrig handelnde Unternehmen Bußgeldverfahren einleiten und bei nachgewiesenen Verstößen Verwarnungen oder sogar Bußgelder bis zu 50.000 Euro verhängen. Im Übrigen gilt diese Regelung auch gegenüber Bestandskunden, die eben nicht ausdrücklich in Werbeanrufe eingewilligt haben.
Immer wieder ein häufiges Thema aus meiner Praxis: E-Mails. Hier sollten Sie darauf achten, dass diese anders als bei postalischen Direktmailings zu handhaben sind. So ist E-Mail-Werbung ohne Einwilligung ebenfalls verboten und kann zur Abmahnung führen. Holen Sie sich daher vor dem Versand von E-Mail-Werbung bitte das Einverständnis des Empfängers ein. Dokumentieren Sie, wie sie an die Daten gelangt sind und wann. Zudem muss man extra darauf hinweisen, dass Verbraucher jederzeit die Möglichkeit haben, den weiteren Erhalt von Werbemails zu untersagen.

Einem Kunden schmeckt ein bestellter Wein nicht, oder eine Flasche der Bestellung „korkt". Welche Umtausch- oder Gewährleistungsansprüche hat der Besteller von Weinen aus einem Onlineshop? Kann sich der Winzer oder Händler zusätzlich absichern oder Vereinbarungen schließen?

Korkschmecker stellen tatsächlich ein nicht zu unterschätzendes Problem dar, insbesondere, weil hier die individuelle Wahrnehmung eine große Rolle spielt. Weit verbreitet ist ja immer die Annahme, man könne sich von einer Haftung freizeichnen, da es sich bei Korkschmecker um fehlerhafte Naturprodukte handelt, für die keiner etwas kann. Aber allen Gerüchten zum Trotz haften Händler und Erzeuger für Korkfehler, da diese tatsächlich einen Mangel darstellen, mit der Folge, dass dem Verbraucher grundsätzlich ein gesetzliches Gewährleistungsrecht von zwei

Jahren (Deutschland) zusteht. Bis dahin haben Verbraucher einen Anspruch auf Ersatz von fehlerhaften Weinen.

Gegenüber Privatkunden ist ein Ausschluss der gesetzlichen Gewährleistung gar nicht möglich, egal, ob ein solcher als Hinweis im Katalog, in den Allgemeinen Geschäftsbedingungen oder als Passus in einem Kaufvertrag steht. Derartige Regeln sind ungültig und aus diesem Grund auch abmahnfähig.

Welche verpflichtenden Angaben muss ich als Winzer oder Händler auf meiner Website oder meinem Onlineshop machen?

Ganz oben auf der Liste der zwingenden Klauseln und unverzichtbaren Angaben, die Online-Händler Ihren Kunden vor Vertragsschluss zugänglich machen müssen, stehen unter anderem diese fünf Punkte:

1. *Die zum Verkauf stehenden Artikel müssen so detailliert wie möglich beschrieben werden.*
2. *Der Bestellablauf muss so genau erläutert werden, dass auch Ungeübte ohne Weiteres zurechtkommen.*
3. *Außerdem wichtig: die Darstellung der Widerrufs- bzw. Rückgabebelehrung in ihrer aktuell gültigen Form.*
4. *Bei Dauerschuldverhältnissen wie z. B. Weinabonnements müssen Kunden zwingend über die Mindestlaufzeit informiert werden.*
5. *Der Gesamtpreis der Bestellung muss inklusive aller Preisbestandteile ausgewiesen werden, wie Versandkosten, Verpackungs- oder Versicherungspauschale usw. Alternativ muss dem Verbraucher eine Berechnungsgrundlage wie Übersichten oder Tabellen zur Verfügung gestellt werden, anhand derer er die Kosten leicht selbst ablesen kann.*

Wie Sie sich denken können, ist diese Liste noch etwas länger und unterliegt auch einem ständigen Wandel, ausgelöst durch neue Gesetze und geänderte Rechtsprechung. Zudem werden bei den Pflichtangaben häufig Fehler gemacht, da nicht nur die gesetzlichen Anforderungen zu beachten sind, sondern die Rechtsprechung zum Teil auch Vorgaben fordert, die den juristischen Laien häufig überfordern. Um ganz sicherzugehen, sollten sich Online-Händler regelmäßig über die aktuelle Rechtslage informieren oder – noch besser – juristischen Rat einholen, da ansonsten Konkurrenten gerne teure Abmahnungen durch einschlägige Kollegen aussprechen. An dieser Stelle erwähne ich noch meinen Händler-Newsletter, in dem ich regelmäßig auf genau diese Veränderungen eingehe und Vorschläge für die Umsetzung anbiete.

Was ist zu beachten, und wie sollte sich der Winzer oder Händler verhalten, wenn trotz aller Sorgfalt eine unerwünschte Abmahnung zugestellt wird?

Wie bereits mehrfach angesprochen, sind Abmahnungen in vielen Bereichen anzutreffen, insbesondere in Bereichen, in denen das Internet oder die Neuen Medien betroffen sind. Besonders viele Abmahnungen gibt es im Bereich des gewerblichen Rechtsschutzes, Markenrechts, Wettbewerbsrechts usw. Aber damit auch jeder versteht, wovon wir hier sprechen, will ich es einmal definieren: Eine Abmahnung ist ein Hinweis auf ein Ihnen vorgeworfenes rechtswidriges Verhalten, verbunden mit der Aufforderung, eine Unterlassungserklärung abzugeben, durch die Sie sich schriftlich und unter Androhung einer Vertragsstrafe verpflichten, das rechtswidrige Verhalten in Zukunft zu unterlassen. Eine Abmahnung hat grundsätzlich also das Ziel, einen bestehenden oder potenziellen Konflikt im Vorfeld, d. h. außergerichtlich, beizulegen. Zugleich werden in den meisten Abmahnungen Kosten von Ihnen gefordert, die Sie im Fall einer berechtigten Abmahnung auch tragen müssen.

Für Sie ist es in diesem Zusammenhang in erster Linie wichtig zu wissen, dass Sie keine vorgefertigte, der Abmahnung beigefügte Unterlassungserklärung ungeprüft abgeben sollten! Oftmals gibt es nämlich Gründe, gar keine oder zumindest eine modifizierte, sprich abgeänderte Unterlassungserklärung abzugeben. Denn immerhin beträgt die Bindungswirkung einer solchen abgegebenen Erklärung dreißig Jahre.

Aus Erfahrung kann ich bestätigen, dass es sich auch in nicht wenigen Fällen um rechtsmissbräuchliche Abmahnungen handelt oder die geforderten Geldsummen zu hoch sind, oder es bestehen letztendlich andere rechtliche Gründe, die Abmahnung komplett abzuwehren.

In jedem Fall empfehle ich bei Erhalt einer Abmahnung wie folgt vorzugehen:

1.Notieren Sie das Datum, an dem Sie die Abmahnung erhalten haben. Wichtig hierbei ist nicht das Datum, an dem Sie z. B. den Brief gelesen haben, sondern das Datum, an dem der Brief bei Ihnen im Briefkasten eingegangen ist.

2.Notieren Sie sich, auf welchem Wege Sie die Abmahnung erhalten haben. Zumeist werden Sie die Abmahnung per Brief erhalten. Dies ist aber nicht zwingend – mir sind Fälle bekannt, in denen Abmahnungen per E-Mail oder Telefax ergangen sind.

3.Zusammen mit der Abmahnung wird Ihnen eine Frist gesetzt, innerhalb derer Sie eine Unterlassungserklärung abgeben sollen. Diese Frist sollte ernstgenommen und unbedingt eingehalten werden. Zumindest sollten Sie innerhalb dieser Frist, wenn Sie darauf verzichten wollen, die Unterlassungserklärung abzugeben, auf jeden Fall schriftlich antworten! Vertrauen Sie also nicht auf Aussagen im Internet, die Ihnen erzählen, erst einmal nichts zu unternehmen und abzuwarten, sondern informieren Sie rechtzeitig einen Rechtsanwalt, damit dieser Sie umfassend beraten kann und genügend Zeit bleibt, fristwahrend zu handeln.

Welche Empfehlungen und Tipps können Sie dem Winzer und Händler darüber hinaus aus Ihrer juristischen Praxis geben?

Entscheiden sie sich für eine Präsenz im Netz, dann sparen Sie sich teures Geld, wenn Sie lieber von Anfang an in einen rechtssicheren Internetauftritt investieren!

Die Kosten hierfür betragen einen Bruchteil der Kosten, die Sie eine Abmahnung kosten würde! Viele unterschätzen die allgegenwärtige Gefahr, die von Kollegen ausgeht, die sich wahrlich goldene Nasen mit leider in den meisten Fällen berechtigten Abmahnungen von unerfahrenen Interneteinsteigern verdienen! Und leider gibt es diesbezüglich noch kein Gesetz, das dem Treiben ein Ende bereitet oder es zumindest einschränkt.
Sparen Sie sich auch die Zeit, Muster-AGB zu verwenden oder gar fremde Geschäftsbedingungen einfach nur zu kopieren. Das wird nicht funktionieren. Ich betreue viele Mandanten, die oft erst durch Erfahrung klug geworden sind und denen ich auch nur noch Schadensbegrenzung und Hilfestellung zur Vermeidung künftigen Übels anbieten kann. Die Kosten, den Ärger, die verlorene Zeit kann ich leider nicht ersetzen.

Sie bieten die Dienstleistung an, den Internetaufritt des Winzers oder Händlers juristisch zu prüfen. Was beinhaltet dies, und welche Kosten entstehen dabei?

Zusammen mit Herrn Graafmann von Wein-Plus habe ich überlegt, wie man die Mitglieder des Netzwerks darin unterstützen kann, ihren Internetauftritt rechtssicher zu gestalten, um wirtschaftlich auch erfolgreich arbeiten zu können. Denn für Shopbetreiber ohne fachkundige Hilfe ist es nahezu unmöglich, sich in dem kaum zu überblickenden Dschungel von Gesetzen, Vorschriften wie Fernabsatzrecht, Datenschutz, Preisangaben, Wettbewerbsrecht usw. und den Urteilen, die im Online-Handel einzuhalten sind, zurechtzufinden, zumal sich diese auch ständig ändern. Abmahnungen sind deshalb leider an der Tagessordnung und kosten nicht nur Geld, das anderweitig gebraucht wird, sondern neben dem Ärger auch kostbare Zeit.
Bewusst haben wir uns also für ein niedrigschwelliges Angebot entschieden, von dem jeder Gewerbetreibende profitieren kann. Er bekommt ein auf seinen Shop maßgeschneidertes Angebot von mir – sei es die Überprüfung der vorhandenen AGB oder die Neuerstellung von AGB.
Die Prüfung beinhaltet zunächst eine Prüfung des Impressums, damit bereits mit der Visitenkarte des Händlers gezeigt wird, dass die gesetzlichen Voraussetzungen erfüllt werden. Zudem werden die Allgemeinen Geschäftsbedingungen geprüft und Hinweise für die Beseitigung von vorhandenen Fehlern geliefert. Abschließend beinhaltet die Prüfung auch Hinweise auf den aktuellen Stand der Abmahnungen, um potenzielle Fehler zu vermeiden bzw. enthaltene Fehler abändern zu können.
Das Angebot richtet sich insbesondere an diejenigen, die bereits einen Internetshop betreiben und sich lediglich unsicher sind, ob die verwendeten AGB den gesetzlichen Anforderungen genügen. Oder sie haben eine Abmahnung erhalten und müssen ihre AGB entsprechend anpassen; dann aktualisiere ich diese und gebe außerdem Hinweise auf mögliche sinnvolle Änderungen.
Die Neuerstellung von AGB bietet sich insbesondere für alle diejenigen an, die eine Expansion ins Internet anstreben, ihre bestehenden Geschäftsbedingungen

ersetzen wollen oder bei denen ganze Passagen ihrer bestehenden AGB einer Neuformulierung bedürfen. Sie erhalten von mir maßgeschneiderte, individuelle AGB und außerdem die quasi unbezahlbare Gewissheit, dass ich im Ernstfall dafür auch hafte.
Teilnehmer des Händler-Update-Service von Wein-Plus werden von mir regelmäßig über die neuesten Entwicklungen hinsichtlich der Rechtsprechung bzw. Gesetzgebung informiert und erhalten bei Änderungsbedarf auch gleichzeitig eine praxisgerechte Umsetzung bei der AGB-Gestaltung geliefert.
Und schließlich stehe ich auch bei allen anderen Fragen rund um das Thema Rechtsberatung zur Seite, sei es, dass Sie selbst einen Wettbewerbsverstoß anzeigen wollen oder Ihr Internetshop bereits als „Marke" wahrgenommen wird und Sie dies durch eine Markenanmeldung beim Deutschen Marken und Patentamt rechtlich absichern wollen. Ich freue mich über jede Anfrage und versuche, mir jedes Mal viel Zeit zu nehmen, bis alle Fragen und Unsicherheiten ausgeräumt sind. Viele zufriedene Mandanten geben mir darin Recht.

Herr Kröger, vielen Dank für das Gespräch.

Eine andere Informationsquelle empfehle ich Ihnen darüber hinaus noch sehr: Auf der Website www.spreerecht.de der Rechtsanwälte Sebastian Dramburg und Thomas Schwenke finden Sie aktuelle Informationen rund um rechtliche Themen, die Sie betreffen könnten. Die Beiträge sind sehr aktuell und bieten meistens eine einfache Anleitung, wie Sie das Thema umsetzen können.

8.2 Expertentipp von Utz Graafmann, Wein-Plus

Das Thema Internetrecht ist relativ speziell, und wohl in keinem anderen Rechtsgebiet gibt es so viele Änderungen. Ich empfehle Ihnen daher, sich bei allen Fragen rund um das Internetrecht an einen Anwalt zu wenden, der sich in diesem Bereich auskennt. Sie gehen ja bei Problemen mit Ihren Zähnen auch zum Spezialisten und nicht zum Hausarzt.

9 Public Relations

„Public Relations ist die Kunst, durch das gesprochene oder gedruckte Wort, durch Handlungen oder durch sichtbare Symbole für die eigene Firma, deren Produkt oder Dienstleistung eine günstige öffentliche Meinung zu schaffen."

Carl Hundhausen, Die deutsche Werbung, 1937

Zwar ist diese Definition schon etwas älter, aber deswegen nicht falsch. Es geht also bei Public Relations (PR – Synonym für Öffentlichkeitsarbeit) darum, die öffentliche Meinung hinter sich zu bringen. Mit klassischer Werbung ist das allerdings nur schwer zu bewerkstelligen, denn gegenüber Werbung besteht immer ein gewisses Misstrauen. Seit es die sozialen Medien gibt, ist es einfacher geworden, mit dem Kunden in einer weitgehend werbefreien Art und Umgebung zu kommunizieren, was einen deutlichen Gewinn in der PR-Arbeit darstellt. Wie Sie über soziale Medien mit Ihren Kunden und der Öffentlichkeit kommunizieren, habe ich bereits in den entsprechenden Kapiteln erläutert. Deshalb geht es mir hier hauptsächlich um den ursprünglichen Kernbereich der PR, der Pressearbeit.

9.1 Pressearbeit

Stellt man sich also die Frage, wie man am besten mit der Öffentlichkeit in Kontakt kommt, und zwar ohne einen werblichen Kontext, dann bietet sich natürlich die Presse an. Denn wer steht der Öffentlichkeit näher und genießt den Ruf, neutral zu berichten?
Zunächst müssen Sie interessante Inhalte für die Presse in sogenannten Pressemitteilungen veröffentlichen. Eine gute Pressemitteilung soll langfristig den Bekanntheitsgrad und das Vertrauen in Ihr Unternehmen und Ihre Produkte fördern und somit auf ein positives Image hinwirken. Wenden Sie dieses Instrument für Ihr Weinmarketing häufig an. Gute Anlässe dafür sind beispielsweise:

- Terminankündigung (z. B. Verkostung, Messe oder Weinfest)
- Statusupdate zum aktuellen Jahrgang (News aus dem Weinberg/ Weinkeller, Witterung usw.)
- Verbesserung/Änderung im Service
- Einführung von neuen Kommunikationskanälen (Facebook-, Twitter- oder GOOGLE+-Auftritt usw.)
- Änderung im Team (z. B. neuer Mitarbeiter, Betriebsübergabe an Kinder)
- Auszeichnungen und Preise

Journalisten bekommen täglich eine Vielzahl an Pressemitteilungen und Vorschlägen für Veröffentlichungen. Deshalb ist es notwendig, dass Ihre Pressemitteilung professionell ist. Die wichtigsten Punkte, die Sie beim Verfassen einer Pressemitteilung beachten sollten, sind folgende:

- Schreiben Sie im Präsens (Gegenwartsform) und in der dritten Person („Das Weingut XY ist Gast bei ABC und präsentiert dort seine Weine ...").
- Verwenden Sie klare und einfache Sätze. Vermeiden Sie Füllwörter und nach Möglichkeit Fachausdrücke.
- Informieren Sie zu Beginn über die wichtigsten Fragen: wer, was, wann, wo und wie?
- Verwenden Sie einen aussagekräftigen Titel, der Lust macht weiterzulesen oder provoziert.
- Korrekter Aufbau:
    - Titel
    - Teaser: Das wichtigste der Pressemeldung in drei Sätzen
    - Body: ausführlicherer Haupttext
    - Backgrounder: Angaben zu Ihrem Unternehmen und Kontaktdaten
    - Ansprechpartner, der für die Pressemitteilung verantwortlich ist

Wenn Sie die Pressemitteilung online veröffentlichen, denken Sie bitte daran, dass dies auch eine gute Gelegenheit ist, keyword-orientierte Texte und Überschriften zu verwenden.

Ihre Pressemitteilung hat noch mehr Chancen, verwertet zu werden, wenn Sie ihr hochwertige Fotos zur Seite stellen. Im Zweifel wird eine Pressemitteilung mit guten Bildern einer vergleichbaren ohne Bilder immer vorgezogen.

Idealerweise schreiben Sie regelmäßig Pressemitteilungen und versenden diese an lokale und überregionale Pressevertreter. Sammeln Sie dazu die Namen von lokalen und überregionalen Journalisten. Wenn Sie einen Artikel in einer Fachzeitschrift, einer lokalen oder auch überregionalen Zeitung über ein Thema lesen, das Sie als Winzer oder Händler betrifft, notieren Sie den Namen des Autors und das Medium, in dem der Bericht erschienen ist. Wenn Sie keine Kontaktdaten (E-Mail-Adresse) zum Autor finden, rufen Sie in der Redaktion an und erfragen Sie diese.

Wenn möglich, versuchen Sie die tatsächliche E-Mail-Adresse des Autors zu bekommen. Oftmals werden Sie auf die Adresse redaktion@zeitung-xy.de verwiesen. Geben Sie sich damit nach Möglichkeit nicht zufrieden, und weichen Sie im Zweifel auf alternative Möglichkeiten der Kontaktaufnahme aus, z. B. auf XING. Gleiches gilt natürlich auch für lokale oder überregionale Radiosender und ganz besonders für Online-Zeitungen und Internet-Magazine sowie Themenblogs. Wenn Sie dies regelmäßig tun, werden Sie bald einen schlagkräftigen Online- und Offline-Presseverteiler aufbauen.

Melden Sie sich auch bei Online-Pressediensten an. Viele dieser Pressedienste veröffentlichen Ihre Pressemitteilung kostenlos und bringen Ihnen sogar einen Eintrag im GOOGLE NEWS-News-Benachrichtigungsservice oder einen Link auf Ihre Website (vgl. Kapitel 4.4 „Suchmaschinenoptimierung").

Ich habe für Sie eine Auswahl an Online-Pressediensten zusammengestellt:

- www.offenes-presseportal.de
- www.firmenpresse.de
- www.presseanzeiger.de
- www.pressemeldung.org
- www.openpr.de
- www.fair-news.de
- www.pressemitteilungen-online.de
- www.online-artikel.de
- www.presseecho.de
- ...

9.2 Experteninterview: Antje Seeling

Antje Seeling
Internet: info@weinworte.de
E-Mail: www.weinworte.de

Antje Seeling ist Journalistin und Weintexterin. Sie beschäftigt sich hauptsächlich mit Kommunikation und Pressearbeit im Weinbereich und unterstützt Winzer, Weinhändler und Gastronomen bei allen Fragen rund um Kommunikation:

Knackige Verkaufstexte, kurzweilige Newsletter oder druckfertig aufbereitete Pressematerialien zählen zu ihren Kernkompetenzen. Mit vielen Kunden arbeitet sie seit Jahren zusammen und kennt deren Philosophie und Unternehmen so gut, dass sie für jedes Projekt die passenden Worte findet. Regelmäßig schreibt die Freiberuflerin unter anderem für die Zeitschrift „Weinwirtschaft". Fachliches Know-How und Praxiswissen erwarb sie während ihrer langjährigen Tätigkeit als Repräsentantin für Weingüter im In- und Ausland. Aktuell absolviert Antje Seeling die Ausbildung zum Weinakademiker beim renommierten britischen Wine and Spirit Education Trust (WSET), der weltweit größten Weinschulungsinstitution.

Frau Seeling, was muss ein guter Wein(werbe)text leisten?

Wein verkaufen heißt Geschichten erzählen. Vis-à-vis mit dem Glas in der Hand hat der Verkäufer ein leichtes Spiel. Im Katalog offeriert dagegen ein pfiffiger Buchstaben-Mix den virtuellen Probeschluck. Oft entscheiden weniger als fünf Zeilen darüber, ob der Wein gekauft wird oder nicht.
Die erste Frage, die ich mir vor jedem Text aufs Neue stelle: Warum soll der Kunde ausgerechnet diesen Wein kaufen? Weil er gut schmeckt ... aus einer seltenen Sorte gekeltert wurde ... Goldmedaillen gewonnen hat. Das allein überzeugt nicht, oder? Kann es gar nicht. Weil es den Nutzen nicht gibt. Kunden sind mit vielen Motiven unterwegs. Damit sie den gewünschten Kurs einschlagen, sollte man sie abholen. Der Hobbykoch stöbert nach passenden Rezepten, den Technikfreak fesseln Details aus dem Keller, den Naturfreund entzücken neueste biodynamische Methoden. Für einen Newsletter- oder Katalogtext müssen verschiedene Nutzen in einem Text verpackt werden. Je größer die angepeilte Zielgruppe, desto mehr relevante Details.

Die Redaktionen dieser Welt werden mit Pressemitteilungen überflutet. Was ist Ihr Geheimtipp, damit die Pressemitteilung auch den Weg zum Redakteur findet?

Es gibt keinen. Die Aussichten, dass eine Pressemitteilung gedruckt wird, steigen mit der Relevanz des Themas. Was ist neu oder besonders an der Geschichte? Nützt die Information dem Leser? Passt das Thema ins Heft bzw. ins Ressort? Bei Magazinen sollten die längeren Vorlaufzeiten beachtet werden, falls es sich um eine Information mit Verfallsdatum handelt. Ein gut gepflegter Presseverteiler gehört ebenfalls zum PR-Handwerkszeug.
Es ist unwahrscheinlich, dass der Redakteur den Text unbearbeitet übernimmt, eine journalistisch aufbereitete Meldung hat dennoch deutlich mehr Chancen als eine verkappte Werbebotschaft. Eigentlich überflüssig zu erwähnen, doch immer

wieder vergessen: Ansprechpartner und Kontaktdaten gehören ans Ende jeder Presse-information.

Schreiben kann jeder, heißt es immer wieder. Warum lohnt es sich, einen Texter zu beauftragen?

Nicht jeder fehlerfreie Werbebrief bringt die gewünschte Reaktion. Ein professionell konzipierter, gut geschriebener und sorgfältig redigierter Text generiert dem Unternehmen echten Mehrwert. Der Texter fragt im Briefing genau nach den Zielen, die erreicht werden sollen, arbeitet Stärken und Alleinstellung des Unternehmens oder des Produkts heraus und bringt diese anschließend auf den Punkt. Ob konservativ oder locker-flockig – Sprache, Tonalität und Emotionalität sind exakt auf die jeweilige Zielgruppe abgestimmt. Textidee und Headlines transportieren die Botschaft kurz und knackig. Wenn man sich vorstellt, dass nur wenige Sekunden darüber entscheiden, ob der Text in den Papierkorb wandert oder gelesen wird, ist das Honorar für einen Profitexter gut investiert. Ganz abgesehen davon, dass der Winzer oder Händler in der Zeit, in der er schreibt, nicht seinem Kerngeschäft nachgehen kann: Wein produzieren oder verkaufen.

Wer dennoch selbst schreiben möchte: Ist Texten erlernbar? Und wenn ja, können Sie eine Literaturempfehlung für den Winzer oder Händler geben?

Texten ist ein Handwerk wie viele andere auch. Schreibkenntnisse kann sich jeder aneignen – je nach Talent und Aufwand mehr oder weniger schnell erfolgreich. Briefe, mit denen man Kunden gewinnt, oder Newslettern, die den Leser bis zur letzten Zeile fesseln, folgen gewissen Regeln. Zum Beispiel: klar strukturierte Sätze, passende Schlüsselwörter und, wo immer möglich, Verben statt Substantive. Empfehlenswerte Lektüre sind die „PR- und Pressefibel. Ein Praxisbuch für Ein- und Aufsteiger: Zielgerichtete Medienarbeit" von Norbert Schulz-Bruhdoel und Katja Fürstenau sowie das Handbuch „Deutsch!" von Wolf Schneider mit 44 Rezepten für bessere Texte. Für Internettexte hält Andreas Grede mit „Texten für das Web" gute Tipps für Teaser und Texte parat. Denn eins geht gar nicht: die Firmenbroschüre 1:1 auf die Website packen.

Frau Seeling, vielen Dank für das Gespräch.

9.3 Expertentipp von Utz Graafmann, Wein-Plus

Täglich erreichen uns bei Wein-Plus etwa dreißig Pressemeldungen aus dem Weinbereich. Die meisten davon haben keinerlei Neuigkeits- oder Nachrichtenwert und daher nicht die geringste Chance, bei unserer redaktionellen Arbeit beachtet zu werden. Vermeiden Sie diesen Fehler.

Fragen Sie sich vor dem Versand jeder Pressemitteilung ehrlich und kritisch, ob diese überhaupt eine Chance auf Veröffentlichung in den angesprochenen Medien hat. Haben Sie ähnliche Nachrichten dort schon einmal gelesen? Haben Sie zum Beispiel in Ihrer Tageszeitung schon einmal gelesen, dass das Weingut XYZ in der letzten Nacht einen Eiswein geerntet hat? Wenn nein (was ich annehme), sollten Sie sich fragen, warum ausgerechnet Ihre Eisweinmeldung dort erscheinen sollte.

10 Schlussgedanken

In der Zeit, in der ich an diesem Buch gearbeitet habe, haben sich die sozialen Medien enorm weiterentwickelt. Zu Beginn dieses Buches gab es GOOGLE+ noch gar nicht; und die Portale Facebook, Twitter und Youtube haben seitdem einen umfangreichen Relaunch durchgeführt. Diese Entwicklung wird anhalten und sich möglicherweise noch verstärken. Deshalb greife ich noch einmal das Zitat auf, mit dem ich das Buch begonnen habe:

> *„Ein Unternehmen ist kein Zustand, sondern ein Prozess."*
> *Ludwig Bölkow*

Gleiches gilt für Ihr Weinmarketing. Seien Sie offen für neue Entwicklungen, und nutzen Sie die sich daraus ergebenden Chancen.

Niemand kann für alle vorgestellten Bereichen ein ausgewiesener Experte sein, weshalb ich einige meiner Partner habe zu Wort kommen lassen. Ich empfehle Ihnen, deren Dienstleistungen zu prüfen und eventuell in Anspruch zu nehmen. Zuvor sollten Sie jedoch Ihre eigenen Möglichkeiten ausreizen, denn nur so entwickeln Sie sich weiter und können fremde Dienstleistungen besser beurteilen.

Möglicherweise machen Sie beim Probieren und Umsetzen kleinere Fehler. Ein größerer Fehler wäre es jedoch, es nicht zu versuchen. Auch große Unternehmen haben im Bereich Social Media etliche Fehler gemacht und diese so lange korrigiert, bis sie eine erfolgreiche Strategie gefunden haben. Lernen Sie dabei auch von Ihren Mitbewerbern, und beobachten Sie diese genau. Die Übernahme einer erfolgreichen Strategie ist nichts Verwerfliches.

So ergibt sich für mich folgende Quintessenz:

> *„Tue Gutes und rede (ständig) darüber."*
> *Frei nach Walter Fisch*

Tue Gutes: Dies betrifft Ihr Unternehmen, Ihre Unternehmensführung, Ihre Produkte, Ihren Service und ein gelebtes Kundenmanagement.

Rede (ständig) darüber: Nur wenn Sie den Menschen vermitteln, welchen Nutzen Sie ihnen bieten, welchen Service sie erwarten können und wofür Ihr Unternehmen im Speziellen steht, können diese Sie als Partner wahrnehmen und Kunden Ihres Unternehmens werden. Nutzen Sie dafür alle – oder wenigstens einige – Möglichkeiten, die ich Ihnen vorgestellt habe.
Damit haben Sie die Chance, die Ziele zu erreichen, die am Anfang des Buchs gesteckt wurden:

- Sie erhalten neue Kunden.
- Bisherige Kunden kaufen häufiger bei Ihnen.
- Ihre Kunden werden Sie weiterempfehlen.
- Sie machen mehr Umsatz und Gewinn.

Und nun wünsche ich Ihnen viel Spaß und Erfolg beim Weinmarketing!

Danksagung

Beim Schreiben dieses Buchs habe ich viele Menschen kennengelernt und vieles gelernt. Einige haben mich besonders unterstützt, und dafür bin ich sehr dankbar. Besonders herausstellen möchte ich neben den interviewten Experten, zu denen teilweise freundschaftliche Verbindungen entstanden sind, Herrn Utz Graafmann, Geschäftsführer von Wein-Plus, Carsten M. Stammen, Weinjournalist (vinolog.de) und Redakteur bei Wein-Plus, sowie meine Freunde Armin Dörr und Markus Döbereiner. Nicht zuletzt danke ich meiner Frau Felicitas und meinen Töchtern Julia und Lisa, die mir die viele Zeit schenkten, die für dieses Projekt notwendig war.

Der Autor

Der Betriebswirt und NLP-Trainer (DVNLP) Alexander Thomas Schreck beschäftigt sich seit mehr als zehn Jahren mit Psychologie und Kommunikation in Marketing und Vertrieb. Er lebt und arbeitet in München und Erlangen. Als Unternehmer versteht er sich als Entrepreneur und offener Netzwerkpartner und ist als Geschäftsführer verantwortlich für die Eventmarketing-Gesellschaft von Wein-Plus. In den letzten Jahren war er im Vertrieb und im Eventmarketing tätig, hat intensiv mit Winzern, Händlern und Weinvertrieben gearbeitet und sein Wissen und das seines Netzwerks auf deren Anforderungen übersetzt. Daraus ist das vorliegende Weinmarketing – Praxishandbuch entstanden.

Kontakt, Kooperations- und Vortragsanfragen:

Alexander Schreck
Wein-Plus GmbH
Wetterkreuz 19
91058 Erlangen
Deutschland

E-Mail	alexander.schreck@wein-plus.eu
Web	www.wein-plus.eu
Website zum Buch	www.weinmarketing.org
Facebook-Page	www.facebook.com/WeinPlus
Facebook-Profil	www.facebook.schreck.co
Twitter	www.twitter.com/WeinPlusNews
XING-Profil	www.xing.schreck.co
Google+	www.googleplus.schreck.co
Telefon	+49 9131 7550-62